新　視　野
中華經典文庫

新 視 野
中華經典文庫

名譽主編 饒宗頤

導讀及譯注 陳岸峰

戰國策

中華書局

新視野中華經典文庫

戰國策

□
導讀及譯注
陳岸峰

□
出版
中華書局（香港）有限公司
香港北角英皇道 499 號北角工業大廈一樓 B
電話：(852) 2137 2338 傳真：(852) 2713 8202
電子郵件：info@chunghwabook.com.hk
網址：http://www.chunghwabook.com.hk

□
發行
香港聯合書刊物流有限公司
香港新界大埔汀麗路 36 號
中華商務印刷大廈 3 字樓
電話：(852) 2150 2100 傳真：(852) 2407 3062
電子郵件：info@suplogistics.com.hk

□
印刷
深圳中華商務安全印務股份有限公司
深圳市龍崗區平湖鎮萬福工業區

□
版次
2013 年 3 月初版
2017 年 7 月第 3 次印刷

□
規格
大 32 開（205 mm × 143 mm）

□
ISBN：978-988-8181-42-1

出版說明

為甚麼要閱讀經典？道理其實很簡單——經典正正是人類智慧的源泉、心靈的故鄉。也正是因此，在社會快速發展、急劇轉型，因而也容易令人躁動不安的年代，人們也就更需要接近經典、閱讀經典、品味經典。

邁入二十一世紀，隨着中國在世界上的地位不斷提高，影響不斷擴大，國際社會也越來越關注中國，並希望更多地了解中國、了解中國文化。另外，受全球化浪潮的衝擊，各國、各地區、各民族之間文化的交流、碰撞、融和，也都會空前地引人注目，這其中，中國文化無疑扮演着十分重要的角色。相應地，對於中國經典的閱讀自然也就有不斷擴大的潛在市場，值得重視及開發。

於是也就有了這套立足港台、面向海外的「新視野中華經典文庫」的編寫與出版。希望通過本文庫的出版，繼續搭建古代經典與現代生活的橋樑，引領讀者摩挲經典，感受經典的魅力，進而提升自身品位，塑造美好人生。

本文庫收錄中國歷代經典名著近六十種，涵蓋哲學、文學、歷史、醫學、宗教等各個領域。編寫原則大致如下：

（一）精選原則。所選著作一定是相關領域最有影響、最具代表性、最值得閱讀的經典作品，包括中國第一部哲學元典、被尊為「群經之首」的《周易》，儒家代表作《論語》、《孟子》，道家代表作《老子》、《莊子》，最早、最有代表性的兵書《孫子兵法》，最早、最系統完整的醫學典籍《黃帝內經》，大乘佛教和禪宗最重要的經典《金剛經》、《心經》、《壇經》，中國第一部詩歌總集《詩經》，第一部紀傳體通史《史記》，第一部編年體通史《資治通鑒》，中國最古老的地理學著作《山海經》，中國古代最著名的遊記《徐霞客遊記》，等等，每一部都是了解中國思想文化不可不知、不可不讀的經典名著。而對於篇幅較大、內容較多的作品，則會精選其中最值得閱讀的篇章。使每一本都能保持適中的篇幅、適中的定價，讓普羅大眾都能買得起、讀得起。

（二）尤重導讀的功能。導讀包括對每一部經典的總體導讀、對所選篇章的分篇（節）導讀，以及對名段、金句的賞析與點評。導讀除介紹相關作品的作者、主要內容等基本情況外，尤強調取用廣闊的「新視野」，將這些經典放在全球範圍內、結合當下社會生活，深入挖掘其內容與思想的普世價值，及對現代社會、現實生活的深刻啟示與借鑒意義。通過這些富有新意的解讀與賞析，真正拉近古代經典與當代社會和當下生活的距離。

（三）通俗易讀的原則。簡明的注釋，直白的譯文，加上深入淺出的導讀與賞析，希望幫助更多的普通讀者讀懂經典，讀懂古人的思想，並能引發更多的思考，獲取更多的知識及更多的生活啟示。

（四）方便實用的原則。關注當下、貼近現實的導讀與賞析，相信有助於讀者「古為今用」、自我提升；卷尾附錄「名句索引」，更有助讀者檢索、重溫及隨時引用。

（五）立體互動，無限延伸。配合文庫的出版，開設專題網站，增加朗讀功能，將文庫進一步延展為有聲讀物，同時增強讀者、作者、出版者之間不受時空限制的自由隨性的交流互動，在使經典閱讀更具立體感、時代感之餘，亦能通過讀編互動，推動經典閱讀的深化與提升。

這些原則可以說都是從讀者的角度考慮並努力貫徹的，希望這一良苦用心最終亦能夠得到讀者的認可、進而達致經典普及的目的。

「弘揚中華文化」是中華書局的創局宗旨，二〇一二年又正值創局一百週年，「承百年基業，傳中華文明」，本局理當更加有所作為。本文庫的出版，既是對百年華誕的紀念與獻禮，也是在弘揚華夏文明之路上「傳承與開創」的標誌之一。

需要特別提到的是，國學大師饒宗頤先生慨然應允擔任本套文庫的名譽主編，除表明先生對本局出版工作的一貫支持外，更顯示先生對倡導經典閱讀、關心文化傳承的一片至誠。在此，我們要向饒公表示由衷的敬佩及誠摯的感謝。

倡導經典閱讀，普及經典文化，永遠都有做不完的工作。期待本文庫的出版，能夠帶給讀者不一樣的感覺。

中華書局編輯部

二〇一二年六月

目錄

卷二十九　燕策一

卷三十　燕策二

卷三十一　燕策三

卷三十二　宋衞策

卷三十三　中山策

縱橫決蕩，問鼎中原：《戰國策》中的變法、戰爭及興亡

——《戰國策》導讀

陳岸峰

一、前言

自周室東遷，禮崩樂壞。先有春秋五霸[1]，問鼎中原，再有戰國七雄，逐鹿天下。列國勢成水火，形勢複雜。戰國（前四七五—前二二一）乃上接春秋（前七七〇—前四七六），下啟秦（前二二一—前二〇七）、漢（西漢：前二〇六—前九；東漢：二五—二二〇）的大動盪時期。其時，天下大亂，諸侯日益強盛，天子名存實亡。[2]

1 「霸」，意指霸主，即諸侯領袖，奉行「尊王攘夷」之宗旨。至於春秋五霸究竟指哪五位國君，史學界一直眾說紛紜，而按司馬遷《**史記**》的記載，春秋五霸是指齊桓公、秦穆公、晉文公、楚莊公及宋襄公。

2 錢穆先生指出：「周室東遷，引起的第一個現象，是共主衰微，王命不行。王命不行下引起的第一個現象，則為列國內亂。王命不行下引起的第二個現象，則為諸侯兼併。又自列國內亂、諸侯兼併下引起一現象，則為戎狄橫行。」見錢穆：《**國史大綱**》（香港：商務印書館，一九九四年），上冊，頁五四—五五。

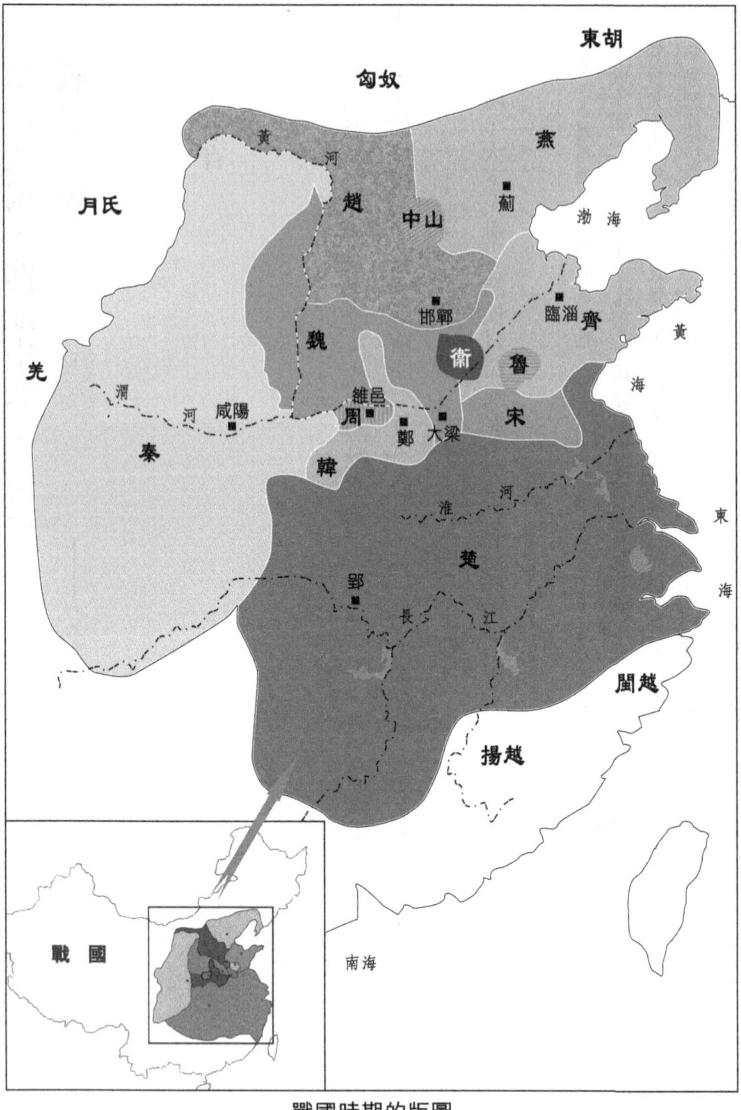
東胡
匈奴
月氏
羌
黄
河
燕
薊
渤海
趙
中山
邯鄲
臨淄
齊
黄
海
魏
衛
魯
渭
河
咸陽
雒邑
周
鄭
大梁
宋
秦
韓
淮
河
楚
郢
長
江
東
海
閩越
揚越
戰國
南海

戰國時期的版圖

公元前四八一年，田和（？—前三八四）篡齊，公元前四五三年，三家（韓、趙、魏）分晉，於是形成齊、楚、燕、韓、趙、魏、秦七雄並立的局面，此即李白（太白，七〇一—七六二）所說的「三季分戰國，七雄成亂麻」。[3] 除七雄外，尚有宋、衞、中山、魯、滕、鄒、費等小國，有所謂的「泗上十二諸侯」夾雜於列強之間[4]，掙扎求存。公元前三六七年，趙國與韓國亦乘周室內亂，把周分裂為西周（以王城為都）與東周（以鞏為都）兩個小國，逐漸佔領周的外圍地區。這時期的亂象便是李白所描述的：

> 戰國何紛紛，兵戈亂浮雲。趙倚兩虎鬥，晉為六卿分。
> 奸臣欲竊位，樹黨自相羣。果然田成子，一旦殺齊君。[5]

春秋時期，諸侯雖各自爭霸，但仍有尊周天子的共識；及至戰國七雄，則各自為政，霸主亦不復存在。西周之「親親尊尊」觀念，蕩然無存，隨之而興的是戰國七雄以征戰掠奪土地

3 李白著，鮑方點校：〈古風五十九首．其二十九〉，《李白全集》（上海：上海古籍出版社，一九九六年），頁二二。
4 楊寬：〈前言〉，《戰國史（增訂本）》（上海：上海人民出版社，一九九八年），頁四。
5 李白著，鮑方點校：〈古風五十九首．其五十三〉，《李白全集》，頁二二。

及人民。羣雄紛紛招賢納士，變法圖強，而變法的最終目的，就是富國強兵以決蕩天下，問鼎中原。[6] 七國混戰，此時，縱橫之士穿梭於列國之間，廟堂上此消彼長之博弈，沙場上縱橫決蕩，以定興亡。最終，強秦橫掃東方六國，統一中原。

二、策士縱橫

春秋時期，官職多由貴族世襲。然而，戰國時期，諸侯則紛紛推行變法，禮賢下士，不問出身，雞鳴狗盜，皆有用武之地，朝為布衣，暮為卿相，庶民階層因這動盪的時勢而崛起。此際，「策士」縱橫於列國，出謀劃策，智術紛呈，奇謀迭出，此即司馬遷（子長，前一四五或一三五—前八六）所說的：

6 春秋時的五霸之一楚莊王（？—前五九一）是第一位「問鼎小大輕重」的君主，他說：「楚國折鉤之喙，足以為九鼎」，可見其野心。見司馬遷著，王利器主編：《史記注譯．楚世家第十》（西安：三秦出版社，一九八八年），第二冊，卷四〇，頁一二三九。

六國之盛自此始，務在強兵並敵，謀詐用，而從衡短長之說起。[7]

這是一個以智慧作較量的時代，亦是庶民憑一己之力而平步青雲的時代。蘇秦（？—前三一七）、張儀（？—前三一〇）、范雎（？—前二五五）等，皆乃此際的精英典範，他們審時度勢，結約縱橫，轉危為機，或戰或和，戰中謀和，和中謀戰，變幻莫測，遂成戰國的風雲人物。

何謂「縱橫」？所謂「縱」，乃「合縱」之簡稱，又作「從」，即山東六國從燕到楚，南北合成一條直線，聯合抗秦，在強秦虎視眈眈之下，圖謀自存；所謂「橫」，乃「連橫」的簡稱，即以秦國為中心，分別聯合山東任何一國，東西連成一條橫線，分化瓦解或攻擊其他各國。韓非（約前二八〇—前二三三）認為：「從者，合眾弱以攻一強也；而衡（通「橫」）者，事一強以攻眾弱也。」[8] 由此可見，當時六國已自知處於弱勢，而「一強」指的當然是秦國。此中兩位主要的策士，分別為主合縱的蘇秦和主連橫的張儀。劉向（子政，前七七—前六）則更具體指出「合縱」與「連橫」可能產生的結局：「是以蘇秦為從，張儀為橫；橫則秦帝，縱則楚王；

7 司馬遷著，王利器主編：《史記注譯．六國年表第三》（西安：三秦出版社，一九八八年），第一冊，卷一五，頁四七七。

8 韓非著，陳奇猷校注：《韓非子新校注．五蠹》（上海：上海古籍出版社，二〇〇六年），頁一一二三。

所在國重，所去國輕。」[9] 由此可見策士在戰國時期對各國有舉足輕重的影響力。

至於「縱橫家」，即是為適應當時各國之間政治鬥爭的需要，或主縱，或主橫，或奔走遊說，或入朝干政，直接服務於各國統治者的一批謀臣策士，他們是一羣有雄韜偉略、奇謀異策的「智囊」，對當時的政治、經濟、地理、風俗、民情，以至國君的志趣、癖好，均了然於胸。班固（孟堅，三二—九二）在《漢書・藝文志》中指出縱橫家乃春秋戰國時期九流十家之一，批評說：

從橫家者流，蓋出於行人之官……及邪人為之，則上詐諼而棄其信。[10]

「行人之官」，即當時的外交官。早在春秋時期，孔子（仲尼，前五五一—前四七九）便曾到過齊、魯、衞、宋、陳、蔡、楚等國，向列國君主推銷其學說；及至戰國，墨翟（前四六八—前三七六）到過楚、魯、宋、齊；荀子到過燕、齊、楚、秦、趙；而孟子（前三七二—前二八九）則到過魏、宋、鄒、滕、魯等國。孟子遊於稷下，墨翟止楚攻宋，均傳為

9 劉向著，何建章注：〈戰國策序〉，《戰國策注釋》（北京：中華書局，一九九六年），下冊，頁一三五六。

10 陳國慶：《漢書藝文志注釋彙編》（北京：中華書局，一九八三年），頁一四八。

千古佳話。

然而，策士並不受時人尊重，孟子更視之為「妾婦之道」[11]，卑之為「妾婦」，指的是策士只曉得以語言在列國間搬弄是非，製造矛盾。秦相魏冉（生卒年不詳）亦不喜歡策士，因此當范雎逃亡到秦國時，便避魏冉而惟恐不及。因為策士在時人眼中毫無堅持，因時而變，即所謂「邦無定交，士無定主」。[12] 例如公孫衍（生卒年不詳）先是在秦國主張伐魏，後來轉投魏國，就變為主張合縱攻秦。

蘇秦先後遊說了周顯王（？—前三二一）、秦惠文王（前三五四—前三一一；前三三七—前三一一在位）以及趙武靈王（前三四〇—前二九五），均不成功。屢遭挫折後，蘇秦終於獲得了急於渴求富強以復仇的燕昭王（前三三五—前二七九）的重用。蘇秦先分析了趙國在阻擋秦國方面對燕國的貢獻，又剖析趙國可迅速攻至燕國，以說服燕昭王認同與趙國結盟的策略：「願大王與趙縱親，天下為一，則燕國必無患矣」[13]，「天下為一」指的是在秦國以外，六國連成一整體，即南北聯合之「合縱」策略，具體內容如下：

11 毛子水等：《四書今注今譯・孟子》（臺北：臺灣商務印書館，一九九五年），頁一三七。
12 顧炎武：《日知錄》（臺北：臺灣中華書局，一九六六年），卷一三，頁一。
13 司馬遷著，王利器主編：《史記注譯・蘇秦列傳第九》（西安：三秦出版社，一九八八年），第三冊，卷六九，頁一七〇〇。

秦攻楚，齊、魏各出鋭師以佐之，韓絕其糧道，趙涉河漳，燕守常山之北。秦攻韓、魏，則楚絕其後，齊出鋭師而佐之，趙涉河漳，燕守雲中。秦攻齊，則楚絕其後，韓守城皋，魏塞其道，趙涉河漳、博關，燕出鋭師以佐之。秦攻燕，則趙守常山，楚軍武關，齊涉渤海，韓、魏皆出鋭師以佐之。秦攻趙，則韓軍宜陽，楚軍武關，魏軍河外，齊涉清河，燕出鋭師以佐之。諸侯有不如約者，以五國之兵共伐之。[14]

以上的策略，理論上可行，操作卻不易。無論如何，蘇秦成功説服了燕昭王，獲得了重金資助，以支持其繼續遊説各國「合縱」。其後六國均贊同蘇秦的合縱策略，六國的聯盟終告形成，此舉令秦惠文王十五年不敢出兵函谷關。

然而，蘇秦的「合縱」策略構想過於理想化，只要他所設計的環節上有任何一絲差錯，或某國不充分合作，其「合縱」策略則全告崩潰。故此，早在公孫衍推出「五國相王」時，秦惠文王便對其「合縱」作出「猶雞之不能俱止於棲明矣」的預言（〈卷三・秦策一・秦惠王謂寒泉子曰〉），以連着腳的雞羣是沒法飛上棲息的樹上來比喻合縱的不可行。相對而言，秦國採

14 司馬遷著，王利器主編：《史記注譯・蘇秦列傳第九》，第三冊，卷六九，頁一七〇三。

用張儀的「連橫」以抗衡蘇秦的合縱，不斷地削弱東方的競爭對手齊國，並逐漸實現東進的目標。張儀的第一站便是前往魏國，擔任魏襄王（？—前二九六）的丞相，明為魏國服務，暗中卻為秦國破壞六國的聯盟。他向魏襄王提出「尊秦」的策略，卻不為其所接納，於是便向秦王建議先打魏國。魏國被秦國打敗後，隨之又再輸一仗予齊國，魏襄王於是不得不尊秦，正如後來的楚國一樣，兩國均淪為秦國的玩偶與幫兇。這就是策士的智慧與力量。實際上，正如秦惠文王所預言，六國之中，任何一國不合作，合縱即告失敗；而任何一國與秦合作，即是連橫之成功。秦國雖曾為合縱所逼，相對而言，秦國之連橫要比六國之合縱容易得多。

張儀以其嫻熟的縱橫之術，以不事秦則聯軍攻伐的恫嚇方式，終於在公元前三一一年，成功促使魏、韓、楚、齊、趙、燕六國連橫事秦。張儀對列國進行武力打擊後，再進行懷柔的拉攏策略，或以卧底，或以誘騙，令六國墮入秦國的陷阱。張儀以其卓越的智慧與膽識，再加上秦國軍事上的強力配合，成功抗衡、瓦解了蘇秦的合縱策略，其對秦國之東進事業，功不可沒。

戰國之風雲激盪，為這些庶民出身的策士提供了一展身手的契機，並打破了長久以來為貴族所壟斷的政治局面，令複雜的國際態勢，充滿了種種的可能性。這些以策略構成《戰國策》一書核心內容的策士，幾經坎坷，曾經輝煌，而下場卻又極之慘烈，就如蘇秦與范雎，均空留李白的歎喟：「功成身不退，自古多愆尤。」[15] 無論如何，策士改變了戰國乃至整個中國的政治、歷史及文化，影響巨大而深遠。

三、變法興亡

興亡誰人定，勝敗豈無憑？在競爭劇烈的戰國態勢下，要生存極不易，故有為之君均紛紛招賢納士，變法圖強。七國各有不同程度的變法，秦孝公（前三八一—前三三八）於公元前三五六年任命商鞅（前三九〇—前三三八）為左庶長，實行變法；而東方六國的變法，則分別為魏文侯（？—前三九六）時李悝（生卒年不詳）的變法，趙烈侯（？—前四〇〇）時的公仲連（生卒年不詳）變法與後來趙武靈王的「胡服騎射」，楚悼王（？—前三八一）時的吳起（前四四〇—前三八一）變法，齊威王（前三七八—前三二〇）時的鄒忌（約前三八五—前三一九）變法，韓昭侯（？—前三三三）時的申不害（前四二〇—前三三七）變法，以及

15 李白著，鮑方點校：〈古風五十九首．其十八〉，《李白全集》，頁一六。

燕昭王的變法。此中以商鞅變法與趙武靈王的「胡服騎射」最為著名。雖然趙武靈王「胡服騎射」的軍事變法令趙國驟成勁旅，以致拓地千里，但是在變法的深度與廣度方面，卻遠遠不及商鞅變法。商鞅變法在政治、軍事、社會以及經濟上，全方位對秦國作出了翻天覆地的改造，又同時為庶民的上升提供了快捷而可行的階梯，從而將秦國打造成如錢穆（賓四，一八九五——一九九〇）先生所謂的「新軍國」。[16] 以下將扼要論述商鞅變法中構成秦國成為「新軍國」之各項細節，藉此方能理解秦國何以能崛起於西陲，無敵於天下。

商鞅本為魏相公孫痤（？——前三六〇）之僚屬，公孫痤病危時對前來探望的魏惠王（前四〇〇——前三一九）推薦商鞅，並望魏惠王「舉國而聽之」。[17] 這可謂是傾心力薦，可惜魏惠王不以為然，公孫痤有見及此，便勸說魏惠王殺商鞅，以免人才外流他國而成後患。公孫痤盡忠之後，又再盡義，坦誠地將一切告訴了商鞅，勸其速離。此際，年方二十一歲的秦孝公以「與之分土」的重諾招賢於天下。[18] 秦孝公對於秦國歷代興衰了然於胸，對秦國「厲、躁、

16 錢穆：《國史大綱》，上冊，頁七五。
17 司馬遷著，王利器主編：《史記注譯·商君傳第八》（西安：三秦出版社，一九八八年），第三冊，卷六八，頁一六八九。
18 司馬遷著，王利器主編：《史記注譯·秦本紀第五》（西安：三秦出版社，一九八八年），第一冊，卷五，頁一〇〇。

簡公、出子」四代國君的蹉跎歲月，亦毫無忌諱，更為關鍵的是，他勾勒出歷代賢明之君的東進藍圖，並再一次表達了其對招賢納士以圖強的強烈渴望與東進掃蕩六國的雄心壯志。秦孝公出手不凡，消息一出，立即把不為魏惠王所重用的商鞅從魏國吸引到秦國。人才流動，此消彼長，秦、魏兩國君主的眼光與胸襟，亦高低互見，而兩國的興衰，在不久之後，亦隨之顯現。

商鞅在朝見秦孝公時先論述了「帝道」，再而是「王道」，均不為所用，而最終被採納的是「霸道」。商鞅之變法內容，如水銀瀉地，無孔不入，為秦國全方位打造了一個嶄新的「戰國」，其方略大致有以下四個方面：

（一）社會方面

1. 廢除奴隸制度：此舉令更多的人口從事開荒、耕種，亦為長年征戰提供生力軍。

2. 「主民」與「客民」分業：變法一方面把秦國農民分為「主民」，另一方面則吸引韓、趙、魏三國的農民前來秦國種地，給予住房，免三年勞役，稱他們為「客民」。「主民」當兵，「客民」種地。[19]「客民」住下來久了，繁衍生息，也就落地生根成為了秦國子民。秦國既要人

---

19 石磊、董昕：《商君書譯注・徠民第十五》（哈爾濱：黑龍江人民出版社，二〇〇二年），頁一〇二—一〇四。

才，又要人民，此消彼長，敵弱我強，實屬必然。此舉實為富國強兵的方法，更為曠古絕今的創舉。

3. 連坐法：變法規定「五家一伍，十家一什」。不告奸即獲罪連坐而「腰斬」，「告奸者與斬敵同賞」[20]，此舉杜絕了一切的罪行，特別是防範了有異心投敵者之可能性。

(二) 政治方面

1. 行政改革：縣制的設計，實際是將官員之任命權力掌握在君主手中，實行中央集權，從而令全體大小官員效忠於君主。這也是後來秦始皇（前二五九—前二一〇；前二四六—前二一〇在位）郡縣制之雛型。

2. 官僚制：打破了西周以來的世卿世祿制，讓庶民階層的精英進入統治階層，同時又解除了世卿世祿所形成的地方勢力對君主統治的威脅。

3. 遷都：選擇戰略要地，遷都咸陽，此處依山帶水，輻射八方。

20 司馬遷著，王利器主編：《史記注譯．商君傳第八》，第三冊，卷六八，頁一六九〇。

（三）經濟方面

1. 墾草令、開阡陌、廢除「井田制」：即開墾土地，以利農業發展。秦國當時位於西戎之地，有很強的遊牧色彩。廢除井田制，是因為其時鐵器已被廣泛使用，生產力也提高了，故將過去一百步為一畝，改為二百步為一畝，大大提高了農民的耕種意慾，同時又能減低賦稅。
2. 獎耕織富國：此措施獎勵產量高的男女，即使不打仗，也可以封爵。
3. 徵收賦稅：「賦」從「貝」從「武」，即養軍隊的錢。變法廢除奴隸，對世族強行分家，分家即增加戶口，能提高稅收。此舉徵收了大家族眾多人口的稅款，從而可以投放更多資源在軍隊建設上。
4. 打擊工商業：政治上不給予地位，經濟上剝削商人，使經濟命脈均掌握於政府手中。
5. 統一度量衡：既方便公平貿易，也確保國家收入。

以上在經濟方面的變法，既是利民、便民之法，更是富國、強國之策。

（四）軍事方面

1. 行軍功爵制：即按軍功，賜爵位，「有軍功者，各以率受上爵。」[21]「率」，即敵軍首級，秦國軍隊是以人頭數目計算軍功的，斬一首級可獲一爵位，獲土地一頃，或可以當五十頃的官。

2. 以軍功入籍：「宗室非有軍功論，不得為屬籍。」[22] 以軍功明尊卑爵秩等級，殺敵的數目均有嚴格而具體的要求與賞罰。又評先進，黜落後，此舉令宗室與庶民處於同一起跑線上，無疑是對庶民的絕大鼓舞。在戰場上，將軍、正監以及御史一同登臺監察士兵在實戰中的表現。[23] 軍功爵制令本來畏戰厭戰的人性，突然變為好戰勇戰，成為庶民覓富貴求上升的捷徑。這種獎勵方法，激活了人性中的利慾細胞，故秦國士兵上陣，名為打仗，實際上都是撿拾黃金功名及土地，個個奮不顧身，殺人如收割，故「民喜農而樂戰」。[24] 對於秦兵在戰場上奮勇殺

---

21 司馬遷著，王利器主編：《史記注譯．商君傳第八》，第三冊，卷六八，頁一六九〇。
22 司馬遷著，王利器主編：《史記注譯．商君傳第八》，第三冊，卷六八，頁一六九〇。
23 石磊、董昕：《商君書譯注．境內第十九》（哈爾濱：黑龍江人民出版社，二〇〇二年），頁一三一—一三二。
24 石磊、董昕：《商君書譯注．壹言第八》（哈爾濱：黑龍江人民出版社，二〇〇二年），頁六八。

敵的表現，張儀生動地描述為：「左挈人頭，右挾生虜」，他又將秦國士兵與六國士兵之分別喻為「孟賁之與怯夫」，「烏獲之與嬰兒」。[25]秦國兵將如狼似虎與六國士兵怯懦的情態，可見一斑。

相對於六國變法之片面而短促，商鞅變法更見徹底而深遠。其變法的重點在於廢除奴隸制，從而釋放出秦國蘊藏已久的龐大能量，特別在軍事與經濟上帶來即時的實際效益，故而秦國能在短時間內驟強。而變法之基本核心政策乃農戰結合：「國待農戰而安，主待農戰而尊。」[26]商鞅入秦主變法，「居五年，秦人富強，天子致胙於孝公。諸侯畢賀。」[27]秦國變法後的內部情況則是：

> 行之十年，秦民大說，道不拾遺，山無盜賊，家給人足。民勇於公戰，怯於私鬥，鄉邑大治。[28]

---

25 司馬遷著，王利器主編：《史記注譯．張儀列傳第十》（西安：三秦出版社，一九八八年），第三冊，卷七〇，頁一七三七。
26 石磊、董昕：《商君書譯注．農戰第三》（哈爾濱：黑龍江人民出版社，二〇〇二年），頁二〇。
27 司馬遷著，王利器主編：《史記注譯．商君傳第八》，第三冊，卷六八，頁一六九一。
28 司馬遷著，王利器主編：《史記注譯．商君傳第八》，第三冊，卷六八，頁一六九一。

私門既去，既減少了長年的大量人口死亡，又建立了為國而戰以立功的觀念，從而凝聚了全國民心。秦國在商鞅變法後迅速崛起，已非六國任何一國可以抗衡了，這引發了六國的恐慌，從趙國公子趙豹（生卒年不詳）進諫趙惠文王（前三一〇—前二六六）的一番話，可見列國對秦國之富強的認知：

> 秦以牛田、水通糧，其死士皆列之於上地，令嚴政行，不可與戰。[29]

後來的兩位秦相蔡澤（生卒年不詳）與李斯（前二八〇—前二〇八）均不約而同地給了商鞅變法極高的評價。蔡澤指出商鞅變法後的秦國：「兵動而地廣，兵休而國富，故秦無敵於天下。」[30] 而李斯則認為商鞅變法在整體上令秦國：「移風易俗，民以殷盛，國以富強，百姓樂

29 從山西渾源出土的牛尊可見，春秋後期晉國的牛已穿有鼻環，說明牛已被利用從事勞動或牛耕。見楊寬：〈卷十八．趙策一．秦王謂公子他〉，《戰國史（增訂本）》（上海：上海人民出版社，一九九八年），頁七八。而從趙豹進諫趙惠文王之言則可推測，以牛耕田在東方六國可能並未普遍推行，至少在趙國並不流行，故以「秦以牛田」為先進。

30 司馬遷著，王利器主編：《史記注譯．范雎蔡澤列傳》（西安：三秦出版社，一九八八年），第三冊，卷七九，頁一八六〇。

用，諸侯親服」，「舉地千里，至今治強」。[31]由此可見，商鞅變法，內外威服。

戰爭，體現了商鞅變法所帶來的最實際貢獻，秦國通過「元里之戰」、「安邑之戰」以及「固陽之戰」收回了被晉國所佔的河西之地。「安邑之戰」後，秦國甚至佔了魏國的舊都安邑，不過後來還是撤退了。因為「安邑之戰」的勝利，周天子封秦為諸侯國，秦國在列國中之地位，驟然提升。

然而，商鞅如此雷厲風行地推行變法，必然觸及貴族的利益，「商君相秦十年，宗室貴戚，多怨望者」。[32]商鞅所強調的都是「不和於俗」、「不謀於眾」、以權馭民的極權思想[33]，故此秦國上下方能迅速成為虎狼之師的「新軍國」，不過其嚴苛之法治卻令他最終不容於世。秦惠文王繼位後，商鞅即被與他有仇的公子虔誣告謀反，被處以車裂之刑致死。

無論如何，商鞅變法確實令秦國迅速富強並成為「新軍國」，這是不爭的事實。歷史的天平，終於在商鞅變法之後，傾向了西陲的秦國。從此，秦國國力集中，君民一心，猶如利箭，射向東方。

31 司馬遷著，王利器主編：《史記注譯．李斯列傳》（西安：三秦出版社，一九八八年），第三冊，卷八七，頁一九六八。
32 司馬遷著，王利器主編：《史記注譯．商君傳第八》，第三冊，卷六八，頁一六九二。
33 司馬遷著，王利器主編：《史記注譯．商君傳第八》，第三冊，卷六八，頁一六九〇。

四、決蕩天下

「決蕩」，顧名思義，乃馳騁沙場，兵戎相見。欲問鼎中原，則必須與列強決蕩天下。從戰國（前四七五）開始至秦始皇統一天下（前二二一）的二百五十五年間，戰國共有大小戰爭近一百六十次，單就從秦孝公在位（前三六一）到秦始皇統一天下（前二二一）這一百四十年間，秦國總共發動約一百一十八次的對外戰爭，只有少數是敗績，其他幾乎是所向無敵。[34]而從公元前三六四年（秦獻公二十一年）至公元前二三四年（秦王政十三年），據統計，秦國總共斬殺了大約一百六十二萬五千名的六國士兵。[35]由以上數據可見戰國的戰爭規模及其殘酷情況[36]，遠非春秋時代可比。在這些戰爭中，有不少戰爭或因奇謀詭計，或因殘酷慘烈，而流傳至今。此中以秦、趙兩國的「長平之戰」最為兇險慘酷，其峰迴路轉的戰況及慘痛的教訓，令此役成為戰爭的典範。

---

34 黃煌雄：《論戰國時代的合縱與連橫》（臺北：國立臺灣大學政治研究所碩士論文，一九七一年），頁一四七——一七三。

35 杜正勝：《編戶齊民——傳統政治社會結構之形成》（臺北：聯經出版社，一九九〇年），頁三九六。

36 有關戰國時期的武器改良、戰爭規模之擴大以及戰爭方式之改變，可參閱楊寬：《戰國史（增訂本）》，頁三〇三——三一七。

（一）桂陵之戰

公元前三五四年，魏惠王派龐涓（？—前三四二）率兵進攻趙國，逼近邯鄲。趙成侯（？—前三五〇）向齊國求救，齊威王以田忌（生卒年不詳）為主帥，孫臏（？—前三一六）為軍師，出兵救趙。田忌接受孫臏的意見，沒有前往邯鄲解圍，而是領兵殺向魏國都城大梁，直搗黃龍，遂逼令龐涓星夜回援。齊軍埋伏在桂陵（今山東菏澤東北），靜待魏軍，此際魏軍長途行軍，人困馬乏，面對突如其來的伏擊，自然全線潰敗。這就是著名的「圍魏救趙」[37]，又稱「桂陵之戰」。

（二）馬陵之戰

公元前三四一年，魏國與趙國一起進攻韓國，韓國向齊國求救。齊國仍派田忌、孫臏率軍解救韓國。齊軍佯敗後退，第一天留下了十萬人做飯的鍋灶，次日減少至五萬人的鍋灶，第三

37　司馬遷著，王利器主編：《史記注譯・孫子吳起列傳第五》（西安：三秦出版社，一九八八年），第三冊，卷六五，頁一六三六—一六三七。

天再減少到三萬人的鍋灶。龐涓以為齊軍逃亡的情況很嚴重，故而窮追不捨。此際，孫臏在馬陵設下埋伏，及至魏軍趕至，齊軍萬弩齊發，魏軍「大亂相失」，魏太子申被擄，龐涓自刎。這就是著名的「馬陵之戰」[38]。經此一役，魏國一蹶不振，從此無法抗衡強秦。

（三）閼與之戰

公元前二八一年，秦國攻取趙國三城後，趙國以公子部為人質送往秦國，並與秦簽訂以焦、魏、牛狐交換三城的協議，然而趙惠文王反悔。秦昭王（前三二五—前二五一）以趙國不履行協議為由，派胡陽（生卒年不詳）率大軍進攻趙國的閼與。秦攻打閼與可謂一石二鳥，佔有此地既可攻打魏的都城大梁，亦可攻打趙的都城邯鄲。趙惠文王於是召問廉頗（前三二七—前二四三）救不救閼與，廉頗答曰：「道遠險狹，難救。」[39] 趙王又召問趙奢，回答曰：「其道

---

38 司馬遷著，王利器主編：《史記注譯・孫子吳起列傳第五》，第三冊，卷六五，頁一六三七。

39 司馬遷著，王利器主編：《史記注譯・廉頗藺相如列傳第二十》（西安：三秦出版社，一九八八年），第三冊，卷八一，頁一八八六—一八八七。

遠險，譬之猶兩鼠鬥於穴中，將勇者勝。」[40] 於是，趙惠文王命趙奢率軍馳援閼與。

趙奢軍出邯鄲三十里即築壘紮營，按兵不動，此舉令秦軍甚為迷惑。秦軍於是分一部分兵力進屯武安（今湖北武安西南）西面，擊鼓吶喊，欲誘趙軍援救武安，從而達到鉗制趙軍的目的。趙奢仍然不為所動，駐屯二十八天之後，仍繼續增強營壘防禦，以營造趙軍惟保邯鄲的怯懦假象。秦軍主帥胡陽從間諜方面得知趙軍一切的情況，以為閼與必是囊中之物，遂放鬆戒備。趙奢得悉秦軍已上套，遂令全軍偃旗息鼓，疾馳兩天一夜，趕到距閼與城五十里處築壘設營。秦軍突聞趙國援兵到來，倉促分兵迎擊。趙奢採納軍士許曆（生卒年不詳）的建議，派兵萬人搶佔閼與北山高地。秦軍後到，攻山不下。趙奢乘勢居高臨下，猛擊秦軍。與此同時，閼與的守軍也出城配合援軍，兩方夾擊，秦軍死傷逃散過半，大敗而歸，閼與之圍遂解。

趙奢是一位智勇雙全、卓越的軍事家，在《戰國策》的〈趙惠文王三十年〉與〈燕封宋人榮蚠為高陽君〉兩章中，趙奢與田單（生卒年不詳）有關戰爭投入人數的辯論，以及其有關軍事的一切細節和預測都充分表現了他的才智。不過，趙奢在軍事理論上的辯論仍不敵其子趙括（?——前二五九），可惜趙括在舌尖上的軍事勝利，卻令趙國遭受一場滅頂之災。

---

40 司馬遷著，王利器主編：《史記注譯．廉頗藺相如列傳第二十》，第三冊，卷八一，頁一八八七。

（四）長平之戰

自秦昭王聽從范雎「遠交近攻」策略後，戰場選擇在韓國的上黨。岌岌可危的上黨守將馮亭（？—前二六〇）沒有接受韓王投降秦國之命令，而是將上黨十七城交給了趙國。其時，趙國君臣為此反覆思量，最終還是接受了馮亭的獻城。隨之而來的當然是秦國的大兵壓境。戰爭從公元前二六二年夏天開始，趙國的廉頗與秦國的王齕（生卒年不詳）各為雙方主帥，「秦數敗趙軍，趙軍固壁不戰。秦數挑戰，廉頗不肯」。[41] 趙孝成王（？—前二四五）見戰事不力，便派使求和。秦國於是邀請各國使者與趙使一起宴會，致使他國袖手旁觀，不援趙抗秦。此時，趙孝成王開始沉不住氣，決定撤下廉頗，換上趙奢之子趙括[42]，「紙上談兵」的悲劇即由此上演。

41 司馬遷著，王利器主編：《**史記注譯・廉頗藺相如列傳第二十**》，第三冊，卷八一，頁一八八七。

42 《**史記**》的記載與《**戰國策**》略有不同的是，趙孝成王相信秦國間諜之言：「秦之所惡，獨畏馬服君趙奢之子趙括為將耳。」而在趙孝成王將以趙括代替廉頗為將時，在病中的名相藺相如與趙括之母均曾上書趙王力諫不可以起用趙括，皆不為趙王所納。見司馬遷著，王利器主編：《**史記注譯・廉頗藺相如列傳第二十**》，第三冊，卷八一，頁一八八七—一八八八。

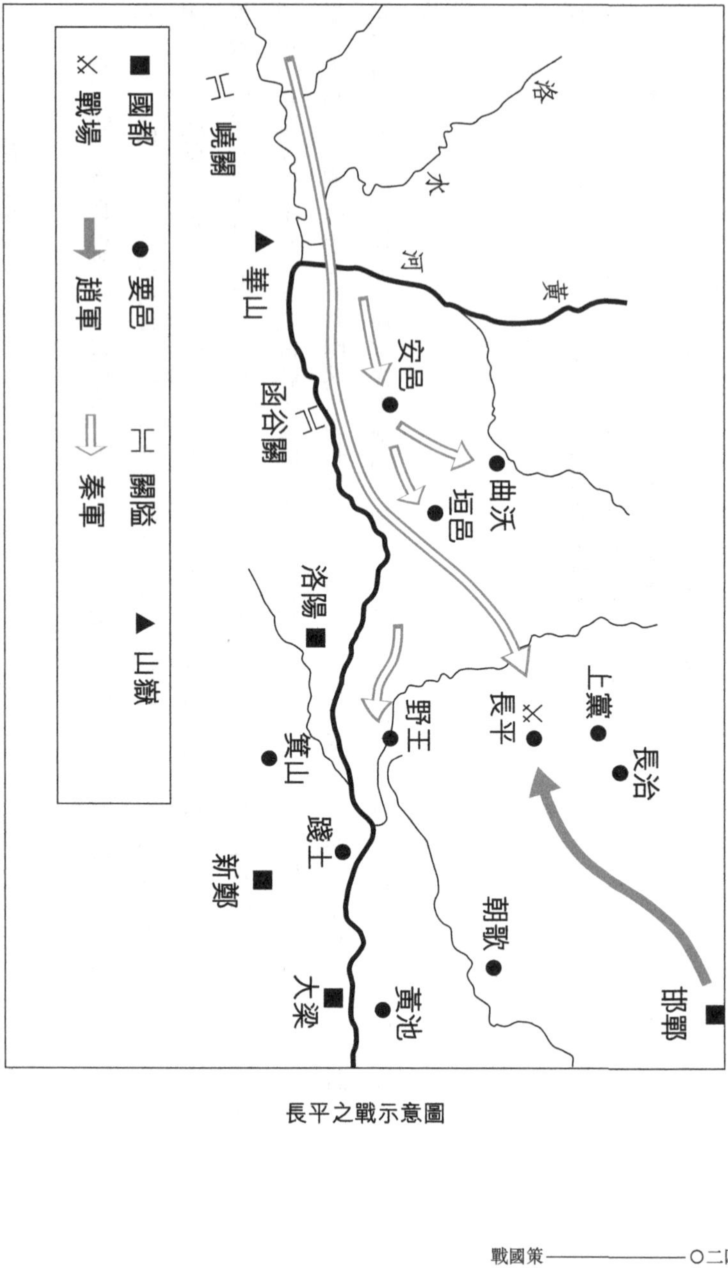
國都
要邑
關隘
山嶽
戰場
趙軍
秦軍
崤關
華山
函谷關
洛
水
河
黃
安邑
曲沃
垣邑
洛陽
箕山
新鄭
踐土
大梁
黃池
野王
長平
上黨
長治
朝歌
邯鄲

長平之戰示意圖

趙括到了前線後，「悉更約束，易置軍吏」。[43] 他改變了攻防策略，換掉了原來的軍吏。據說，八位校尉為趙括之戰略而上諫，因被拒而自殺。秦國知道敵軍換將，亦悄悄換上了號稱「人屠」的大將白起（？—前二五七）為主帥，並以王齕為副帥。兩軍交戰，秦軍先示之以弱，令趙軍追擊。接着，秦軍派兩支奇兵迂迴到達趙軍後方，將趙軍與其後方輜重隔開，即斷其糧草補給。與此同時，秦國徵召全國十五歲以上的男丁投入戰場，大大增加了趙軍的壓力。趙國只好向齊國求援，周子（生卒年不詳）向齊王道出了「唇亡齒寒」的道理，齊王不悟。公元前二六〇年九月，趙軍絕食四十六天後，出現了士兵相食的情況。趙括決定突圍，據記載：「四五復之，不能出。」[44] 趙括於是「出銳卒自搏戰」。[45] 不過這只是垂死掙扎，結局是趙括被秦軍射殺。其時，白起上報朝廷將坑殺全部趙軍，理由是：

> 上黨民不樂為秦而歸趙。趙卒反覆，非盡殺之，恐為亂。[46]

43 司馬遷著，王利器主編：《史記注譯．廉頗藺相如列傳第二十》，第三冊，卷八一，頁一八八八。

44 司馬遷著，王利器主編：《史記注譯．白起王翦列傳第十三》（西安：三秦出版社，一九八八年），第三冊，卷七三，頁一七七七。

45 司馬遷著，王利器主編：《史記注譯．白起王翦列傳第十三》，第三冊，卷七三，頁一七七七。

46 司馬遷著，王利器主編：《史記注譯．白起王翦列傳第十三》，第三冊，卷七三，頁一七七七。

這絕對是藉口，推其原因，大概是此次戰役異常慘酷艱苦，秦軍死傷過半，白起以及秦軍怨毒復仇之心非常熾烈；更為關鍵的是，秦國的軍功爵位制度早已決定了四十多萬趙軍的命運，故此秦軍：

> 乃挾詐而盡坑殺之，遺其小者二百四十人歸趙。前後斬虜四十五萬人。趙人大震。[47]

經過此役，秦國之長矛深入東方中心地帶，銳氣百倍，而六國則因此役之震懾而信心崩潰，猶如驚弓之鳥，基本上已處於苟延殘喘的狀態了。

「長平之戰」的歷史意義在於秦國徹底地擊潰了六國的主要力量，故楊寬（寬正，一九一四—二〇〇五）先生指出：

> 長平之戰關係到秦趙兩強的興亡，這將決定今後由誰來完成統一的大決戰。[48]

47 司馬遷著，王利器主編：《史記注譯・白起王翦列傳第十三》，第三冊，卷七三，頁一七七七。
48 楊寬：《戰國史（增訂本）》，頁四一六。

變法之深淺決定了戰爭之勝負，更影響國家之存亡。惟有秦國，將全民與戰爭利益相結合，利出一孔，使整個國家成為一部戰爭機器，故而所向披靡，這遠非趙國只在軍事上的「胡服騎射」變法可比，更遑論變法中途夭折的其他國家。在「長平之戰」中，秦國的軍事及其動員能力之強大，折射出秦國與六國在變法上的巨大差異，成敗立判。

五、問鼎中原

其時，羣雄厲兵秣馬，枕戈待旦。漫漫長夜，中原九鼎，究竟花落誰家？錢穆先生在論及民族與國家歷史之演進時提出兩個概念，即「生力」與「病態」：

> 生力者，即其民族與國家歷史所由推進之根本動力也。病態者，即其歷史演進途中所時時不免遭遇之頓挫與波折也。[49]

49 錢穆：〈引論〉，《國史大綱》，上冊，頁二五。

借用錢先生這兩個概念而論戰國，七雄皆有其「生力期」與「病態期」，不同之處在於秦國在秦孝公所言之「厲、躁、簡公、出子」這四位秦君在位的「病態期」之後[50]，從秦獻公（前三八四—前三六二在位）至秦始皇（前二五九—前二一〇；前二四六—前二一〇在位）共八代君主的統治期間，能迅速返回幾近長達二百年的「生力期」。然而，六國一旦進入「病態期」，即病入膏肓，沉疴難起。以下敍述的是秦國之「生力期」，再論六國之「病態期」，以呈現強弱之所在。

（一）秦國之「生力期」

秦國在漫長的三十六代君主、共六百年的奮鬥中，有數位君主對秦國的崛起及一統天下，有絕對的決定性作用。

周幽王（前七九五—前七七一）烽火戲諸侯，令此危機告急系統失靈，及至西戎入侵時，真正前來勤王的諸侯少之又少，而秦襄公（?—前六八六）則「戰甚力，有功」[51]。幽王死後，

50 秦國的厲公、躁公、簡公及出公四位君主在位時間分別為前四七六—前四四三、前四四二—前四二九、前四一四—前四〇〇，以及前三八六—前三八五。

51 司馬遷著，王利器主編：《史記注譯．秦本紀第五》，第一冊，卷五，頁九〇。

在秦襄公護送之下東遷的平王自然沒齒難忘，於是封秦襄公為侯，又賜封西戎之地，即現在的甘肅與陝西等地。襄公立國，乃秦國發展史上一大里程碑：「襄公於是始國，與諸侯通使聘享之禮。」[52]然而，這些地方仍為西戎所控制，故秦襄公須憑征伐以求名副其實。可惜的是，從秦襄公戰死以至其後的七代君主，在近一百七十年的時間裏，秦國始終無法取得周天子策封的西戎之地，即是說秦國在接近兩個世紀的時間中，都是空有其名。

及至第八代，求賢若渴的秦穆公（？—前六二一；前六五九—前六二一在位）千方百計得到西戎賢者由余，由余遂向秦穆公道出西戎的治國方法：「一國之政猶一身之治」。[53]穆公於是按由余的策略攻打西戎，結果「益國十二，開地千里，遂霸西戎」[54]，天下震動，周天子送來金鼓以示祝賀。由此，秦國方才成為真正的諸侯國。後來，商鞅變法所設立的軍功爵制，基本是將西戎這種治國理念發揮至極致，使全民皆兵，利出一孔，故而無敵於天下。

秦穆公銳意東進，廣招賢才，百里奚（生卒年不詳）與蹇叔（生卒年不詳）均為其股肱大臣。此外，秦又三救晉難，在列國間樹立道義的形象。穆公意在東進，力圖突破晉國這一阻擋秦國殺向東方的厚牆，他在臨死前三年，仍然出兵攻打晉國，可見其雄心，至死方休。秦穆公

52 司馬遷著，王利器主編：《史記注譯·秦本紀第五》，第一冊，卷五，頁九一。
53 司馬遷著，王利器主編：《史記注譯·秦本紀第五》，第一冊，卷五，頁九六。
54 司馬遷著，王利器主編：《史記注譯·秦本紀第五》，第一冊，卷五，頁九一。

死後近二百六十年，即近兩個半世紀，秦國十五代君主皆碌碌無為。魏國起用吳起為將，屢敗秦軍，攻入關中腹地。及至秦孝公繼位後第六年，商鞅被任為左庶長，推行變法，前後共十八年，整個秦國從此奮發蹈厲，再度燃燒起先輩東進之烽火。

秦昭王在位期間（前三〇六—前二五一），原來列國的格局是秦、齊、楚三強並立，然而自齊吞燕，燕又滅齊，齊再復國後，燕與齊已兩敗俱傷。與此同時，趙國又以胡服騎射而迅速崛起。秦國如何應對這新的格局呢？秦昭王三十六年（前二七一），范雎入秦，其時秦國政治仍為宣太后與魏冉所主導，彼等的私人勢力包括芊戎（生卒年不詳）、高陵君（生卒年不詳）以及涇陽君（生卒年不詳）這些權貴，秦昭王形同虛設。因此，入秦後急於有所作為的范雎為了刺激秦昭王便直說：「今秦，太后、穰侯用事，高陵、涇陽佐之，卒無秦王。」（〈卷五・秦策三・范雎至秦〉）范雎指出宣太后與穰侯魏冉對秦國發展的妨害，前者乃秦王之母，後者乃秦王之舅，這兩人長期剝奪了秦昭王的權力，魏冉更為了壯大其封邑而犧牲了秦國的利益。范雎又提出遠交近攻的策略，指出當前秦國出兵策略的失誤，建議先攻打魏國，使其依附秦國，再攻滎陽以滅韓。范雎列出秦國近幾年的失誤，進而說：

> 王不如遠交而近攻，得寸則王之寸也，得尺亦王之尺也。（〈卷五・秦策三・范雎至秦〉）

其實，司馬錯早已提出類似的策略，而范睢則以簡單直白的話道出。其「遠交近攻」的方法為：

> 卑詞重幣以事之；不可，則割地而賂之；不可，因舉兵而伐之。（〈卷五．秦策三．范睢至秦〉）

以上一席話，內政與外交兼顧，既有長遠的東進方針，亦有立刻可執行的短期具體行動，堪稱是非常成功的職場面試。范睢於是取代了魏冉，成為秦國丞相。其「遠交近攻」的戰略，令秦國處於一種彈性的外交狀態，威逼利誘，軟硬兼施，各國被操縱於其股掌之中，或淪為幫兇，或相互傾軋，秦國因而日益擴張，而六國則日漸萎縮。

及至公元前二四六年至公元前二一〇年的三十七年之間，秦國三十五代以來，以至於整個戰國時期最具雄才偉略的秦王嬴政登上歷史的大舞臺，他在秦國過去近一百六十年對六國的摧殘基礎上，進行了最後的猛烈掃蕩。公元前二三一年開始，在李斯、尉繚（生卒年不詳）、白起、蒙恬（？—前二一〇）以及王翦（生卒年不詳）等文武精英的協助下，秦王嬴政開始了統一全國的戰爭，順序如下：公元前二三〇年，滅韓；公元前二二九年，滅趙；公元前二二五年，滅魏；公元前二二三年，滅楚；公元前二二二年，滅燕；公元前二二一年，滅齊。秦王嬴政終於結束了春秋戰國數百年的亂局，統一中國，並自稱「始皇帝」。李白為此曾傾情地謳歌：

秦皇掃六合，虎視何雄哉。揮劍決浮雲，諸侯盡西來。[55]

（二）六國之「病態期」

1. 齊

公元前三三四年，齊威王與魏惠王「會徐州相王」，正式稱王。然而，在齊威王晚年的時候，丞相鄒忌與將軍田忌（生卒年不詳）爭權，公元前三二二年，田忌攻臨淄，求鄒忌，不勝，逃亡楚國。將相不和以致內亂，齊國已漸露衰象。

公元前三一四年，燕國發生「子之之亂」，齊宣王（？——前三〇一）命匡章（生卒年不詳）率「五都之兵」、「北地之眾」伐燕，一度佔領燕國，燒殺搶掠，毀其宗廟，埋下了日後燕昭王復仇的伏線。而齊閔王（前三二三——前二八四在位）在位十六年期間，因為連續的錯誤策略，加上燕昭王的間諜蘇秦又從內部破壞，導致齊國開始邁向衰亡。齊閔王被蘇秦誘騙而滅宋，以

55 李白著，鮑方點校：〈古風五十九首・其三〉，《李白全集》，頁一二。

致受到以燕國為首的聯軍攻打，燕國大將樂毅（生卒年不詳）連下齊國七十城，這個東方大國終於轟然崩塌，齊閔王亦死於此役。即使後來田單艱苦復國，亦始終一蹶不振。最後的齊王建（前二八三—前二二一）在位四十多年，終為秦王所誘騙而滅國。

2. 楚

楚國之衰落始於楚懷王（前三六〇—前二九六；前三二八—前二九九在位）。楚懷王曾重用屈原（前三四〇—前二七八）等大臣進行變法，卻引來貴族的強烈反對，以致變法失敗。楚懷王為了得到張儀提出的六百里「商於」之地，中途背棄與齊國攻秦的盟約，可謂見利忘義；及至知道受騙又不能冷靜地聽從陳軫（生卒年不詳）之計，終招侮辱而為秦、齊所敗。（〈卷四・秦策二・齊助楚攻秦〉）後來，張儀終於落網，楚懷王不但不除大患，反倒聽信夫人鄭袖（生卒年不詳）之言而放虎歸山。釋放張儀之後，靳尚（生卒年不詳）被仇人所殺，楚懷王卻以為靳尚乃張儀所害，從而又引發了秦、楚之戰。由以上例子可見，楚懷王一直將國家推向災難的境地。（〈卷十五・楚策二・楚懷王拘張儀〉）更為致命的是，公元前二九九年，晚年的楚懷王被秦昭王騙往秦國會盟，終被囚致死。從秦國對楚國的策略可見，楚國完全被秦國玩弄於股掌之中。

公元前二八〇年，秦伐楚，楚軍敗。秦昭王詐以公主許配給楚襄王（前二九八—前二六三在位），屈原長跪城外力諫不果。公元前二七八年，秦軍趁襄王開城迎親之際，長驅直進攻入楚都郢，屈原投河自盡，此亦為楚國絕望之象徵。

3. 燕

戰國七雄之中，燕國位處北方，由於地處北方邊陲，燕國常遭異族騷擾，而與中原國家則較少互侵，至於強秦更是鞭長莫及。然而，公元前三一六年，燕王噲（？—前三一四）突發奇想地禪位於丞相子之（？—前三一四）。子之即位後，國內反對禪位者與支持者發生衝突。齊國宣稱為了「廢私立功」而趁機伐燕，可是與齊國有聯繫的燕太子平（？—前三一四）亦死於戰亂之中。齊軍入燕後大肆搶掠，毀燕宗廟，雖然燕人奮力抵抗，但已瀕臨亡國。[56] 趙武靈王有見及此，遂扶立在韓國的公子職，即後來奮發圖強的燕昭王。

燕昭王「卑身厚幣，以招賢者」（〈卷二十九・燕策一・燕昭王收破燕後即位〉），禮賢下士。大臣郭隗（生卒年不詳）又以「千金市馬骨」為喻引導昭王招賢納士，自此之後，「士爭湊燕」（〈卷二十九・燕策一・燕昭王收破燕後即位〉）。燕昭王的納賢模式，為李白所謳歌：

> 燕昭延郭隗，遂築黃金臺。

56 楊寬：《戰國史（增訂本）》，頁一七四—一七六。

劇辛方趙至，鄒衍復齊來。[57]

最為關鍵的是，策士中的典範人物蘇秦前來幫助燕昭王。蘇秦揣摩到燕昭王的心理乃報齊國入侵之仇，於是自願前往齊國內部當卧底，先挑撥齊、趙兩國，再伺機行事。[58] 其後，蘇秦的具體行動是唆使齊國佔領並獨吞宋國，從而激發諸侯國對齊閔王的不滿，終令齊國四面楚歌。齊閔王狂妄昏昧，又違背了贈地予趙國信陽君李兑（生卒年不詳）的承諾，此際正是蘇秦與燕王之良機，於是聯合五國伐齊。燕國派大將樂毅出征，連下齊國七十城，除了莒與即墨兩城之外，齊國全部淪陷。蘇秦是戰國時期著名的縱橫家，也是卓有成就的間諜，可是其下場卻極度慘烈。齊閔王最終知道蘇秦的間諜身份，乃以大鼎烹煮蘇秦，而齊閔王卻為前來援助的楚將淖齒（？——前二八三）抽筋致死。

樂毅，既是燕國的主將，亦是攻齊聯軍的主帥。雖然樂毅連下齊國七十城，但始終無法攻陷齊國的莒與即墨兩城。就在樂毅將集中兵力攻擊頑強抵抗的莒與即墨之際，燕昭王卻不幸死亡。新即位的燕惠王（？——前二七一）與樂毅有隙，齊國於是立即實行反間計，誣陷樂毅久攻

57 李白著，鮑方點校：〈古風五十九首．其十五〉，《李白全集》，頁一五。

58 劉向著，何建章注：〈戰國從橫家書——蘇秦與齊獻書於燕王章〉，《戰國策注釋》，下冊，頁一三二一。

不下莒與即墨，乃有意在齊稱王。燕惠王於是派騎劫（生卒年不詳）取代樂毅，樂毅亦知情況不妙，於是立刻投奔趙國。騎劫不久便被齊國的田單擊敗，齊復國。燕惠王之無能而令樂毅去國，實乃自毀長城。

及至燕王喜（前二五四—前二二二在位）時，太子丹（？—前二二六）在國家危急之際亟想有所作為，於是派荊軻（？—前二二七）行刺秦王嬴政，（〈卷三十一・燕策三・燕太子丹質於秦亡歸〉）輕率魯莽，可謂病急亂投醫，益加速其敗亡。

4. 韓

韓國是三晉之中土地最小、位置最不利的國家，其四周都是強國，北為魏國、趙國，東為齊國，南為楚國，西為秦國，地處秦、齊、楚、魏、趙五強國之間。韓國戰略位置重要，可是四周強鄰壓境，而且地瘠、民貧、國弱，張儀描述如下：

> 韓地險惡山居，五穀所生，非菽而麥，民之所食大抵菽藿羹。一歲不收，民不饜糟糠。地不過九百里，無二歲之食。[59]

59 司馬遷著，王利器主編：《史記注譯・張儀列傳第十》，第三冊，卷七〇，頁一七三七。

韓國的地理位置險惡，但有險可守，雖然地瘠民貧，但武器精良，「帶甲數十萬，天下之強弓勁弩，皆從韓出」，戰士勇敢。[60]故公元前三七五年，韓曾以此強兵從成皋出兵，滅了鄭國（〈卷二十六・韓策一・三晉已破智氏〉）。

韓昭侯時任申不害為相，展開變法，十四年間，據說「修術行道，國內以治，諸侯不來侵伐」。[61]而實際上，從《戰國策》的記載可見，申不害並非良相，他雖以法家思想推行變法，卻為堂兄徇私求官；被韓王質疑時，他又以阿諛奉承的方式蒙混過關。

由於韓國地處黃河中游地區，其東部與北部均為魏國所包圍，西則有秦國、南有楚國以及小國東周，幾乎處於包圍圈之中；加上韓國的國土是最小的，故屢遭列強欺凌，甚至淪為魏、齊之間的爭霸資本。例如，發生於公元前三四一年的「馬陵之戰」，便是圍魏救韓所引發的。及至秦、楚爭霸之際，秦國又要挾韓、魏共同伐楚。戰國末期的韓國，基本已成了秦國與東方列國的緩衝地，苟延殘存。公元前二六二年，秦國大舉進攻韓國上黨，上黨不願被秦佔有，於是獻城降於趙國，從而引發了長平之戰。韓國的一步錯棋，導致了七國博弈的徹底失衡，這

60 司馬遷著，王利器主編：《史記注譯・蘇秦列傳第九》，第三冊，卷六九，頁一七〇四。

61 司馬遷著，王利器主編：《史記注譯・韓世家》（西安：三秦出版社，一九八八年），第二冊，卷四五，頁一三七五。

亦可見合縱之失敗。兩場左右戰國局勢之大戰均由韓國引起，充分體現了韓國被列強欺凌的困境。公元前二三〇年，韓國軍隊屢戰屢敗，成為山東六國中第一個被秦所滅的諸侯國。

5. 趙

趙的國土在原來晉國的北部，趙的南方有魏國、韓國，「東有燕、東胡，而西有樓煩、秦、韓之邊」[62]，東有齊國燕國，西有秦國，趙烈侯以公仲連為相實施變法，以法家思想「選拔人才、處理財政和考核臣下成績」，又以儒家思想進行教化[63]，故楊寬先生指出「趙國自從趙烈侯進行了社會改革，到趙敬侯時，開始強大起來，遷都到邯鄲」。[64]

趙國地處北方，常受匈奴以及北方少數民族侵略。長年的邊患，深深地刺激了欲有作為的趙武靈王。趙武靈王敏銳地觀察到西北的重要性，他認為要逐鹿中原，必須擁有草原上的戰馬與皮革，而更重要的是遊牧民族的騎射本領。十九年春天正月，趙武靈王會諸大臣，決定攻打中山國。趙武靈王在黃花山上與大臣樓緩（生卒年不詳）道出他希望用胡狄之力而不擾民以強大，決定「胡服騎射以教百姓」。（〈卷十九・趙策二・武靈王平晝閒居〉）中原服裝與「胡服」

62 司馬遷著，王利器主編：《史記注譯・趙世家》（西安：三秦出版社，一九八八年），第二冊，卷四三，頁一三二二。
63 楊寬：《戰國史（增訂本）》，頁一九二。
64 楊寬：《戰國史（增訂本）》，頁二九五。

之分別在於前者是上衣下裳，寬袍大袖，這種裝束只適合於車上作戰，而不便於馬上作戰；而後者則是上戴惠文冠，代表勇敢善戰，衣服則是上褶下褲，緊身袄與緊袖。胡服的特徵，乃為了便於騎射作戰而設。然而，趙國之變法僅限於軍事範圍，遠不及秦國「商鞅變法」的全面而深入。而且，自趙武靈王提出「胡服騎射」的改革伊始，便遭到了貴族、大臣及將領的強烈反對，亦因此而埋下了殺身之禍。

趙武靈王聯絡林胡、樓煩等部落，以獲取優良的馬匹。與此同時，趙國軍隊中亦有邊地的胡狄混雜其中，故能成功抗擊北方的匈奴，以及在征伐宋國時，連續獲得大勝。然而，在位二十七年後的趙武靈王（前三二六—前二九八在位）卻做了一個極大的錯誤決定，他竟廢黜太子章（?—前二九五），而傳位於年幼的公子何，自稱主父。他的目的是將權力交予次子，而自己則主力經營西北：

> 主父欲令子主治國，而身胡服將士大夫西北略胡地，欲從靈中、九原直南襲秦，於是詐自為使者入秦。[65]

65 司馬遷著，王利器主編：《史記注譯．趙世家》，第二冊，卷四三，頁一三二四。

趙武靈王從小訓練新君，又親自經略西北，打算捨棄傳統上從函谷關進攻秦國的方向，改為從九原（今包頭）、雲中（今托克托）直接襲擊秦國。趙武靈王固然英武絕世，但他卻缺乏政治鬥爭的經驗，以為趙國上下一心，一切便可以由他任意指揮。關鍵的時刻終於來臨了，在沙丘的家庭聚會中，原太子章及手下田不禮（？—前二九五）圍攻趙惠文王（即公子何）與趙武靈王的行宮。此時，公子成（生卒年不詳）與大臣李兑帶兵消滅原太子章及田不禮，同時亦圍困趙武靈王長達三個月之久，趙武靈王最終餓死。由此可見，趙武靈王決定推行「胡服騎射」之後所擔憂的「世必議寡人」（〈卷十九．趙策二．武靈王平晝閒居〉）終於發生，原因就在於其背離習俗與傳統。否則，以趙武靈王與軍隊密切的關係，又何致被公子成與李兑圍困三個月之久而無人營救？實際上，這是公子成與李兑的貴族舊勢力趁火打劫的一場宮廷政變。從此，趙武靈王苦心經營的胡服騎射及襲擊秦國之策略，盡付流水。作為趙國靈魂人物的趙武靈王慘死，令趙國自此失去了競爭的理想而徒為守成之國，再也不是秦國的敵手了。縱使後來有名相藺相如（前三二九—前二五九），又有趙奢、廉頗及李牧（？—前二二九）等名將的輔助，然而「長平之戰」一役，四十多萬士兵被坑殺，大大震懾了趙國上下，這不但導致了不可估量的經濟及軍事損失，亦令軍心崩潰，民心動搖。趙國隨之衰落，亦是意料中事。

6. 魏

魏國是七國中最早因魏文侯的變法而興盛的國家，魏文侯禮賢下士，經常與儒門弟子交往[66]，向他們學習，並任命李悝進行變法，令國家大治。外交方面，魏文侯又成功化解了韓、趙之間的矛盾（〈卷二十二·魏策一·韓趙相難〉）。故此，魏文侯在位期間（前四四五—前三九六），韓、趙、魏三家和平相處，這是導致秦國無法東進的基礎。

魏文侯採用精兵政策，士兵必須經過嚴格的挑選，符合標準中選的士兵則成為專業的職業軍人，可享受政府給予的優厚待遇，據《荀子·議兵》的記載：

> 魏氏之武卒，以度取之，衣三屬之甲，操十二石之弩，負服矢五十個，置戈其上，冠胄帶劍，贏三日之糧，日中而趨百里，中試則復其戶，利其田宅。[67]

如此精兵，經大將吳起之訓練，遂成勁旅。魏文侯識見非凡，知人善任。李克（即李悝）評吳起曰：「起貪而好色，然用兵司馬穰苴不能過也」；然而魏文侯卻稱吳起「善用供，廉平」[68]，即廉潔平正，二人的評價可謂雲泥之別。實際上，吳起是身先士卒，愛兵如子：

---

66 司馬遷著，王利器主編：《史記注譯·魏世家》（西安：三秦出版社，一九八八年），第二冊，卷四四，頁一一三五三。

67 荀子：《荀子·議兵》（臺北：臺灣商務印書館，一九七九年），頁一〇三。

68 司馬遷著，王利器主編：《史記注譯·孫子吳起列傳第五》，第三冊，卷六五，頁一六三八。

卧不設席，行不騎乘，身裹贏糧，與士卒分勞苦。卒有病疽者，起為吮之。[69]

如此愛兵如子又文韜武略兼備的將帥之才，世間罕有，魏文侯「乃以為西河守，以拒秦、韓」。[70]

另一方面，從魏文侯叮囑西門豹為官治民之道的一席話，可見其深諳治民之道（〈卷二十二．魏策一．西門豹為鄴令〉）。凡此種種，都表現出魏文侯心思不止於開疆闢土，更重視民生疾苦，希望通過抓好地方工作，改善民生。魏文侯這種宏觀與微觀並重的治國精神，在諸侯之中，極之罕見。在他的統治下，魏國的都城鄴下成為了當時的文化中心。

自魏文侯變法之後，從魏武侯（？——前三七〇）到魏惠王初期，除了之前獲得的秦國河西地區、北方的中山國外，還有三晉伐楚時在南方取得的鄭、宋、楚三國間的大片土地，故魏惠王自認「晉國（此即魏國）天下莫強焉」。[71] 而事實上，自魏武侯繼位後，魏國已開始出現衰落的跡象。首先是人才離散，商鞅入秦，吳起赴楚，這都反映魏武侯無容人之量與缺識人之

69 司馬遷著，王利器主編：《史記注譯．孫子吳起列傳第五》，第三冊，卷六五，頁一六三八。

70 司馬遷著，王利器主編：《史記注譯．孫子吳起列傳第五》，第三冊，卷六五，頁一六三八。

71 毛子水等：《四書今注今譯．孟子》，頁一一。

能。在爭奪衛國的「剛平之戰」中，韓、趙、魏三國之間失去了平衡，遂令秦國有機可乘。

至於在位長達五十年（前三七〇—前三一九）的國君魏惠王，更決定了魏國的興衰。首先，魏惠王遷都大梁（今開封）[72]，此舉實乃將魏國推進四戰之地，所謂「同微者相憎，同憂者相親」，魏惠王遷都大梁，令趙、齊兩國倍感威脅而結盟。公元前三五一年，魏歸還邯鄲予趙，並逼趙聯盟，西向抗秦，從而導致「秦王恐之，寢不安席，食不甘味」（〈卷十二·齊策五·蘇秦說齊閔王〉）。由此可見，在商鞅變法初期，就連商鞅也自知秦國不及魏國強大。然而，商鞅洞悉魏惠王亟於稱王的慾望，故遊說他既要繼續領導宋、衛、鄒、魯等小國，更要先行王服，後圖齊、楚。征伐比稱王困難，稱王則比征伐更有滿足感，魏惠王好大喜功，果然中了商鞅的緩兵之計。故魏惠王在「逢澤之會」上，「乘夏車，稱夏王，朝於天子，天下皆從」。（〈卷六·秦策四·或為六國說秦王〉）他又因為韓王沒有出席「逢澤之會」而決定征伐韓國。由以上的例子，可見魏惠王之驕橫跋扈、任意妄為。季梁（生卒年不詳）於是以「南轅北轍」為喻勸諫魏惠王，指出其治國方針的方向性錯誤（〈卷二十五·魏策四·魏王欲攻邯鄲〉），可是魏惠王對當時列國的複雜形勢或一無所知，或視若無睹，一味夜郎自大，終致魏國的大廈驟然傾倒。

72 因遷都大梁，故此《孟子》一書中又稱魏惠王為「梁惠王」。

公元前三五四年的桂陵之戰與公元前三四一年的馬陵之戰，魏國兩度為孫臏所指揮的齊軍所敗，太子申（生卒年不詳）與龐涓被殺。從此，魏國急劇衰落。

7. 小結

簡而言之，正當六國均處於「病態期」之際，秦國卻經歷綿長的「生力期」，而且國力持續增強。自秦獻公、秦孝公、秦惠文王、秦武王、秦昭王、秦孝文王、秦莊襄王及秦王政，八位君主歷時近一百八十年（前三八四—前二四七），皆雄才偉略，縱橫決蕩，志在問鼎。秦孝文王與秦莊襄王分別在位僅有一年與三年，雖無大作為，亦無過失，朝政亦一直運作正常。然而，六國則在「病態期」中苟延殘喘，因各國之間的矛盾、衝突以及內部崩潰，直接削弱本國國力，並且間接促使秦國日益強盛。換言之，自秦獻公至秦莊襄王的七代秦國君主，歷時約一百六十年，各個君主均一致持續地攻擊、摧毀六國，在六國全部進入「病態期」之際，恰好碰上具雄才偉略的秦王嬴政，秦國於是到達「生力期」的巔峰，遂以一敵六，摧枯拉朽，隨心所欲，統一天下。

六、作者、版本及今注今譯

（一）作者

戰國時期，有人專門從事外交策略的研究，講究揣摩君主心理，運用縱橫捭闔的手腕，約結盟國，打擊敵國，這便是縱橫家。

縱橫家非常重視遊說之術，為了切磋說動君主的技巧，他們或以過往的事件，或就當下的情況，想像擬作，故此《戰國策》有不少篇章雄辯滔滔，可是資料卻不準確。有學者認為秦、漢之際的辯士蒯通是《戰國策》的作者，亦有人認為是西漢的主父偃（？—前一二六）與鄒陽（？—前一二〇）。或許，他們均為此書的彙編者，作者難以確定。[73]

73 鄭良樹：〈作者〉，《戰國策研究》（臺北：臺灣學生書局，一九七五年），頁一——二二；何晉：《〈戰國策〉研究》（北京：北京大學出版社，二〇〇一年），頁一五。

（二）版本

西漢初年，先有異姓王之封，高祖劉邦（季，？—前一九五），高后呂雉（前二四一—前一八〇）誅鋤功臣之後，又分封宗室，局勢類近戰國，因而縱橫權變之術得以繼續流行。因為有市場潛力，所以西漢末年劉向便收編了《戰國策》。

劉向奉詔校書的時候，看到了皇家圖書館中許多記載縱橫家説辭的寫本，內容龐雜，體例不一，文字錯亂，其所見共六種版本，計有《國策》、《國事》、《短長》、《事語》、《長書》及《修書》。劉向認為這些都是戰國時策士提出的策謀[74]，應稱為《戰國策》，故按國別，略以時間編次，定為三十三卷。因此《戰國策》的書名，乃劉向整理後所加。

此外，一九七三年在湖南長沙馬王堆三號漢墓出土了一批帛書，其中有一部與《戰國策》類似，被命名為《戰國縱橫家書》。此帛書共二十七章，有十一章被收入《戰國策》與《史記》，其餘十六章乃佚書。未經劉向編訂的原始面貌，或可從此帛書窺見一斑。

《戰國策》成書後，東漢學者高誘（生卒年不詳）曾作注。及至北宋，原書已缺十一篇，再

74 何晉：《〈戰國策〉研究》，頁一五。

由曾鞏（子固，一〇一九—一〇八三）訪求，又重新補足了三十三卷。[75] 到了南宋，姚宏（生卒年不詳）搜羅了十幾種版本，並在曾鞏本的基礎上加以整理、續注，通稱「姚本」，[76] 流傳至今。此外，南宋鮑彪（文虎，生卒年不詳）亦為此書作注，各國按王的順序分章，暗寓為《戰國策》重新編年之意。元代的吳師道（正傳，一二八三—一三四四）又為鮑彪作了補正，稱為「鮑本」。[77] 如今所見的《戰國策》屬於「姚本」系統，其編排為：東周策一卷、西周策一卷、秦策五卷、齊策六卷、楚策四卷、趙策四卷、魏策四卷、韓策三卷、燕策三卷、宋、衛策一卷、中山策一卷，共十二國，三十三卷。由此而言，《戰國策》應該是以「層累」的方式成書的。[78]

然而，歷來有關此書的評價並不高，或視之為「殺人自生，亡人自存」（秦宓語），或視之為「邪說」而欲「放而絕之」（曾鞏語）。[79] 這都是迂腐陳見。實際上，司馬遷《史記》中有

75 鄭良樹：〈散亡之開始與曾鞏之整理〉，《戰國策研究》（臺北：臺灣學生書局，一九七五），頁三三—四一。

76 鄭良樹：〈姚宏的整理及其所採之版本〉，《戰國策研究》，頁四二—六一；何晉：《〈戰國策〉研究》，頁一五六—一六二。

77 何晉：《〈戰國策〉研究》，頁一六二—一六九。

78 歷史中「層累」的觀念是由顧頡剛先生提出的，亦即胡適先生所說的「滾雪球」。相關論述可參閱陳岸峰：《疑古思潮與白話文學史的建構：胡適與顧頡剛》（濟南：齊魯書社，二〇一一年），頁四七—七八。

79 鄭良樹：〈散亡之開始與曾鞏之整理〉，《戰國策研究》，頁三三—三四。

關戰國的部分便是在《戰國策》的基礎上撰寫而成的。至於《戰國策》中的歷史人物以及寓言故事，栩栩如生，寓意深刻，並早已家喻戶曉，成為中國人集體記憶中的重要一節，由此可見《戰國策》對中華文化的正面影響。

（三）今注今譯及其意義

二十世紀有關《戰國策》的相關研究，日趨開放而嚴密，此中大家包括何建章先生的《戰國策注釋》與繆文遠等先生的《戰國策新校注》及《戰國策全注全譯》。[80]前者只注而缺譯，後者之《戰國策新校注》只注缺譯，而《戰國策全注全譯》在注釋方面亦較為簡單。然而，兩位先生之研究，均乃傾心之作，亦為拙著的參考資料提供了不少方便，值得致敬。為方便讀者，「新視野中華經典文庫」之《戰國策》注釋與翻譯並重，並配有導論與各卷導讀，又去蕪存菁，刪卻枝蔓，標準如下：

一、在歷史進程中，有關鍵作用的篇章，如范雎晉見秦昭王，必選；

80 繆文遠：《戰國策新校注》（成都：巴蜀書社，一九九八年）；繆文遠、繆偉、羅永蓮譯注：《戰國策》（北京：中華書局，二〇一二年）。

二、具文學價值，特別是其中包含的寓言已為家喻戶曉的篇章，必選；
三、在各國中重複出現的同一事件，如有關長平之戰，則擇其詳細者，刪卻片面而瑣碎的篇章。

至於《戰國策》的當代意義，則在於：
一、當今國際形勢複雜，有心於外交者，或可從此書有所啟悟；
二、考察歷朝歷代之興衰，六國之覆亡，秦國之獨大，既有各自的內部因素，又是彼此之間的相互作用所產生的博弈結局，不同界別之人士均可引以為鑒；
三、策士之忍辱含垢，輔助諸侯以問鼎中原，足為職場中人之學習典範。

七、總結

戰國時期，固然是烽火連天，然亦是學術蓬勃之春天，百家爭鳴，人才輩出。值得留意的是，中華民族在此際的大融合與整體素質的大提升。可以說，這是一個激情四射的烽火年代，這亦是中華民族從四分五裂走向秦、漢大一統盛世的前夕。

《戰國策》的文風汪洋恣肆，情節波瀾起伏；其內容錯綜複雜，列國的政治角力，值得再三咀嚼；此外，書中更有迂迴曲折、引人入勝的類近小說的書寫。秦國世代辛苦經營，虎視眈眈，六國又欲有所作為，故而苦苦掙扎。策士縱橫，俠士悲歌，不論成敗，皆是國士。此等人物，激盪了戰國風雲，改變了中國歷史。同時，此書可謂是集政治、軍事、外交乃至職場策略、修身之大全。一冊在手，仿如智囊隨身，啟迪智慧，洞悟人生，終身受益。

卷一　東周策

本篇導讀——

昔日秦國的祖先非子只不過是周天子的養馬官，如今秦國卻興師問鼎，志在天下。東周臣子顏率所言的「秦之無道」，實即「周之無能」。故秦國敢借道伐韓，而東周卻又陷於借則得罪韓國，不借又得罪秦國的兩難境地。另一方面，楚王因為周室提供糧食予敵軍秦國與韓國而大為震怒，趙國甚至奪取了東周的祭地。此際，東周與西周均已淪為「小國」，周天子早已名存實亡。在〈温人之周〉一則中，温地人引《詩經》曰：「普天之下，莫非王土；率土之濱，莫非王臣」，可謂是對苟延殘喘的周室的一大諷刺。東、西周之戰中，東、西周為獲得支持而獻寶於楚與韓。西周甚至斷水以絕東周種稻，同室操戈，可笑亦可悲。故此，戰國七雄之輕視周室而動輒興兵問鼎，實屬自然演化。

秦興師臨周而求九鼎

秦興師臨周而求九鼎[1]，周君患之，以告顏率[2]。顏率曰：「大王勿憂，臣請東借救於齊。」顏率至齊，謂齊王曰：「夫秦之為無道也，欲興兵臨周而求九鼎，周之君臣，內自畫計[3]，與秦，不若歸之大國[4]。夫存危國[5]，美名也；得九鼎，厚實也[6]，願大王圖之。」齊王大悅，發師五萬人，使陳臣思將以救周[7]，而秦兵罷。

注釋

1九鼎：相傳是夏、商、周三代的傳國之寶，是政權的象徵。2顏率：東周臣子。3畫計：商量。4大國：指齊國。5危國：指周王室。此時周王室受秦兵威脅，瀕臨生死存亡之秋。6實：實際利益。7陳臣思：齊威王的名將田忌（生卒年不詳）。古代田、陳同音。

譯文

秦國發兵逼近東周邊境，想索取周王室的九鼎。周君非常擔憂，就將此事告訴顏率，顏率說：「大王不必憂心，臣願東到齊國，借兵救援。」顏率到了齊國，對齊王說：「秦國不講道義，想發兵奪取周王室的九鼎。周王室的君臣商量後覺得，與其給予秦，還不如給予貴國。保存生死存亡的國家，是美名；獲得九鼎，是實利，希望大王三思。」齊王聽罷非常高興，發兵五萬，命大將陳臣思率兵救周，秦國只好撤兵。

齊將求九鼎，周君又患之。顏率曰：「大王勿憂，臣請東解之。」顏率至齊，謂齊王曰：「周賴大國之義，得君臣父子相保也，願獻九鼎，不識大國何途之從而致之齊？」齊王曰：「寡人將寄徑於梁[1]。」顏率曰：「不可。夫梁之君臣欲得九鼎，謀之暉臺之下、沙海之上[2]，其日久矣。鼎入梁，必不出。」齊王曰：「寡人將寄徑於楚[3]。」對曰：「不可。楚之君臣欲得九鼎，謀之於葉庭之中[4]，其日久矣。若入楚，鼎必不出。」王曰：「寡人終何途之從而致之齊？」顏率曰：「弊邑固竊為大王患之。夫鼎者，非效醯壺醬甀耳[5]，可懷挾提挈以至齊者；非效鳥集烏飛，兔興馬逝[6]，灕然止於齊者[7]。昔周之伐殷，得九鼎，凡一鼎而九萬人挽之[8]，九九八十一萬人，士卒師徒，器械被具[9]，所以備者稱此。今大王縱有其人，何途之從而出？臣竊為大王私憂之。」齊王曰：「子之數來者，猶無與耳。」顏率曰：「不敢欺大國，疾定所從出，弊邑遷鼎以待命。」齊王乃止。

注釋

1梁：魏惠王遷都大梁（今河南開封市），故魏又稱梁。2暉臺：臺名。沙海：在今河南開封西北。3寄徑於楚：由周至齊，並不經過楚國，這是建議而已。4葉庭：在今湖北華容。5醯（粵：希；普：xī）：醋。甀（粵：墜；普：zhuì）：甕。6兔興馬逝：比喻輕快的樣子。7灕（粵：離；普：lí）然：水滲流的樣子。8挽之：牽引。9被具：士卒運鼎時所需的工具。

譯文

齊國向東周索取九鼎，周君又擔心了。顏率說：「大王不必憂心，臣願到東方解決此事。」顏率到了齊國，對齊王說：「周王室依靠大國的仗義相助，全國上下得以保全，願獻上九鼎，不知大國從什麼途徑將九鼎運到齊國？」齊王說：「寡人打算向梁國借道。」顏率說：「不可以。梁國的君臣一心想得到九鼎，在暉臺腳下，沙海邊上，策劃已久了。九鼎一進入梁國，肯定無法運出來。」齊王說：「寡人就另向楚國借道。」顏率回答說：「不行。楚國君臣為了得到九鼎，在葉庭中，密謀已久。九鼎一旦進入楚國，不可能運出來了。」齊王說：「寡人要從什麼途徑才能把它運到齊國呢？」顏率說：「敝國私下替大王擔憂。九鼎可不像醋瓶醬罐，可以懷揣手提就到達齊國的，也不像鳥聚鴉飛、兔跑馬奔般，瞬息就可到達齊國的。從前周人攻殷，得到了九鼎，一隻鼎用九萬人牽引，共用了九九八十一萬人，而輔助的兵卒和器具，數量與此略等。如今即使大王有這些人，又從哪裏經過呢？臣私下為你擔憂啊！」齊王說：「你屢次前來，無非不願把九鼎給予齊國罷了。」顏率說：「不敢欺騙大國，請盡快決定運送路線，敝國將把鼎遷出，以待運走。」齊王只好作罷。

卷二 西周策

本篇導讀——

除卻東周，西周亦一樣在強秦的脅逼之下，惶惶不可終日。本卷便記載了西周與諸國在戰國時的形勢變化。西周為了免除齊、韓、魏的糧食要求，於是派謀士韓慶到齊國遊說孟嘗君田文停戰，由於孟嘗君帶領聯軍攻打秦國只是為了報私仇，而並非有長遠大計，故此當有利可圖時便自然退兵了。秦國為了報復孟嘗君以及列國，秦將白起於是在伊闕一役中大敗韓、魏聯軍，更斬首二十四萬人。西周放虎歸山，難逃其患。秦相樗里疾率戰車百輛進入西周，得到隆重的歡迎，楚懷王因此而大怒，周君於是忙於向楚國解釋。此外，在「雍里之役」中，韓國又向西周伸手要糧。西周左右為難之餘，又要割地奉養秦國的宣太后。秦國甚至召周君入秦，周君因懼怕而不敢前往。在這局勢下，即使蘇秦想方設法為西周保存九鼎，免為楚國所奪，其實亦僅在於存其象徵意義而已。西周雖有周最這樣較為突出的後代，但卻使其畢生奔走於列國之間，不予以重用，令人扼腕。周室名存實亡，其國君之無能，更可見於伊闕戰敗之後，周君忙於向魏王洽求溫囿作為遊樂之地。周室君主如此昏庸，怎能不亡？

周君之秦

周君之秦，謂周最曰[1]：「不如譽秦王之孝也[2]，因以應為太后養地[3]。秦王、太后必喜，是公有秦也。交善，周君必以為公功；交惡，勸周君入秦者，必有罪矣。」

注釋

1 周最（生卒年不詳）：周的公子，時隨周君入秦。2 秦王：秦昭王。3 應：周邑，在今河南濟源西北。太后：秦昭王母宣大后。

譯文

西周君要到秦國去。有人對周最說：「你不如讚揚秦王對太后的孝心，並且把應邑送給太后作為供養之地。秦王和太后一定會很高興，這是你對秦國友好的表示。如果周、秦兩國關係友好，周君必定以為是你的功勞；如果兩國關係不好，勸周君入秦的人，必定會有罪了。」

卷三　秦策一

本篇導讀——

此卷首篇即說商鞅變法的成效，可見其重要性。商鞅以法家而行霸道，驅農歸戰，又設立「軍功爵」，令秦師如狼似虎，所向披靡；可是對於他的死，卻「秦人不憐」，可見秦人怨懟之深。商鞅的法家思想及其所推行的「霸道」，秦始皇將其發揮至極致，他雖統一天下，成就了三十六代君主共六百年以來所追求的夢想，卻也留下了「暴秦」的惡名。

另一方面，又記載了戰國時的策士，如蘇秦、張儀及司馬錯。蘇秦遊說各國時遭遇坎坷，後來飛黃騰達，是庶民階層在列國複雜的政治態勢下崛起的典型。其同門張儀亦在早年經歷辛酸，受盡白眼，後來他向秦王分析秦與六國的優勝劣敗，表現出雄韜偉略，辯才無礙。在遊說、穿梭於各國之間，秦將司馬錯雖不如張儀，但在奪取蜀地或爭霸中原的爭論上，司馬錯之見卻顯然比張儀更實惠，且更懂得趨吉避凶。這些觀點不一而又各具奇才的人物，均為秦王所重用，這正是秦國雄視天下的關鍵所在。

衛鞅亡魏入秦

衛鞅亡魏入秦[1]，孝公以為相[2]，封之於商[3]，號曰商君。商君治秦，法令至行，公平無私，罰不諱強大，賞不私親近。法及太子，黥劓其傅[4]。期年之後[5]，道不拾遺，民不妄取，兵革大強，諸侯畏懼。然刻深寡恩，特以強服之耳。

注釋

1衛鞅：商鞅（前三九〇—前三三八），本為衛國的公子，故稱衛鞅。2孝公以為相：孝公，即秦孝公（前三八一—前三三八；前三六一—前三三八在位），名渠梁。他任商鞅為左庶長，實行變法。商鞅後因功升為大良造，執掌國政，此「為相」指為大良造而言。秦正式設相在武王時，孝公時尚未設相。3商：故城在今陝西商縣東。4黥劓（粵：鯨義；普：qíng yì）其傅：黥、劓，即刻面、割鼻，為古代酷刑。此處指商鞅因太子犯法，故刑其傅公子虔，黥其師公孫賈。5期（粵：基；普：jī）年：一年。

譯文

衛鞅從魏國逃亡到秦國，秦孝公任命他為丞相，把商地分封給他，號稱「商君」。商君治理秦國，法令貫徹，公正而沒有偏私，行罰不避讓權貴，行賞不偏親私。法令嚴密得連太子也不放過，對太子師傅處以刻面、割鼻的刑罰。法令實施一年之後，人民不會撿拾掉在地上的東西，不取非法的東西，兵強馬壯，諸侯恐懼。

然而，商君刻薄寡恩，只不過是以強力箝制人而已。

孝公行之八年[1]，疾且不起，欲傳商君，辭不受。孝公已死，惠王代後，莅政有頃，商君告歸。

注釋　1八年：「八」上應有「十」字。秦孝公六年，任衞鞅為左庶長，下令變法至二十四年逝世，正好十八年。

譯文　秦孝公任用商鞅推行法令十八年，重病將死，想把君位傳給商君，他推辭不肯接受。秦孝公死後，秦惠王繼承君位，執政不久，商君要求回到自己的封地。

人說惠王曰：「大臣太重者國危，左右太親者身危。今秦婦人嬰兒皆言商君之法，莫言大王之法，是商君反為主，大王更為臣也。且夫商君固大王仇讎也，願大王圖之。」商君歸還，惠王車裂之[1]，而秦人不憐。

注釋　1車裂：以車子肢解身體的酷刑。

譯文　有人對惠王說：「大臣權勢過重會危害國家，身邊的人過分親暱則危害自己。現在秦國的上下皆說商君的法令，沒有人說是大王的法令，這樣商君反而成了主人，大王卻成為臣子了。況且商君本是大王的仇人，希望大王想辦法對付。」商君從封地回到首都，惠王對他處以車裂的酷刑，而秦國民眾卻不可憐他。

賞析與點評

過度的壓抑，必導致崩潰；容許自由，便是疏導。

蘇秦始將連橫

蘇秦始將連橫[1]，說秦惠王曰[2]：「大王之國，西有巴、蜀、漢中之利[3]，北有胡貉、代馬之用[4]，南有巫山、黔中之限[5]，東有肴、函之固[6]。田肥美，民殷富，戰車萬乘，奮擊百萬[7]，沃野千里，蓄積饒多，地勢形便，此所謂天府，天下之雄國也。以大王之賢，士民之眾，車騎之用，兵法之教，可以并諸侯，吞天下，稱帝而治。願大王少留意，臣請奏其效。」

注釋

1蘇秦（？—前三一七年）：字季子，戰國時東周洛陽人，縱橫家的代表人物之一。連橫：聯合六國共同抗秦。2說：遊說。戰國時期，策士們用合縱、連橫及其他策略來打動國君採納自己的主張。3巴、蜀：巴指今重慶一帶，蜀指今四川西部。漢中：今陝西南部及湖北西部。4胡貉（粵：學；普：hé）：北方遊牧民族，分佈在今內蒙古南部。代馬：代郡、馬邑，在今山西東北部。5巫山：在今重慶巫山東。黔中：在今湖南西部常德地區一帶及貴州東北部。6肴：或作「崤」、「殽」，山名，在今河南洛寧北。函：即函谷關，在今河南靈寶東北。7奮擊：能奮勇擊敵的戰士。

譯文

蘇秦剛出道的時候以連橫的主張去遊說秦惠王道：「大王的國家，西邊有巴、蜀、漢中的物產可供利用，北邊有胡、代地區可提供戰備，南邊有巫山、黔中的險地，東有崤山、函谷關堅固的要塞。土地肥沃，人民眾多，戰車萬輛，精兵百萬，良田縱橫千里，糧食儲備豐富，地理形勢便於攻守，真是天然府庫，天下的強國！以大王的賢能，軍民的眾多，戰備的充實，戰士的訓練有素，完全能夠兼併諸侯，統一天下，成為治理天下的帝王。希望大王稍加留意，讓臣陳述如何取得重大效果。」

秦王曰：「寡人聞之，毛羽不豐滿者，不可以高飛；文章不成者[1]，不可以誅

罰；道德不厚者，不可以使民；政教不順者，不可以煩大臣。今先生儼然不遠千里而庭教之，願以異日。」

注釋 1 文章：此指法度。

譯文 秦惠王道：「寡人聽說毛羽不豐滿的鳥兒不能高飛；法制不健全的國家不能實施刑罰；道德不高尚的人不能役使百姓；政教不上軌道的不能以戰爭來勞煩大臣。現在先生不遠千里而來，親臨指教，希望日後再聆聽高見。」

蘇秦曰：「臣固疑大王之不能用也。昔者神農伐補遂[1]，黃帝伐涿鹿而禽蚩尤[2]，堯伐驩兜[3]，舜伐三苗[4]，禹伐共工[5]，湯伐有夏[6]，文王伐崇[7]，武王伐紂[8]，齊桓任戰而伯天下[9]。由此觀之，惡有不戰者乎[10]？古者使車轂擊馳[11]，言語相結，天下為一；約從連橫，兵革不藏；文士並餝[12]，諸侯亂惑；萬端俱起，不可勝理；科條既備，民多偽態；書策稠濁，百姓不足；上下相愁，民無所聊；明言章理，兵甲愈起；辯言偉服，戰攻不息；繁稱文辭，天下不治；舌弊耳聾，不見成功；行義約信，天下不親。於是，乃廢文任武，厚養死士，綴甲厲兵[13]，效勝於戰場。夫徒處而致利，安坐而廣地，雖古五帝、三王、五伯[14]，明主賢君，常欲坐而致之，其勢不能，故以戰續之。寬則兩軍相攻，迫則杖戟相橦，然後可建大功。是故兵勝於外，義強於內；武立於上，民服於下。今欲并天下，凌萬乘，詘敵國[15]，制海內，子元元[16]，臣諸侯，非兵不可！今之嗣主，忽於至道，皆惛於教，亂於治，迷於言，惑於語，沉於辯，溺於辭。以此論之，王固不能行也。」

注釋

1 **神農**：傳說中的上古帝名，比黃帝還早，始興農業，故號「神農氏」。**補遂**：古代部落名。2 **黃帝**：傳說中的上古帝名，姓公孫，號軒轅氏。**涿**（粵：啄；普：zhuō）**鹿**：在今河北涿鹿西南。**禽**：同「擒」。**蚩尤**：古九黎族首領，為黃帝所敗。3 **堯伐驩**（粵：歡；普：huān）**兜**：堯，傳說中的上古帝名，姓姬名放勛，國號唐，禪位於舜。驩兜，堯之司徒，後因作亂而被放逐到崇山。4 **舜**：傳說中的上古帝名，姓姚名重華，受堯禪讓，國號虞，又禪位於禹。**三苗**：古部落名。5 **禹**：傳說中的上古帝名，姓姒名文命，因治水有功，受舜禪位，國號夏。**共工**：古部落名。6 **湯伐有夏**：夏桀無道，湯出兵討伐，桀奔南巢（今安徽巢縣西南）而死。湯，名履，又稱「成湯」，為商族首領。7 **文王伐崇**：崇侯虎助紂為虐，文王興兵討伐他。文王，名昌，周族首領，紂時為西方諸侯之長。崇，古國名。附屬於商的小國，在今河南嵩縣北。8 **武王伐紂**：武王名發，周文王子。商紂昏亂，武王把他滅掉，建立西周王朝。9 **齊桓**：齊桓公（？—前六四三），名小白，齊僖公（？—前六九八）之子。任：用。伯：通「霸」。10 惡：怎會。11 車轂（粵：谷；普：gǔ）擊馳：使者的車子川流不息。轂，車軸的中心，可以插軸處。12 餝（粵：式；普：shì）：同「飾」。13 綴甲：把皮革片或鐵葉連綴成戰士的服裝。厲：通「礪」，磨。14 五帝：說法不一，通常指黃帝、顓頊、帝嚳、帝堯、帝舜。三王：夏、商、周三代的開國君王，指夏禹、商湯、周文王及周武王的合稱。五伯：戰國時的說法，通常指齊桓公、晉文公（前六七一—前六二八）、楚莊王（？—前五九一）、吳王闔閭（？—前四九六）、越王勾踐（前五二〇—前四六五）。至於漢代則認為五伯是指齊桓公、晉文公、楚莊王、秦穆公（？—前六二一）和宋襄公（？—前六三七），而不是吳王及越王。15 詘（粵：屈；普：qū）：屈服，折服。16 元元：百姓。

譯文

蘇秦說：「臣本就料到大王不會聽取臣的意見。從前神農氏討伐補遂，黃帝在涿鹿之戰中擒獲蚩尤，唐堯放逐驩兜，虞舜討伐三苗，大禹制服共工，商湯征服夏桀，周文王消滅崇侯，周武王攻克商紂，齊桓公通過戰爭而稱霸天下。由此看來，哪有不用武力而能成就大事的呢？從前各國使臣的車馬堵塞了道路，奔走不休；諸侯們訂約結盟，表示聯為一體；或約縱，或連橫，總是不能收藏兵甲；文士粉飾文辭，令諸侯感到紛亂迷惑；各種矛盾不斷產生，簡直難以理清；法令條文多如牛毛，眾人的欺作更不少見；公文發佈混亂，百姓貧困不足；君臣上下互相埋怨，民不聊生；雖然道理講得很明白，但戰事卻愈來愈多；說客穿着耀眼服裝，戰爭總是不能停息；發下的公文繁多，天下卻治不好；謀士的舌頭都磨破了，君主的耳朵也聽聾了，國事仍不見成功；儘管講究仁義守盟約，各國總是不和睦。這樣，就要棄文用武，用厚祿供養戰死之士，綴甲磨刀，在戰場上見個高低。假如無所事事就能得到好處，端坐不動就能擴充地盤，即使是古代的五帝、三王、五霸那樣賢明的君主，也很希望坐着輕鬆地辦到；但事實上是不可能的，最後只有依靠戰爭解決問題。敵我雙方無論是在戰場上擺開陣勢，還是用兵器互相拼殺，要戰勝對方才能建功立業。所以說，對外要靠戰爭取勝，對內要施行仁義以加強統治；國君在上面有了威信，下面的百姓自然就服從了。現在要吞併天下，淩駕諸侯，戰勝敵國，撫育萬民，迫使諸侯稱臣，非用武力不可！當今的國君都忽視了這個最重要的道理，不懂得怎樣教化百姓，缺乏治理國家的辦法，被一些紛擾的言論所迷惑，整天沉浸在巧言詭辯當中。如此看來，難怪大王不能採納臣的意見了。」

說秦王書十上而說不行。黑貂之裘弊[1]，黃金百斤盡，資用乏絕，去秦而歸。

羸縢履屩[2]，負書擔橐[3]，形容枯槁，面目犁黑[4]，狀有歸色[5]。歸至家，妻不下紝[6]，嫂不為炊，父母不與言。蘇秦喟然歎曰：「妻不以我為夫，嫂不以我為叔，父母不以我為子，是皆秦之罪也。」乃夜發書，陳篋數十，得太公《陰符》之謀[7]，伏而誦之，簡練以為揣摩。讀書欲睡，引錐自刺其股，血流至足。曰：「安有說人主不能出其金玉錦繡，取卿相之尊者乎？」期年，揣摩成，曰：「此真可以說當世之君矣。」

注釋

1黑貂：哺乳類動物，身體細長，皮毛珍貴，可做成大衣。2羸（粵：雷；普：léi）：纏繞。縢（粵：騰；普：téng）：綁腿布。屩（粵：腳；普：juē）：又作「蹻」，草鞋。3橐（粵：託；普：tuó）：口袋。4犁黑：同「黧黑」。5歸：通「愧」。6紝（粵：任；普：rèn）：織布。7太公：姜太公，周初的開國功臣姜尚（約前一一五六——前一〇一七），封於齊，是齊國始祖。《陰符》：相傳是姜太公所撰的有關兵法權謀的書。

譯文

蘇秦先後十次上書遊說秦王，均不被採納。他所穿的黑貂皮衣破舊了，百斤的金屬也用光了，生活無依，只好離秦回家。他腿上纏着綁腿，腳穿草鞋，背着書箱，挑着行李，神情憔悴，面色黃黑，臉上顯出羞愧的神色。回到家裏，正在織布的妻子不下來迎接他，嫂子不肯替他做飯，父母也不和他講話。蘇秦長歎道：

「妻子不把我當作丈夫，嫂子不把我當作小叔，父母不把我當作兒子，這都是蘇秦的過錯啊。」當天晚上取出藏書，打開了幾十個書箱，找到姜太公所著的《陰符》，埋頭苦讀，選擇精要處反覆鑽研。當讀書困倦欲睡時，他就用錐子自刺自己的大腿，鮮血流到了腳跟。他自言自語地說：「哪裏會有人遊說列國君主而不能讓他們拿出金玉錦繡並獲得卿相高位的呢？」經過一年，蘇秦終於揣摩有成，便說：「這次真能用來說服當世的君主了。」

於是乃摩燕烏集闕[1]，見說趙王於華屋之下，抵掌而談[2]。趙王大悅，封為武安君，受相印，革車百乘，錦繡千純，白璧百雙[3]，黃金萬溢[4]，以隨其後，約從散橫，以抑強秦。

注釋

1燕烏集闕：古關塞名，今地不詳。2抵（粵：止；普：zhǐ）：擊，拍。3璧：圓形的玉器，中間有小圓孔。4溢：同「鎰」，重量單位，二十兩為一鎰（一說二十四兩）。

譯文

於是蘇秦取道燕烏集闕，在華麗的宮殿裏遊說趙王，相談甚歡。趙王大喜，封他為武安君，賜予相印，兵車百輛，錦緞千匹，白璧百雙，黃金萬鎰，跟隨蘇秦之後，以策劃合縱聯盟，瓦解連橫陣線，以對付強大的秦國。

故蘇秦相於趙而關不通。當此之時，天下之大，萬民之眾，王侯之威，謀臣之權，皆欲決蘇秦之策。不費斗糧，未煩一兵，未戰一士，未絕一弦，未折一矢，諸侯相親，賢於兄弟。夫賢人在而天下服，一人用而天下從。故曰：式於政，不式於勇；式於廊廟之內[1]，不式於四境之外。當秦之隆，黃金萬溢為用，轉轂連騎，炫熿於道[2]，山東之國[3]，從風而服，使趙大重。

注釋

1廊廟：朝廷。2炫熿：光耀。3山東之國：指崤山以東的六國。

譯文

由於蘇秦做了趙國的相國，堵住了秦國向東擴展的道路。此際，廣大的天下，眾多的百姓，威嚴的王侯，掌權的大臣，都要聽蘇秦的指揮。蘇秦沒有花費一斗糧食，沒有動用一件兵器，沒有出動一名戰士，沒有折斷一根弓弦，沒有損失一個箭頭，就使六國的君主和睦相處，比兄弟還親厚。有賢人在位就能令天下歸順，任用了一個人才就能使合縱得到成功。所以說：能用政治解決的問題，就不要動用武力；能在國內處理好的事，就不必拿到國外去解決。當蘇秦事業隆盛時，帶上萬鎰黃金的費用去遊說諸侯，一路上車水馬龍，聲勢顯赫，崤山以東的六國像風吹草伏一樣，拜倒在他的腳下，亦使趙國的地位大為提高。

且夫蘇秦特窮巷掘門、桑戶棬樞之士耳[1]，伏軾撙銜[2]，橫歷天下，廷說諸侯之王，杜左右之口[3]，天下莫之能伉[4]。將說楚王，路過洛陽。父母聞之，清宮除道，張樂設飲，郊迎三十里。妻側目而視，傾耳而聽；嫂虵行匍伏[5]，四拜自跪而謝。蘇秦曰：「嫂何前倨而後卑也？」嫂曰：「以季子之位尊而多金。」蘇秦曰：「嗟乎！貧窮則父母不子，富貴則親戚畏懼。人生世上，勢位富貴，蓋可忽乎哉[6]？」

注釋

1掘門：在牆上挖洞做門。棬（粵：圈；普：quān）樞：用彎木做門軸。指貧窮人住的簡陋房屋。2軾：車前的橫木。撙（粵：纂；普：zǔn）銜：用手拉住馬韁繩。3杜：堵塞。4伉：同「抗」。5虵（粵：蛇；普：shé）：同「蛇」。匍（粵：葡；普：pú）伏：爬行。6蓋：通「盍」。

譯文

蘇秦本來是一個住在陋巷寒門的窮書生，可是如今他揚鞭躍馬，驅車周遊列國，在諸侯的朝廷上高談闊論，令各國大臣無話可說，天下無人能抗衡。有一次蘇秦將要去遊說楚王，中途經過他的家鄉洛陽。他的父母聽到消息，連忙清掃屋子，修整道路，擺下酒席，全家人跑到郊外三十里的地方恭迎。妻子見了他不敢抬頭，只是斜着眼偷看他的臉色，傾聽他說話；嫂子伏在地上，像蛇那樣爬到蘇秦面前，連續拜了四拜，跪在那裏向蘇秦賠禮道歉。蘇秦說：「嫂子為什麼從前那樣目中無人，現在又這樣卑躬屈膝呢？」他嫂子說：「因為小叔您現在的地位尊貴而錢財多啊。」蘇秦不由得長歎一聲道：「唉！一個人在窮困落魄時，連父母都不肯認他作兒子；一旦富貴了，親屬們都敬畏他。人生在世，權勢與財富，怎麼可以忽視呢？」

賞析與點評

人情冷暖，自古皆然；惟有自強不息，才能獲得尊重。

張儀說秦王

張儀說秦王曰[1]：「臣聞之，弗知而言為不智，知而不言為不忠。為人臣不忠當死，言不審亦當死。雖然，臣願悉言所聞，大王裁其罪。

注釋

1 張儀（？—前三〇九）：秦臣，本魏國人，是縱橫家的代表人物之一。秦王：指秦昭王（前三二五—前二五一）。

譯文

張儀遊說秦王道：「臣聽說，不知道事情的原委就隨意開口是不明智的，知道對國家有利的事卻不說是不忠心的。當臣子的不忠，應當被處死；說話不慎重的，也應當被處死。雖則如此，臣還是願把我所知道的全都說出來，希望大王裁決定罪。

「臣聞天下陰燕陽魏[1]，連荊固齊[2]，收餘韓成從[3]，將西南以與秦為難。臣竊笑之。世有三亡，而天下得之，其此之謂乎！臣聞之曰：『以亂攻治者亡，以邪攻正者亡，以逆攻順者亡』。今天下之府庫不盈[4]，囷倉空虛[5]，悉其士民，張軍數千百萬，白刃在前，斧質在後[6]，而皆去走，不能死，罪其百姓不能死也，其上不能殺也。言賞則不與，言罰則不行，賞罰不行，故民不死也。

注釋

1陰燕陽魏：此文以趙為主，謂北連燕，南連魏。陰，北面；陽，南面。2荊：即楚。固：連結。3餘韓：當時韓弱，喪失了很多土地，存在的只是它的殘餘部分。4府庫：藏貨財的地方。5囷（粵：坤；普：qūn）倉：糧倉。圓形的稱「囷」，方形的叫「倉」。6斧質：殺人的工具。質，同「鑕」。

譯文

臣聽說，趙國北可以連燕，南可以連魏，聯合楚國，拉攏齊國，收攏殘破的韓國，結成合縱聯盟，共同向西對抗秦國。臣私下感到好笑。世上有三種會導致亡國的情況，東方諸侯樣樣具備，就是指此而言吧！臣聽說：『以內政混亂的國家去攻打內政清明的國家，必亡；以邪道治國的國家去攻打用正道治國的國家，必亡；以倒行逆施的國家去攻打順應時勢的國家，必亡』。現在，東方諸侯儲存財物的倉庫不充實，糧倉也空虛，動員全國的軍民，號稱有上百萬的大軍，向前面對敵人的兵刃，後退有嚴刑的威逼，可是軍士們仍然向後退卻，不去衝鋒陷陣，這並不是他們的百姓不能拼死作戰，而是因為諸侯們執法不嚴。君王說要賞，卻不兑現；說要罰，又不執行，賞罰不能嚴格執行，因此百姓不願為國家亡命作戰。

「今秦出號令而行賞罰，有攻無攻相事也。出其父母懷衽之中[1]，生未嘗見寇也，聞戰頓足徒裼[2]，犯白刃，蹈煨炭[3]，斷死於前者比是也。夫斷死與斷生也不同。而民為之者是貴奮也。一可以勝十，十可以勝百，百可以勝千，千可以勝萬，萬可以勝天下矣。

注釋

1出其父母懷衽（粵：任；普：rèn）之中：指由嬰兒撫育到成人。衽，衣襟。2頓足：用足擊地。徒：空手。裼（粵：析；普：xī）：脱去外衣，露出身體。3煨（粵：偎；

普：wēi）　炭：盆中火。

譯文　現在秦國發號施令，賞罰嚴明，有功無功的人分得很清楚。人們自出生以來，從未見過敵人，但一聽說要作戰，他們都奮勇地跺足、赤膊，迎着敵人的兵刃，赴湯蹈火，這些戰死沙場上的人比比皆是。要知道拼死和求生是兩碼子的事，而百姓都願意決一死戰，這是因為君王提倡奮勇殺敵的緣故。一人拼死可以勝過十人，十人拼死可以勝過百人，百人拼死可以勝過千人，千人拼死可以勝過萬人，萬人拼死就可以攻取天下了。

「今秦地形，斷長續短，方數千里，名師數百萬，秦之號令賞罰，地形利害，天下莫如也。以此與天下，天下不足兼而有也。是知秦戰未嘗不勝，攻未嘗不取，所當未嘗不破也。開地數千里，此甚大功也。然而甲兵頓，士民病，蓄積索，田疇荒，囷倉虛，四鄰諸侯不服，伯王之名不成，此無異故，謀臣皆不盡其忠也。

譯文　現在秦國的土地，截長補短，方圓數千里，精兵數百萬，秦國號令嚴明，賞罰有信，地勢優越，各國均有所不及。以這些條件來對付諸侯，諸侯是不難被秦國兼併的。可見秦國戰無不勝，攻無不克，所向無敵。開拓疆域數千里，這可是偉大的功業啊！可是現在秦國的兵力困頓，軍民疲憊，蓄積耗盡，田地荒蕪，糧倉空虛，四方諸侯不服，霸王的事業不能成就，沒有其他原因，乃謀臣不肯盡忠的緣故。

「臣敢言往昔。昔者齊南破荊[1]，中破宋[2]，西服秦[3]，北破燕[4]，中使韓、魏之君[5]，地廣而兵強，戰勝攻取，詔令天下，濟清河濁，足以為限，長城鉅坊，足以為塞。齊，五戰之國也。一戰不勝而無齊[6]。故由此觀之，夫戰者萬乘之存亡也。

注釋

1南破荊：公元前三〇一年，齊閔王初立，使匡章領兵攻楚，擊敗楚將唐昧。2中破宋：指公元前二八六年，齊滅宋之事。3西服秦：公元前二九八年，齊與韓、魏共擊秦。4北破燕：公元前二九六年，齊、燕權之戰，齊破燕三軍，擒燕二將。5中使韓、魏之君：指驅使韓、魏共同伐楚、伐秦之事。6一戰不勝而無齊：公元前二八四年，燕昭王派樂毅率領燕、秦和三晉五國聯軍攻齊，攻破齊都臨淄，後來齊閔王也被殺。

譯文

請允許臣說說從前的事。從前，齊國南敗楚國，中敗宋國，西擊秦國，北破燕國，中使韓、魏兩國之君聽命，地廣兵強，戰無不勝，攻無不克。諸侯無不聽命，既有濟水、黃河可為阻隔，又有長城和大堤可為險塞。齊國，是五戰五勝的強國，可是一戰失利而亡國。由此可見，用兵作戰，可以決定萬乘大國的存亡。

「且臣聞之曰：『削柱掘根，無與禍鄰，禍乃不存。』秦與荊人戰，大破荊，襲郢[1]，取洞庭、五都、江南[2]。荊王亡奔走，東伏於陳[3]。當是之時，隨荊以兵，則荊可舉。舉荊，則其民足貪也，地足利也。東以強齊、燕，中陵三晉。然則是一舉而伯王之名可成也，四鄰諸侯可朝也。而謀臣不為，引軍而退，與荊人和。今荊人收亡國，聚散民，立社主[4]，置宗廟，令帥天下西面以與秦為難，此固已無伯王之道一矣。

注釋

1襲郢（粵：jiŋ5；普：yǐng）：秦昭王二十八年（前二七八），秦將白起（？——前二五七）攻楚拔郢。郢，楚都，在今湖北江陵北的紀南城。2洞庭：在今湖南岳陽西南。五都：即五諸，楚地，湘、沅、資、澧四水同注洞庭，北會長江，故稱「五諸」。江南：楚南境之地，主要指黔中（今貴州）地區。3陳：在今河南淮陽。4立社主：遷都後，重建社稷宗廟。

譯文

臣曾聽說：「挖樹要除根，不與禍為鄰，禍患才不存。」一秦國與楚國作戰，大敗楚軍，拿下楚都郢，攻佔洞庭、五都、江南等地，迫使楚王逃走，往東退到陳城自守。此時，如果窮追不捨，就可以一舉滅楚。滅楚之後，楚民可為秦國所用，楚地可為秦國所有。向東可以對抗齊、燕，從中則可以進攻三晉，如此就可以一舉成就霸王之名，使四方諸侯來朝。可是謀臣卻不這樣做，反而引兵退卻，與楚國講和，讓楚國收拾殘局，招集逃散的民眾，重建社稷宗廟的祭祀，率領諸侯向西與秦對抗，這就第一次失去了稱霸稱王的機會。

「天下有比志而軍華下[1]，大王以詔破之[2]，兵至梁郭[3]，圍梁數旬，則梁可拔。拔梁，則魏可舉。舉魏，則荊、趙之志絕。荊、趙之志絕，則趙危。趙危而荊孤。東以強齊、燕，中陵三晉，然則是一舉而伯王之名可成也，四鄰諸侯可朝也。而謀臣不為，引軍而退，與魏氏和，令魏氏收亡國，聚散民，立社主，置宗廟，此固已無伯王之道二矣。

注釋

1華下：華陽城下。華陽，在今河南新鄭北。2大王以詔破之：秦昭王三十四年（前二七三），秦將白起攻魏，拔華陽。3梁郭：梁城。梁，指魏都大梁，在今河南開封。

郭，外城。

譯文

「諸侯同心同德，在華陽城下駐軍，大王下令擊破他們，兵鋒直指魏都大梁，圍困大梁數十天，就可以把它攻下。攻下大梁，就可以滅魏；滅魏，則楚、趙聯盟可破；楚、趙聯盟瓦解則趙危急；趙危急，楚就孤立了。這樣，東可以對抗齊、燕，中可以威脅三晉，那麼一舉可以成就霸王之名，使四方諸侯來朝。可是謀臣卻不這樣做，反而引兵撤退，與魏國講和，讓魏國收拾殘局，召集逃散的民眾，重新樹立社稷宗廟的祭祀，這就第二次失去了稱霸稱王的機會。

「前者穰侯之治秦也[1]，用一國之兵，而欲以成兩國之功[2]。是故兵終身暴靈於外，士民潞病於內，伯王之名不成，此固已無伯王之道三矣。

注釋

1穰侯（生卒年不詳）：姓魏名冉，秦昭王母宣太后的異父弟。封邑在穰，故稱「穰侯」。穰本韓邑，後入秦，在今河南鄧縣北。2兩國：指秦國和穰侯的封邑。

譯文

「從前穰侯在秦國掌權的時候，用一國的兵力，卻想建立兩國的功業，所以秦兵終身在外餐風露宿，國內的民眾疲憊不堪，霸王的名聲卻不能建立，這就第三次失去了稱霸稱王的機會。

「趙氏，中央之國也，雜民之所居也。其民輕而難用，號令不治，賞罰不信，地形不便，上非能盡其民力。彼固亡國之形也，而不憂其民氓[1]。悉其士民，軍於長平之下，以爭韓之上黨[2]，大王以詐破之，拔武安[3]。當是時，趙氏上下不相親也，貴賤不相信，然則是邯鄲不守[4]，拔邯鄲，完河間[5]，引軍而去，西攻修武[6]，踰羊腸，降代、上黨[7]。代三十六縣，上黨十七縣，不用一領甲，不苦一民，皆秦之有也。代、上黨不戰而已為秦矣，東陽河外不戰而已反為齊矣[8]，中山呼池以北不戰而已為燕矣[9]。

注釋

1民氓：特指從外地遷來的人。2「悉其士民」三句：趙孝成王四年（前二六二），秦攻韓，上黨和韓本土聯絡的道路被切斷，上黨守將馮亭向趙國請降，趙國派平原君趙勝受降，並發兵到長平，抗擊秦兵。長平，趙邑，在今山西高平西。上黨，韓郡，在今山西東南部。3武安：趙邑，在今河北武安。4邯鄲：趙都，在今河北邯鄲。5完：乃「莞」字的殘損。莞，包舉。河間：漳水、黃河之間，趙的東境。6修武：趙邑，在今河南獲嘉。7代：趙郡，在今山西東北部及河北、內蒙古部分地區。8東陽：太行山以東地。河外：趙東境清河以東，在今山東清河、武城一帶。9中山：春秋末年，白狄鮮虞族所建。戰國初建都於顧（今河北定縣），後遷靈壽，一度為魏所滅，最終被趙吞併。呼池：即呼沱河，發源於山西繁峙經河北境，流至天津入海。

譯文

「趙國地處燕、齊、韓、魏的中央，人們五方雜處，百姓輕浮，難以駕馭，法令不整，賞罰無信，地形不利，國君又不能充分使用民力。本來趙國已處於亡國的形勢，它卻不去安撫百姓，竟動員全國民軍駐紮在長平城下，去爭奪韓國的上黨。大王下令擊破它，接着攻下武安。在這個時候，趙國的君臣互不相親，官吏和民眾互不信任，這樣，趙都邯鄲就無法堅守，攻下邯鄲，收取河間，引軍轉向，西攻修武，越過羊腸險塞，降服代郡和上黨。代郡三十六縣和上黨十七縣，都不戰而歸屬秦國；東陽、河外則不戰而歸屬齊國；中山、呼沱以北則不戰而成為燕國的領土了。

「然則是舉趙則韓必亡，韓亡則荊魏不能獨立。荊、魏不能獨立，則是一舉而壞韓，蠹魏，挾荊，以東弱齊、燕，決白馬之口[1]，以流魏氏。一舉而三晉亡，從者敗。大王拱手以須[2]，天下徧隨而伏，伯王之名可成也。而謀臣不為，引軍而退，與趙氏為和。以大王之明，秦兵之強，伯王之業，地尊不可得，乃取欺於亡國，是謀臣之拙也。

注釋 1白馬之口：黃河津渡名。在今河南滑縣東。2須：通「胥」，意指等待。

譯文 「那麼，如果攻下趙則韓必亡，韓亡則楚、魏不能獨立；楚、魏不能獨立，就一舉破壞了韓；損傷了魏，挾制了楚，向東可以削弱齊、燕，再決開白馬津的水口，用水沖灌魏國，一舉就可滅掉三晉，六國合縱就瓦解了。大王只要拱手等待，諸侯都會相隨臣服，霸王之名就可以樹立起來。然而謀臣並不這樣做，反而引兵退卻，與趙講和。憑大王的英明，秦軍的強大，稱霸稱王的事業竟不能成功，反被行將滅亡的趙所欺，這全是謀臣的無能所造成的。

「且夫趙當亡不亡，秦當伯不伯，天下固量秦之謀臣一矣。乃復悉卒乃攻邯鄲，不能拔也，棄甲兵怒，戰慄而卻，天下固量秦力二矣。軍乃引退，并於李下[1]，大王并軍而致與戰，非能厚勝之也，又交罷卻[2]，天下固量秦力三矣。內者量吾謀臣，外者極吾兵力。由是觀之，臣以天下之從，豈其難矣。內者吾甲兵頓，士民病，蓄積索，田疇荒，囷倉虛；外者天下比志甚固。願大王有以慮之也。

注釋 1李下：李城之下。李城，趙邑，在今河南温縣東。2罷：同「疲」，疲憊。

譯文 「再說，趙該滅亡而沒有滅亡，秦該稱霸而未能稱霸，諸侯本已看透了秦的謀臣，此其一。秦又動員所有兵力進攻邯鄲，未能攻下，兵士們丟盔卻甲，拋掉武器，嚇得直打哆嗦，狼狽後退，讓諸侯看透了秦的兵力，此其二。秦的軍隊退卻下來，集結在李城之下，大王合軍奮力作戰，未能取得重大戰果，而又疲憊退卻，諸侯當然看透了秦國的實力，此其三。他們在內看透了我們的謀臣，在外摸透了我們的兵力。這樣看來，臣認為諸侯的合縱是不難組織起來的。現在秦國國內軍隊困乏，軍民疲病，積蓄消耗，田地荒蕪，糧倉空虛；國外則諸侯聯合的意志十分堅定。希望大王有所考慮啊！

「且臣聞之，戰戰慄慄，日慎一日。苟慎其道，天下可有也。何以知其然也？昔者紂為天子，帥天下將甲百萬，左飲於淇谷[1]，右飲於洹水[2]，淇水竭而洹水不流，以與周武為難。武王將素甲三千領[3]，戰一日[4]，破紂之國，禽其身，據其地，而有其民，天下莫不傷。

注釋

1淇谷：即淇水，水出今山西陵川東境，經河南林縣、淇縣，南流入衛河。2洹（粵：援；普：huán）水：水出今河南林縣西的林慮山，流經安陽、臨漳，至內黃入衛河。3素甲：白甲。武王在服喪期間，戰士都穿素服。4一日：甲子日。

譯文

「再者，臣曾聽說：戰戰兢兢，一天比一天謹慎。假如能謹填地遵循這個道理，就可擁有天下了。怎麼知道是這樣呢？從前紂王做天子，帶領百萬大軍，左邊在淇水飲馬，右邊在洹水喝水，淇水被喝乾，洹水也斷流，以這樣的兵力與周武王對抗。武王率領三千名身穿素甲的戰士，在甲子日的一戰，大敗紂王，活捉紂王，佔領他的土地，擁有他的民眾，天下沒有誰為紂王感到悲傷的。

「智伯帥三國之眾[1]，以攻趙襄主於晉陽[2]，決水灌之，三年，城且拔矣。襄主錯龜[3]，數策占兆[4]，以視利害，何國可降，而使張孟談[5]。於是潛行而出，反智伯之約，得兩國之眾，以攻智伯之國，禽其身，以成襄子之功。今秦地斷長續短，方數千里，名師數百萬，秦國號令賞罰，地形利害，天下莫如也。以此與天下，天下可兼而有也。

注釋

1 **智伯**（？—前四五三）：晉卿智伯瑤。**三國**：智、韓、魏。2 **趙襄主**（？—前四二五）：即趙襄子。**晉陽**：趙邑，在今山西太原。3 **錯龜**：即鑿龜，在龜甲上鑽孔，用火燒灼。4 **數策**：數蓍草的數目，排列成卦，進行占卜。**占兆**：看龜甲被灼後裂開的紋路，以預言吉凶。兆，裂紋的形狀。5 **張孟談**（生卒年不詳）：趙襄子的謀臣。

譯文

「智伯率領智、韓、魏三家的大軍，在晉陽城攻打趙襄子，決開晉水灌決晉陽，戰事持續三年，晉陽即將陷落。趙襄子鑿龜甲、數蓍草、看兆紋，觀察吉凶禍福，看哪一國可以爭取。於是派張孟談祕密出城，使韓、魏背叛了與智伯所訂的盟約，又率領韓、魏的軍隊，攻打智伯，把他生擒，成就了趙襄子的功業。現在秦國的土地，截長補短，方圓幾千里，精兵數百萬，秦國發號施令，賞罰嚴明，地勢優越，諸侯都比不上，以這些條件，可以兼併諸侯。

「臣昧死望見大王，言所以舉破天下之從，舉趙亡韓，臣荊、魏，親齊、燕，以成伯王之名，朝四鄰諸侯之道。大王試聽其說，一舉而天下之從不破，趙不舉，韓不亡，荊、魏不臣，齊、燕不親，伯王之名不成，四鄰諸侯不朝，大王斬臣以徇於國，以主為謀不忠者。」

譯文

「我冒死晉見大王，陳述如何一舉擊破合縱聯盟，滅趙亡韓，讓楚、魏臣服，使齊、燕親附，完成霸王大業，使四方諸侯來朝的辦法。大王試試聽從臣的建議，一舉而諸侯的合縱聯盟不破，趙國不拔，韓國不亡，楚、魏不臣服，齊、燕不親附，霸王的功名不能成就，四方諸侯不來朝見，大王可以斬了臣在全國遊行示眾，以儆戒那些為大王謀劃而不盡忠的人。」

賞析與點評

秦與六國之優勝劣敗，盡見於此，其分析可謂鞭闢入裏，且極具動人之情。

司馬錯與張儀爭論於秦惠王前

司馬錯與張儀爭論於秦惠王前[1]。司馬錯欲伐蜀，張儀曰：「不如伐韓。」王曰：「請聞其說。」

注釋

1 司馬錯（生卒年不詳）：秦將，公元前三六一年，奉命領兵伐蜀。秦惠王（前三五四—前三一一）：名駟，公元前三三七至公元前三一一年在位。

譯文

司馬錯和張儀在秦惠王面前爭論。司馬錯主張攻蜀，張儀則說：「不如攻韓。」秦惠王說：「願聞其詳。」

對曰：「親魏善楚，下兵三川[1]，塞轘轅、緱氏之口[2]，當屯留之道[3]，魏絕南陽[4]，楚臨南鄭[5]，秦攻新城、宜陽[6]，以臨二周之郊[7]，誅周主之罪，侵楚、魏之地[8]。周自知不救，九鼎寶器必出。據九鼎，案圖籍[9]，挾天子以令天下，天下莫敢不聽，此王業也。今夫蜀，西辟之國而戎狄之長也，弊兵勞眾不足以成名，得其地不足以為利。臣聞『爭名者於朝，爭利者於市』，今三川、周室，天下之市朝也，而王不爭焉，顧爭於戎狄，去王業遠矣。」

注釋

1 三川：韓郡名，因有黃河、洛水和伊水而得名，轄境包括黃河以南，河南靈寶以東，中牟以西及北汝河上游地區。2 轘（粵：幻；普：huàn）轅、緱（粵：溝；普：gōu）氏：均山名。轘轅山在河南鞏縣的西南，上有險關。緱氏在今河南偃師南面。3 屯留：韓地，在今山西屯留東南方。4 南陽：地區名，在韓、魏之間，今河南濟源、孟縣、沁陽一帶。5 南鄭：韓都，在今河南新鄭西面。6 新城、宜陽：均韓地。新城，在今河南伊川西南。宜陽，在今河南宜陽西北的韓城鎮。7 二周：戰國時，周分裂為東周、西周二小國。東周都鞏（今河南鞏義西南），西周都河南洛邑（今河南洛陽西）。8 楚、魏：當作「三川」。9 案：考察。圖籍：指地圖和戶籍等檔案文書。

譯文

張儀回答說：「先拉攏魏、楚兩國，再出兵攻打韓的三川地區，堵住轘轅、緱氏的關口，塞住屯留的要道，讓魏國切斷韓國出兵南陽的路，讓楚軍進攻韓國的都城新鄭，秦軍再攻打新城和宜陽，兵鋒直逼東、西二周的郊外，聲討二周國君的罪過，佔領三川之地。東西周知道無法援救，必定獻上九鼎等寶物。我們擁有九鼎，並掌控地圖與戶籍等檔案，就可以挾持周天子以令諸侯，天下誰敢不從，這便可成就王業。現在的蜀國只不過是西部偏僻的小國和戎狄的首領，損兵費力而得不到霸王的名聲，得到它的地盤也沒有多大的好處。臣聽說『爭名要到朝廷上去，爭利要到市場上去』，如今的三川、周室，正是天下的市場和朝廷，大王不去爭奪它們，反而去爭奪落後的地區，這和建立王業是背道而馳的。」

司馬錯曰：「不然。臣聞之，欲富國者務廣其地，欲強兵者務富其民，欲王者務博其德。三資者備，而王隨之矣。今王之地小民貧，故臣願從事於易。夫蜀，西辟之國也，而戎狄之長也，而有桀、紂之亂[1]，以秦攻之，譬如使豺狼逐群羊也。取其地足以廣國也，得其財足以富民，繕兵不傷眾而彼已服矣。故拔一國而天下不以為暴，利盡西海[2]，諸侯不以為貪。是我一舉而名實兩附，而又有禁暴正亂之名。今攻韓劫天子，劫天子，惡名也，而未必利也，又有不義之名，而攻天下之所不欲，危！臣請謁其故。周，天下之宗室也；齊，韓、周之與國也。周自知

失九鼎，韓自知亡三川，則必將二國并力合謀，以因于齊、趙，而求解乎楚、魏。以鼎與楚，以地與魏，王不能禁，此臣所謂『危』，不如伐蜀之完也。」

注釋

1桀、紂之亂：像夏桀、商紂那樣的亡國禍亂。當時苴侯在漢中立國。蜀攻苴，苴侯奔巴。蜀又攻巴，苴侯求救於秦。2西海：指蜀國。

譯文

司馬錯說：「不是這樣的。臣聽說要使國家富足，務必擴大領土；若想兵力強大，務必使人民富有；若想建立王業，務必廣施恩德。具備這三個條件，王業自然水到渠成。現在大王的地小而民貧，因此臣希望從容易的地方着手。蜀國確實是西方偏僻的小國和落後部族的首領，而現在它剛好有夏桀、商紂那樣的內亂，讓秦國攻打它，就好像豺狼追逐羊群一樣容易。攻取其地盤，足以擴大疆土；得到其資源，可以使百姓富足，這一仗不會傷亡太多人，便可降服它。這樣，我們攻下一國，天下的人不會認為我們殘暴；獲取西方的財富，諸侯不會認為我們貪婪。我們這一舉可謂是名利雙收，而又得到除暴止亂之名。如去攻打韓國，脅迫天子，便會背上惡名，而且未必能得到好處，又落個不義的名聲，攻打天下都不贊成攻打的國家，非常危險。請讓臣申述一下理由。周是天下共尊的王室，齊是韓、周的同盟國。周國自知將失去九鼎，韓國自知將丟失三川，它們兩國必會齊心合力，通過齊、趙兩國的疏通，讓楚國和魏國不再以它們為敵。周把九鼎送給楚國，韓把土地送給魏國，大王是沒法阻止的，這就是臣說攻打韓、周所存在的危險，不如攻打蜀國般萬無一失。」

惠王曰：「善，寡人聽子。」卒起兵伐蜀，十月取之，遂定蜀。蜀主更號為侯，而使陳莊相蜀[1]。蜀既屬，秦益強富厚，輕諸侯。

注釋

1莊：公元前三一四年，秦惠王封公子通為蜀侯，任陳莊為蜀相。

譯文

秦惠王說：「好，寡人聽你的。」秦終於起兵攻蜀，用了十個月就攻克了它，控制了蜀國。蜀國君主改王號為侯，秦國派陳莊去做蜀侯的國相。蜀國既已歸附，秦國就更加富庶，而且更加輕視東方諸侯了。

卷四　秦策二

本篇導讀——

本卷記載了楚懷王為了得到張儀提出的六百里商於之地，中途背棄與齊國攻秦的盟約，可謂見利忘義。後來楚懷王知道自己受騙，卻不能冷靜地聽從陳軫之計，終招侮辱而又被齊、秦所敗。這就是秦惠王所說的「六國之合縱猶如縛束群雞而驅之上樹」的具體例子，六國根本無法同心協力地攻秦。

此卷錄選了秦武王攻取宜陽的一段。秦武王乃「舉鼎絕臏」而致死的主角，他看似魯莽，但從文獻中卻可見他頗有雄才大略，他對大臣甘茂說：「寡人欲車通三川，以窺周室，而寡人死不朽乎」，他堅持信任甘茂攻打宜陽，可見他確是一位英明有為之君。這就是秦國嬴姓血液中那種生生不息的奮鬥之心。故此，秦能從無尺寸之地而拓荒立國，崛起於西陲，稱雄於列國之間，最終吞併六國而一統天下。

秦武王謂甘茂

秦武王謂甘茂曰：「寡人欲車通三川，以窺周室，而寡人死不朽乎？」甘茂對曰：「請之魏，約伐韓。」王令向壽輔行[1]。

注釋

1向壽：秦昭王母宣太后的外戚，為秦武王所用，在攻破宜陽之後，即派他駐守。

譯文

秦武王對甘茂說：「寡人想把戰車通到三川，滅掉周室，這樣，寡人死後就可永垂不朽了。」甘茂回答說：「臣請求出使魏國，邀約他們一同攻打韓國。」武王派親信向壽作為甘茂的副使同行。

甘茂至魏，謂向壽：「子歸告王曰：『魏聽臣矣，然願王勿攻也。』事成，盡以為子功。」向壽歸以告王，王迎甘茂於息壤[1]。

注釋

1息壤：在陝西咸陽東郊。

譯文

甘茂來到魏國，便對向壽說：「你回去告訴大王說：『魏王已同意我的約定，但希望大王暫時不要進攻韓國。』事成之後，一切功勞全歸於你。」向壽回到秦國，把這話告訴了武王，武王便在息壤迎接甘茂。

甘茂至，王問其故。對曰：「宜陽，大縣也，上黨、南陽積之久矣，名為縣，其實郡也。今王倍數險，行千里而攻之，難矣。臣聞張儀西并巴、蜀之地，北取西河之外，南取上庸[1]，天下不以為多張儀而賢先王。

注釋 1上庸：楚邑，在今湖北竹山。

譯文 甘茂到了息壤，武王問他為什麼停止攻韓。甘茂回答說：「宜陽是韓國的大縣，上黨與南陽兩郡的財富都積聚在這裏，此地名義上是縣，實際上相當於一個郡。現在大王穿越重重險阻，要跋涉千里去進攻韓國，實在太難。臣聽說，張儀西併巴、蜀之地，北取西河之外，南佔上庸，諸侯並不因此讚揚張儀的能力，卻稱頌先王的賢明。

「魏文侯令樂羊將[1]，攻中山[2]，三年而拔之，樂羊反而語功，文侯示之謗書一篋[3]，樂羊再拜稽首曰[4]：『此非臣之功，主君之力也。』今臣羈旅之臣也，樗里疾、公孫衍二人者[5]，挾韓而議，王必聽之，是王欺魏而臣受公仲侈之怨也[6]。

注釋 1魏文侯（?—前三九六）：公元前四〇三年，與韓、趙俱列為諸侯。羊將（生卒年不詳）：即樂羊，魏將，樂毅的祖先。2攻中山：公元前四〇六年，中山國一度被魏國所滅。3篋（粵：怯；普：qiè）：箱子。4稽（粵：啟；普：qǐ）首：古代的跪拜禮，拜後，頭至地，並作較長時間的停留，是最隆重的禮節。5樗（粵：舒；普：chū）里疾、公孫衍：二人都是秦的公族，持親韓的態度。6公仲倗：韓相。

譯文

「魏文侯派樂羊為將，進攻中山國，三年就滅掉了中山，樂羊返回魏國，稱道自己的戰功，文侯拿出一箱群臣誹謗樂羊進攻中山的意見書給他看，樂羊拜了兩拜並行了稽首禮，說道：『這不是臣的功勞，全是主上的力量。』臣現在只不過是客居在秦國的人，樗里疾與公孫衍他們二人，抱着對韓國的偏心，非議攻韓的不當，大王定會聽從，豈不是大王欺騙了魏國，而臣又要受到公仲倗的怨限了。

「昔者曾子處費[1]，費人有與曾子同名族者而殺人，人告曾子母曰：『曾參殺人。』曾子之母曰：『吾子不殺人。』織自若。有頃焉，人又曰：『曾參殺人。』其母尚織自若也。頃之，一人又告之曰：『曾參殺人。』其母懼，投杼踰牆而走[2]。夫以曾參之賢，與母之信也，而三人疑之，則慈母不能信也。今臣賢不及曾子，而王之信臣又未若曾子之母也，疑臣者不適三人[3]，臣恐王為臣之投杼也。」王曰：「寡人不聽也，請與子盟。」於是與之盟於息壤。

注釋

1曾子（前五〇五—前五三五）：名參，字子輿，春秋時魯國武城人孔子弟子。費：魯邑，在今山東費縣西南。2杼（粵：柱；普：zhù）：織布機的梭子。踰：同「逾」，越過。3不適：不止，不僅。適，通「啻」。

譯文

「從前，曾子在費地，費地有個與曾子同名同姓的人殺了人。有人告訴曾子的母親說：『曾參殺了人。』曾子的母親說：『我的兒子不會殺人。』她照樣織布。過了一會兒，又有人來說：『曾參殺了人』，曾子的母親仍然照樣織布。又過了一會兒，一人跑來說：『曾參殺了人。』曾子的母親就驚恐，扔掉織布機的梭子，翻過垣牆，倉皇地逃跑了。像曾參這樣賢德的人，而曾參的母親又對他那樣信任，可是三個人不實的話，就使曾參的慈母也不信任他。現在臣不如曾參賢能，大王對臣又不如曾子的母親那樣信任我，猜疑臣的更不止三人，臣擔心大王會像曾參的母親那樣對臣扔掉梭子便逃跑。」武王說：「寡人不會聽信別人的議論，讓我們訂立盟約吧。」於是武王與甘茂在息壤訂下了盟約。

果攻宜陽，五月而不能拔也。樗里疾、公孫衍二人在，爭之王，王將聽之，召甘茂而告之。甘茂對曰：「息壤在彼。」王曰：「有之。」因悉起兵，復使甘茂攻之，遂拔宜陽。

譯文

果然甘茂在攻打宜陽時，五個月仍未能攻下。樗里疾、公孫衍二人便在武王面前議論進攻宜陽不恰當，武王打算聽從他們的意見，就召見甘茂，把情況告訴他。甘茂說：「息壤的盟誓就擺在那裏。」武王說：「是有這回事。」於是調動全部兵力，支援甘茂繼續進攻，終於攻下了宜陽。

甘茂攻宜陽

甘茂攻宜陽，三鼓之而卒不上。秦之右將有尉對曰：「公不論兵，必大困。」甘茂曰：「我羈旅而得相秦者，我以宜陽餌王。今攻宜陽而不拔，公孫衍、樗里疾挫我於內，而公中以韓窮我於外[1]，是無茂之日已！請明日鼓之而不可下，因以宜陽之郭為墓。」於是出私金以益公賞。明日鼓之，宜陽拔。

注釋

1公中：即韓相公仲倗。中，同「仲」。

譯文

甘茂攻打韓國的宜陽，擂罷了三通鼓，戰士仍然不肯衝鋒上陣。秦國的右將軍向壽說：「你如果不論士氣如何而進行強攻，定會陷入嚴重的困境。」甘茂說：「我客居秦國而能當上丞相，是我用攻下宜陽來引得大王高興。現在宜陽不能攻下，在國內有公孫衍、樗里疾的阻撓，國外有公仲侈用韓國的力量來壓迫我，這是我的末日到了！明天我再擊鼓進軍，如再攻不下，就把宜陽城郊作我的葬身之地吧！」於是拿出自己的錢加在公家的賞金裏。第二天擊鼓進軍，就攻下了宜陽。

賞析與點評

重賞之下，必有勇夫。然而，更多的是親私而忘公，吝於獎掖而嚴於處罰。

卷五　秦策三

本篇導讀——

此卷先述穰侯魏冉，再引出應侯范雎。此處節選了范雎入秦後的經歷。范雎晉見秦昭王，力陳魏冉的自私自利，令宣太后被廢，魏冉、華陽君、涇陽君以及商陵君一併被逐。秦昭王終於名副其實，成為秦國的執政者，他依從范雎所定的「遠交近攻」之策略，在統一天下的進程上，取得了迅速而大有成效的拓展。然而，後來范雎獲得封邑、名成利就之後，卻犯了昔日他所揭發、攻擊的穰侯魏冉一樣的過錯。范雎在丟掉封邑一事上言不由衷，令他失去了秦昭王的信任，後來他更因其所推薦的鄭安平降趙與王稽通敵而受到牽連。從二十世紀出土的文獻可見，范雎是被殺害的，而非此卷所說的獲赦。

范子因王稽入秦

范子因王稽入秦[1]，獻書昭王曰：「臣聞明主蒞正[2]，有功不得不賞，有能者不得不官；勞大者其祿厚，功多者其爵尊，能治眾者其官大。故不能者不敢當其職焉，能者亦不得蔽隱。使以臣之言為可，則行而益利其道；若將弗行，則久留臣無謂也。

注釋

1范子因王稽入秦：范子，即范雎（？—前二五五），魏人。因受魏相魏齊（生卒年不詳）之辱，幾乎受虐致死，後為鄭安平（？—前二五五）所救，由秦謁者令王稽（？—前二五五）載他入秦，後更名為張祿，封應侯。2蒞正：主持國政。

譯文

魏人范雎隨着王稽來到秦國，給秦昭王呈上了一封信，信上說：「臣聽說，英明的國君執政，對有功的人不會不賞，對有能力的人不會不安排職位，多出力的人俸祿多，功勞多的人受封的爵位高，能夠管理民眾的人，擔任的官職就大。因此，沒有能力的人就不敢隨便任職，真正有能力的人，也不會被埋沒。如果你認為臣的話正確，那就照此實行，這樣會更加有利於治理國家；如果不想依照臣的話去辦，即使把臣久留在秦國，也是起不到什麼作用的。

「語曰：『人主賞所愛，而罰所惡。明主則不然，賞必加於有功，刑必斷於有罪。』今臣之胸不足以當椹質[1]，要不足以待斧鉞[2]，豈敢以疑事嘗試於王乎？雖以臣為賤而輕辱臣，獨不重任臣者後無反覆於王前耶？

注釋

1椹（粵：針；普：zhēn）質：斬人的墊板。椹，同「砧」。2要：同「腰」。鉞（粵：越；普：yuè）：大斧。

譯文

「常言道：『昏庸的國君會獎賞他所寵愛的人，懲罰他所討厭的人；英明的君主並不如此，他必賞賜給有功的人，懲罰有罪的人。』現在臣的胸脯當不起砧板，臣的腰擋不住斧頭，又怎敢拿沒有把握的主張試探大王呢？大王雖然因臣的卑賤而輕慢臣，但是，推薦臣的人，自會保證臣的忠心，在大王面前，決不會食言，大王怎麼可以不尊重！

「臣聞周有砥厄，宋有結綠，梁有懸黎，楚有和璞[1]。此四寶者，工之所失也，而為天下名器。然則聖王之所棄者，獨不足以厚國家乎？臣聞善厚家者，取之於國；善厚國者，取之於諸侯。天下有明主，則諸侯不得擅厚矣。是何故也？為其割榮也[2]。良醫知病人之死生，聖主明於成敗之事，利則行之，害則舍之，疑則少嘗之，雖堯、舜、禹、湯復生，弗能改已！

注釋　1「臣聞周有砥厄」四句：砥厄、結綠、懸黎及和璞都是美玉名。2割榮：分割天下的榮權，為己所有。

譯文　「臣聽説，周有砥厄，宋有結綠，魏有懸黎，楚有和璞，這四件寶玉，起初工匠都不能識別，可是終於成為天下有名的寶物。那麼，聖王所放棄的人，難道就不會使國家富厚起來嗎？臣聽説，善於使封地富厚的，就要向國家索取；善於使國家富厚的，就要向諸侯的封地徵收財賦。天下有了英明的君主，那麼封地的諸侯就不可能獨享富厚之利了。這是什麼緣故呢？因為避免了重臣分薄國家的權力啊！良醫可以預見病人的生死，聖主可以預見事情的成敗，認為有利的就該實行，認為有害的就應該放棄，認為可疑的就不妨稍加嘗試，即是堯、舜、禹、湯復活，亦是不可改變的道理！

「語之至者，臣不敢載之於書；其淺者又不足聽也。意者，臣愚而不闔於王心耶[1]！已其言臣者，將賤而不足聽耶！非若是也，則臣之志，願少賜游觀之間，望見足下而入之。」書上，秦王説之，因謝王稽説，使人持車召之。

注釋

1闔：合。

譯文

「話說得深了，臣不敢寫在信上；話說得平淡，又不值得大王聽取。可能是臣愚蠢淺薄，說的話不合大王的心意；要不，就是因為推薦臣者的地位低下而所說的話不值得聽信。如果不是因為這些原因，那麼臣的願望是，希望大王能抽出一點遊覽的空餘時間，讓臣面見陛下。」秦昭王看了信，很高興，就向王稽道歉，並派專人駕車，召見范雎。

范雎至秦

范雎至秦，王庭迎[1]，謂范雎曰：「寡人宜以身受令久矣，今者義渠之事急[2]，寡人日自請太后。今義渠之事已，寡人乃得以身受命。躬竊閔然不敏，敬執賓主之禮。」范雎辭讓。

注釋

1王：指秦昭王（前三二五—前二五一），名稷，公元前三〇六年至公元前二五一年在位。2義渠：羌族所建立的小國。

譯文

范睢來到秦國，秦王在宮殿前的庭院裏迎接他。秦王對他說：「寡人早就該親自聆聽你的教誨了，現在恰巧碰上要處理義渠的急事，寡人每天都得向太后請示。現在義渠的事已經辦完了，寡人才有機會親自接受你的教導。寡人深感自己怠慢，沒有及時接見，請讓寡人現在恭行賓主之禮吧！」范睢表示謙讓。

是日見范睢，見者無不變色易容者。秦王屏左右，宮中虛無人。秦王跪而請曰[1]：「先生何以幸教寡人？」范睢曰：「唯唯」。有間，秦王復請。范睢曰：「唯唯」。若是者三。秦王跽曰[2]：「先生不幸教寡人乎？」范睢謝曰：「非敢然也。臣聞始時呂尚之遇文王也[3]，身為漁父而釣於渭陽之濱耳[4]。若是者，交疏也。已一說而立為太師，載與俱歸者，其言深也。故文王果收功於呂尚，卒擅天下而身立為帝王。即使文王疏呂望而弗與深言，是周無天子之德，而文、武無與成其王也。今臣，羈旅之臣也，交疏於王，而所願陳者，皆匡君之事，處人骨肉之間[5]，願以陳臣之陋忠，而未知王心也，所以王三問而不對者是也。

注釋

1跪：古人席地而坐，坐時臀部壓在腳跟上。跪是談話時為了表示敬意，就抬起臀部，挺直大腿。2跽：雙膝着地，上身挺直，表示敬意加深。3呂尚：本姓姜，名尚，其先封於呂，故稱呂尚。4渭陽：渭水之北，水北為陽。渭水發源於甘肅渭源鳥鼠山，流經陝西華陰入黃河。5骨肉之間：范雎表示將以太后、穰侯等骨肉間的事向昭王進言。

譯文

這天在場見此情景的人，臉上無不表現出感動的神情。秦王讓身旁的人退下，宮中已沒有旁人。秦王挺直腰腿，誠懇地向范雎請教說：「先生將怎樣指教寡人呢？」范雎應聲道：「哦，哦。」過了一會兒，秦王又問，范雎仍然只是「哦，哦」地應了兩聲。像這樣連續三次。秦王跪在地上挺直身子說：「難道先生不肯指教寡人嗎？」范雎道歉說：「並不是這樣。臣聽說從前呂尚遇見周文王時，他只是一個漁父，在渭水北岸釣魚。在那個時候，他們的交情還是很疏遠的。不久，文王聽了他一席話，就任命他做太師，載他同車回去，因為文王被呂尚的話深深地打動了。後來文王果然因為重用了呂尚而成就大業，統一天下，自己成為帝王。要是文王疏遠呂尚而不願和他深談，那他就沒有天子的品德，而文王、武王也沒有人助他們成就王業了。現在臣只不過是一個旅居秦國的人，與大王的交情還很淺，臣心裏想陳述的，都是糾正大王政務不當的大事，說的是別人骨肉之間的事情，臣願表達微薄的忠心，但不知大王的心意如何，這就是大王連問三次臣都不敢回答的緣故。

「臣非有所畏而不敢言也，知今日言之於前，而明日伏誅於後，然臣弗敢畏也。大王信行臣之言，死不足以為臣患，亡不足以為臣憂，漆身而為厲，被髮而為狂，不足以為臣恥。五帝之聖焉而死，三王之仁焉而死，五伯之賢焉而死，烏獲之力焉而死[1]，奔、育之勇焉而死[2]。死者，人之所必不免也。處必然之勢，可以少有補於秦，此臣之所大願也。臣何患乎？

注釋　1烏獲：秦武王時的力士。2奔、育：孟奔、夏育，均是戰國時的勇士。奔，一作「賁」。

譯文　「臣並不是因為有所畏懼而不敢直言，臣知道今天說了意見，明天就可能被殺，但臣並不敢因此而感到害怕。大王能採納臣的意見，死不算是臣的禍患，逃亡臣也不擔心，身上塗漆生癩瘡，披頭散髮顛狂也不算是臣的恥辱。以五帝的聖明仍難免一死，以三王的仁義也要死，以五霸的賢能也要死，烏獲力大無窮也要死，孟奔、夏育勇猛過人也要死。死是任何人都不能避免的。面對必然要來的死亡，只要對秦國有微小的補益，這就是臣的最大心願了，臣還有什麼顧慮呢？

「伍子胥橐載而出昭關[1]，夜行而晝伏，至於蔆水[2]，無以餌其口，坐行蒲服[3]，乞食於吳市，卒興吳國，闔廬為霸[4]。使臣得進謀如伍子胥，加之以幽囚，終身不復見，是臣說之行也，臣何憂乎？

注釋

1伍子胥（？—前四八二）：名員，楚國人，父兄被楚平王（？—前五一六）所殺，伍子胥由楚奔吳。橐：口袋，子胥藏身其中，車載出關。昭關：楚關名，在今安徽含山北二十里小峴山上。2蔆水：即溧水，源出今安徽蕪湖，東流注入太湖。3坐：膝行。蒲服：即匍匐，爬行。4闔廬：亦作「闔閭」（？—前四九六；前五一四—前四九六在位），春秋時吳國國君，名光。

譯文

「伍子胥藏在布袋裏逃出昭關，晚上走路而白天隱藏，到了蔆水，沒有食物充飢，在地上爬行，在吳國的市集上討飯，後來終於使吳國興盛，令吳王闔閭成為霸主。如果臣能像伍子胥一樣獻上計策，即使受到囚禁，終身不得與大王相見，如臣的計劃已被採納，臣還有何遺憾呢？

「箕子、接輿[1]，漆身而為厲，被髮而為狂，無益於殷、楚。使臣得同行於箕子、接輿，可以補所賢之主，是臣之大榮也，臣又何恥乎？臣之所恐者，獨恐臣死之後，天下見臣盡忠而身蹶也，是以杜口裹足，莫肯即秦耳。

注釋　1箕子：殷紂王的叔父，諫紂王不聽，就披髮佯狂。接輿：春秋時楚國隱士，佯狂避世。

譯文　「箕子、接輿，塗漆生癩瘡，披髮裝瘋狂，對殷、楚毫無益處。假使臣的行為和他們一樣，可以對臣崇拜的君主帶來好處，將是臣莫大的榮幸，臣又怎會感到恥辱呢？臣所擔心的只是在臣死之後，天下的人見臣因盡忠而身遭不幸，從此閉口止步，不敢到秦國來效力啊。

「足下上畏太后之嚴，下惑姦臣之態；居深宮之中，不離保傅之手[1]；終身闇惑[2]，無與照姦；大者宗廟滅覆，小者身以孤危。此臣之所恐耳！若夫窮辱之事，死亡之患，臣弗敢畏也。臣死而秦治，賢於生也。」

注釋　1保傅：古代照顧、教育太子、貴族子弟的官員，統稱為保傅。2闇（粵：暗；普：àn）惑：昏昧迷亂。

譯文　「大王對上害怕太后的威嚴，對下又受到奸臣的諂媚態度所惑；住在深宮裏面，離不開保姆的照顧，終身昏頭昏腦，沒有人幫大王看清奸人的行為。這樣大則導政國家覆滅，小則令自身孤立而危險，這才是臣所恐懼的。至於那窮困羞辱的事、死亡的憂患，臣並不感害怕。如果臣死能令秦國的政治清明，那將比臣活着更有價值。」

秦王跽曰：「先生是何言也！夫秦國僻遠，寡人愚不肖，先生乃幸至此，此天以寡人慁先生[1]，而存先王之廟也。寡人得受命於先生，此天所以幸先王而不棄其孤也[2]！先生奈何而言若此？事無大小，上及太后，下至大臣，願先生悉以教寡人，無疑寡人也。」范雎再拜，秦王亦再拜。

注釋

1慁（粵：混；普：hùn）：打擾，煩擾。2幸：眷顧。

譯文

秦王挺直身子說道：「先生怎麼這樣說呢？秦國地處偏遠的地方，寡人亦愚笨無能，先生光臨到此，這是上天讓寡人打擾先生，而使先王的宗廟祭祀得以保存。寡人能夠有機會聆聽先生的教侮，這是老天眷顧寡人的先王而不拋棄他們的後人啊！先生為什麼會這樣說呢？不論事情的大小，上到太后，下到大臣，先生都可以發表意見，不要對寡人有什麼不放心。」范雎拜了兩拜，秦王也拜了兩拜。

范雎曰：「大王之國，北有甘泉、谷口[1]，南帶涇、渭[2]，右隴、蜀[3]，左關、阪[4]；戰車千乘，奮擊百萬。以秦卒之勇，車騎之多，以當諸侯，譬若馳韓盧而逐蹇兔也[5]，霸王之業可致。今反閉關而不敢窺兵於山東者，是穰侯為國謀不忠[6]，而大王之計有所失也。」

注釋

1泉：在今陝西淳化西北的山。谷口：當涇水出山的口子，在今陝西禮泉東北。2涇、渭：二水名，在今陝西中部。3隴：隴山，在今陝西隴縣西北。4關、阪：函谷關與隴阪。5韓盧：韓國出產的著名猛犬。蹇（粵：gin^{2}；普：jiǎn）兔：跛腳之兔。6穰（粵：羊；普：ráng）侯：即魏冉（生卒年不詳），戰國時楚國人，秦昭王母宣太后異父弟。昭王年少，宣太后掌權，魏冉被任命為相，封於穰（今河南鄧縣），號穰侯。

譯文

范雎說：「大王的國家北邊有要塞甘泉、谷口，南邊有涇、渭兩水環繞，西邊有險峻的隴、蜀山地，東邊有險要的函谷關與隴阪；又擁有戰車千輛，精兵百萬。憑着秦兵的勇敢，車馬的眾多，以這樣的實力去對付諸侯，就像是以良犬去追逐跛足的兔子一樣，霸王之業真是手到擒來。現在反而閉起關門，不敢向東方諸國用兵，這都怪穰侯沒有忠心地為國家出謀劃策，而大王的決策也有失誤啊！」

王曰：「願聞所失計。」

雎曰：「大王越韓、魏而攻強齊，非計也。少出師則不足以傷齊，多之則害於秦。臣意王之計，欲少出師而悉韓、魏之兵，則不義矣。今見與國之可親，越人之國而攻，可乎？疏於計矣！昔者，齊人伐楚[1]，戰勝，破軍殺將，再辟千里，

膚寸之地無得者，豈齊不欲地哉，形弗能有也。諸侯見齊之罷露[2]，君臣之不親，舉兵而伐之，主辱軍破，為天下笑。所以然者，以其伐楚而肥韓、魏也。此所謂藉賊兵而齎盜食者也[3]。王不如遠交而近攻，得寸則王之寸，得尺亦王之尺也。今舍此而遠攻，不亦繆乎！

注釋

1 齊人伐楚：公元前二八六年，齊滅宋，接着攻佔了楚的淮北地區。2 罷露：人力物力受到消耗。罷，疲勞，疲憊。3 齎（粵：擠；普：jī）：把東西送人。

譯文

昭王說：「寡人很想知道錯在哪裏？」

范雎說：「大王越過韓、魏去攻打強大的齊國，這並非好辦法。派出的軍隊少了，就不能打敗齊國；派出的軍隊多了，又會對秦國有所損害。臣估計大王想少派軍隊，而讓韓、魏兩國投入全部軍力，但這是不恰當的。如今片面認為韓、魏可靠，想越過它們去攻齊，可行嗎？這是謀劃不周啊！從前，齊國去攻打楚國，取得勝利，打敗楚軍，殺掉楚國將領，再次拓土千里，但最後齊國卻連分寸土地都得不到，不是齊國不想要土地，而是形勢不允許啊！諸侯看到齊國軍隊疲勞，君臣又不團結，於是興兵攻打齊國，令齊王蒙羞，軍隊瓦解，貽笑天下。事情之所以如此，是因為攻打楚國實際上壯大了韓、魏的勢力。這就是人們常說的把武器借給強盜，把糧食送給小偷啊！臣認為大王不如與遠方國家結盟而攻打鄰近的國家，這樣，得寸土就是大王的寸土，得尺地就是大王的尺地，現在不採用這個策略而去攻打遠方的國家，不是犯了嚴重的錯誤嗎？

「且昔者，中山之地，方五百里，趙獨擅之，功成、名立、利附，則天下莫能害。今韓、魏，中國之處，而天下之樞也。王若欲霸，必親中國而以為天下樞，以威楚、趙。趙強則楚附，楚強則趙附。楚、趙附則齊必懼，懼必卑辭重幣以事秦，齊附而韓、魏可虛也[1]。」

注釋　1虛：同「墟」。

譯文　「從前中山國擁有方圓五百里的領土，被趙國獨吞，功業成就，名聲樹立，利益趨附，天下誰也奈何不了它。如今韓、魏地處中原，是天下的樞紐。大王如想成就霸業，必須控制中部地區，用它們作為天下的樞紐，從而威脅楚、趙兩國。當趙國強大，楚國則會依附秦國；楚國強大，趙國則會依附秦國。楚、趙都依附秦國了，齊國必然恐懼，定會說好話，送禮來事奉秦國，只要齊國依附，秦國就可以使韓、魏成為一片廢墟。」

王曰：「寡人欲親魏，魏多變之國也，寡人不能親。請問親魏奈何？」范睢曰：「卑辭重幣以事之。不可，削地而賂之。不可，舉兵而伐之。」於是舉兵而攻邢丘[1]，邢丘拔而魏請附。

注釋　1 邢丘：魏邑，在今河南温縣東南。

譯文　秦王說：「寡人想和魏國親近，可是魏是個變化無常的國家，寡人沒法親近它。請問怎麼才能拉攏魏國呢？」范睢說：「用美言和厚禮去討好它，不行；割讓土地去賄賂它，也不行；最好的選擇是出兵攻打它。」於是秦國出兵攻打邢丘，拿下邢丘後，魏國主動請求依附秦國。

曰：「秦、韓之地形，相錯如繡。秦之有韓，若木之有蠹，人之病心腹。天下有變，為秦害者莫大於韓。王不如收韓。」王曰：「寡人欲收韓，不聽，為之奈何？」

范睢曰：「舉兵而攻滎陽[1]，則成皋之路不通；北斬太行之道[2]，則上黨之兵不下；一舉而攻滎陽，則其國斷而為三[3]。魏、韓見必亡，焉得不聽？韓聽而霸事可成也。」王曰：「善。」

注釋

1滎（粵：營；普：xíng）陽：韓邑，在今河南滎陽東北。2太行之道：即羊腸道，在山西晉城南太行山上。3其國斷而為三：新鄭以南一，上黨以北二，滎陽以西三。

譯文

范睢說：「秦、韓兩國的地形相互交錯，就好像錦繡的花紋一樣。韓國對秦國來說，就如同木頭有蛀蟲，人的內臟有病一樣。天下的形勢如果有變動，最能傷害秦國的就是韓國。大王不如收服韓國。」秦王說：「寡人想收服韓國，可是沒有辦法，該怎麼辦呢？」

范睢說：「出兵攻打滎陽，從成皋來救援的路就不能通行；北面切斷太行山的要道，上黨的援軍就不能到達；一舉攻佔滎陽，韓國就被斷為三截。魏國、韓國眼看即將滅亡，怎麼會不聽秦國的支配呢？只要韓國服從，大王的霸業便可成功了。」秦王說：「對。」

天下之士合從相聚於趙

天下之士，合從相聚於趙，而欲攻秦。秦相應侯曰[1]：「王勿憂也，請令廢之。秦於天下之士非有怨也，相聚而攻秦者，以己欲富貴耳。王見大王之狗，臥者臥，起者起，行者行，止者止，毋相與鬥者；投之一骨，輕起相牙者，何則？有爭意也。」於是唐睢載音樂[2]，予之五十金[3]，居武安[4]，高會相於飲，謂：「邯鄲人誰來取者？」於是其謀者固未可得予也，其可得與者，與之昆弟矣。

注釋

1 秦相應侯：指范雎。2 唐睢（生卒年不詳）：魏人，當時在秦為官。3 十：作「千」。4 武安：趙邑，在今河北武安。

譯文

東方各國主張合縱的謀士聚集在趙國，策劃攻打秦國。秦相國應侯范雎對秦王說：「大王不必擔憂，讓臣現在去破壞他們的行動。秦國和東方那些主張合縱的人並沒有什麼仇恨，他們所以要合謀攻打秦國，不過是自己貪圖富貴罷了。大王看看你身邊的狗吧，有的睡，有的起來，有的走路，有的停步，都沒有互相爭鬥。如果向牠們扔去一根骨頭，牠們就很容易互相咬起來，為什麼會這樣？因為牠們產生了爭奪的念頭。」於是派唐睢帶上樂隊，並給予五千金，在武安設宴暢飲，問道：「邯鄲的人誰願意來取這些金子？」這樣，那些籌謀合縱的人雖不是每個都拿到賞金，但那些得了賞金的人都把秦國當作親兄弟一樣了。

「公與秦計功者，不問金之所之，金盡者功多矣。今令人復載五十金隨公。」

唐睢行，行至武安，散不能三千金，天下之士，大相與鬥矣。

譯文

應侯范雎又告訴唐睢說：「你和那些秦國派出的人計算功勞，不論賞金發給了誰，只要把賞金花光，他的功勞就算最多。現在叫人再帶上五千金，隨你前往。」唐睢又整裝向武安出發，還沒有發完三千賞金，那些從前主張合縱的人，就激烈地互相爭鬥起來了。

賞析與點評

為了金錢而改變初衷者，並非真正有理想的人。

卷六　秦策四

本篇導讀——

此卷記述了公元前三〇二年，秦國攻打楚漢中，大敗楚軍於藍田，韓、魏不但沒有救援，反而趁火打劫，攻至楚國的鄧邑。而在翌年（公元前三〇一年），齊國先派人離間秦、楚，又遊說楚國聯合齊、韓及魏攻秦，楚國信以為真，卻料不到三國真正攻擊的目標是楚國。楚國完全被玩弄於股掌之中。可悲的是，齊、韓、魏攻伐楚國，其實是自相殘殺，無疑是為強秦掃除統一天下的阻礙。若令楚國倒向秦國，情況豈不更為嚴峻？齊、韓及魏三國在這時似乎還真是同仇敵愾，它們於公元前二九六年共同攻打秦國，甚至進了函谷關，取得了突破性的勝利；然而在秦國獻出三城時，三國各取一城後便立即撤兵，而沒有直搗黃龍，從而讓秦國獲得了喘息的機會，可謂放虎歸山，終成大患。由此可見，六國面對強秦不知應對，其弊在於鼠目寸光、胸無大志。再對比秦昭王虛心採納中期的進諫，秦始皇面對頓弱之抨擊，均不以為逆，只一心追問吞併六國之計謀，可謂矢志不移，令人感動。中期與頓弱，敢於犯顏直諫，可謂忠臣。明君與忠臣，就是成就秦國霸業的主要因素。

本書錄選了頓弱向秦王嬴政的一番進諫，頓弱主要指出兩件事，一是說秦王不孝，希望他改過；二是請求秦王給他萬金，以破壞六國的合縱。

秦王欲見頓弱

秦王欲見頓弱[1]，頓弱曰：「臣之義不參拜，王能使臣無拜即可矣，不即不見也[2]。」秦王許之。於是頓子曰：「天下有有其實而無其名者，有無其實而有其名者，有無其名又無其實者，王知之乎？」王曰：「弗知。」頓子曰：「有其實而無其名者，商人是也。無把銚推耨之勢[3]，而有積粟之實，此有其實而無其名者也。無其實而有其名者，農夫是也。解凍而耕，暴背而耨，無積粟之實，此無其實而有其名者也。無其名又無其實者，王乃是也。已立為萬乘，無孝之名；以千里養，無孝之實。」秦王悖然而怒[4]。

注釋

1秦王：嬴政（前二五九—前二一〇），公元前二四六年即秦王位，公元前二二一年統一六國後改稱為始皇帝。頓弱（生卒年不詳）：秦國辯士。2不即：否則。不，同

「否」。3銚（粵：姚；普：yáo）：古代的大鋤。耨（粵：nau6；普：nòu）：古代的除草工具。4悖然：生氣的樣子。

譯文

秦王想召見頓弱，頓弱說：「臣的主張是不作參拜，大王如能讓我不用參拜，就可以相見，不然就不必見面了。」秦王同意了，於是頓子說：「天下有其實而無其名的，有無其實而有其名的，有無其名又無其實的，大王知道嗎？」秦王說：「不知道。」頓子說：「有其實而無其名的就是商人。不需要拿起農具，耕種土地，就有儲蓄糧食的實際收益，這就是有其實而無其名的人。無其實而有其名的就是農夫。土地解凍就下田耕種，頂着烈日去鋤草，實際上卻沒有糧食的儲蓄，這就是無其實而有其名的人。無其名又無其實的就是大王。立為萬乘的君王，卻沒有孝名；用千里供養，卻沒有孝的實際。」秦王聽了非常生氣。

頓弱曰：「山東戰國有六[1]，威不掩於山東而掩於母[2]，臣竊為大王不取也。」秦王曰：「山東之建國可兼與？」頓子曰：「韓，天下之咽喉；魏，天下之胸腹。王資臣萬金而遊，聽之韓、魏，入其社稷之臣於秦，即韓、魏從。韓、魏從，而天下可圖也。」秦王曰：「寡人之國貧，恐不能給也。」頓子曰：「天下未嘗無事也，非從即橫也。橫成則秦帝，從成即楚王。秦帝，即以天下恭養；楚王，即

王雖有萬金，弗得私也。」秦王曰：「善。」乃資萬金，使東遊韓、魏，入其將相。北遊於燕、趙而殺李牧[3]。齊王入朝[4]，四國必從[5]，頓子之說也。

注釋

1山東：指崤山以東。2威不掩於山東而掩於母：秦始皇母和嫪毐（?—前二三八）私通，生二子。始皇九年，誅殺毒三族，遷太后於萯陽宮，殺其二子。此文所說秦王不孝事，均指此。3李牧（?—前二二九）：趙國名將。4齊王：齊王建，即田建（前二八三—前二八一），齊國末代君主。5必：通「畢」。

譯文

頓弱說：「山東有六個國家，你的威勢不能壓倒山東，卻壓倒了自己的母親，我私下認為大王的行為是不可取的。」秦王說：「山東的幾個國家可想法兼併嗎？」頓子說：「韓國是天下的咽喉，魏國是天下的胸腹。大王為我提供萬金去活動，讓我到韓、魏，使他們的大臣入秦朝見，那麼韓、魏就會服從了。韓、魏服從了，天下就可設法兼併了。」秦王說：「寡人的國家貧窮，恐怕不能提供萬金。」頓子說：「天下從來沒有安定的時候，不是合縱就是連橫。連橫成功，則秦國稱帝；合縱成功，則楚國稱王。秦國稱帝，就可以有天下人供養。楚國稱王，大王縱有萬金也不能享用。」秦王說：「好。」於是便提供萬金，讓他往東到韓、魏活動，使他們的將相入秦朝拜。往北到燕、趙活動，使李牧被殺。齊王入秦朝見，四國都服從秦國，這都是採納了頓子意見的結果。

卷七　秦策五

本篇導讀——

此卷記述秦國君主秉承祖先之烈志，志在天下，他們朝思暮想，皆在問鼎。至於秦國臣子則盡忠竭力，敢言進諫，而秦武王與秦昭王皆予以包容及接納。呂不韋千方百計地擁立異人為秦國君主，雖其初衷是「奇貨可居」的投資心態，但後來他的確為秦國作出了極大的貢獻。秦始皇嬴政在呂不韋的輔政之下成長，可謂耳濡目染，盡得真傳。後來，文信侯呂不韋雖然被逐，但其間諜司空馬卻當了趙國代理丞相，同時秦國又派兵攻趙，可見秦國將趙國玩弄於股掌之中，並且擁有極之迅猛的信息與手段。至於趙王在應對司空馬的質問時，盡顯其缺乏自信與自知，最終自毀長城，冤殺一代良將李牧，導致滅國。相比之下，秦王在面對有功之臣姚賈與心生怨懟的貴公子韓非的糾紛時，毫不猶豫地殺了後者，以絕大臣之間的嫉妒，並且以此寬慰了姚賈之心，如此非常手段，盡顯其英明果斷。

秦王與中期爭論

秦王與中期爭論，不勝。秦王大怒，中期徐行而去。或為中期說秦王曰：「中期悍人也，適遇明君故也。向者遇桀、紂，必殺之矣。」秦王因不罪。

譯文

秦王與辯士中期爭論，沒有勝過中期，秦王大怒，中期從容地走了。有人為中期對秦王說：「中期真是個硬骨頭的人，他剛才遇上的是英明的君王，如果遇上桀、紂那樣的暴君，一定會被殺。」秦王因此沒有怪罪中期。

賞析與點評

開放的胸襟，是走向廣闊未來的基礎。

濮陽人呂不韋賈於邯鄲

濮陽人呂不韋賈於邯鄲[1]，見秦質子異人[2]，歸而謂父曰：「耕田之利幾倍？」

曰：「十倍。」「珠玉之贏幾倍[3]？」曰：「百倍。」「立國家之主贏幾倍？」曰：「無數。」曰：「今力田疾作，不得煖衣餘食[4]；今建國立君，澤可以遺世。願往事之。」

注釋

1濮（粵：卜；普：pú）陽：衞邑，在今河南濮陽西南。呂不韋（？—前二三五）：本為衞國商人，後立異人為秦王，為相十三年，對秦國的發展有頗大的貢獻。此外，他又召集門客編寫了《呂氏春秋》一書。賈：做買賣。2異人（前二八〇—前二四七）：秦孝文王（前三〇二—前二五〇）子，時在趙做人質，後即位為秦莊襄王。3贏：商業利潤。4煖（粵：暖；普：nuǎn）：同「暖」。

譯文

濮陽人呂不韋在邯鄲做生意，見到秦國人質公子異人，回去對他的父親說：「種田的利益有幾倍？」父親回答：「十倍。」「做珠寶生意的可獲利幾倍？」父親回答：「百倍。」「擁立國君，可獲利幾倍？」父親回答：「無數。」呂不韋說道：「如今努力耕種，還是穿不暖、吃不飽。如果擁立君主，利益可以留傳後世。我想前往侍奉他。」

秦子異人質於趙，處於城[1]。故往說之曰：「子傒有承國之業[2]，又有母在中。

今子無母於中[3]，外託於不可知之國[4]，一日倍約，身為糞土。今子聽吾計事，求歸，可以有秦國。吾為子使秦，必來請子。」

注釋

1城：即聊城，在今山東聊城西北。2子傒（粵：奚；普：xī）（生卒年不詳）：異人的異母弟，安國君（前三〇二—前二五〇），即後來的秦孝文王之子。3無母：異人母夏姬，無寵，等於無母。4不可知：態度變化莫測。

譯文

秦國公子異人在趙國做人質，住在聊城。呂不韋前去對異人說：「子傒有繼承君位的基礎，又有母親在宮中支持。現在你在宮內沒有支持你的母親，又寄居在態度不定的趙國，一旦趙國背棄盟約，你的地位便如糞土般了。現在你聽從我的計劃，要求回去，這樣可以擁有秦國。我為你到秦國活動，務必使他們來迎接你。」

乃說秦王后弟陽泉君曰[1]：「君之罪至死，君知之乎？君之門下無不居高尊位，太子門下無貴者[2]。君之府藏珍珠寶玉，君之駿馬盈外廄，美女充後庭。王之春秋高[3]，一日山陵崩[4]，太子用事，君危於累卵而不壽於朝生[5]。說有可以一切，而使君富貴千萬歲，其寧於太山四維[6]，必無危亡之患矣。」陽泉君避席[7]，請聞其說。不韋曰：「王年高矣，王后無子，子傒有承國之業，士倉又輔之[8]。

王一日山陵崩，子傒立，士倉用事，王后之門必生蓬蒿[9]。子異人賢材也，棄在於趙，無母於內，引領西望，而願一得歸。王后誠請而立之，是子異人無國而有國，王后無子而有子也。」陽泉君曰：「然。」入說王后，王后乃請趙而歸之。

注釋

1秦王后：指安國君妻華陽夫人。2太子：指子傒。3王之春秋高：指孝文王年老。4一日：一旦。山陵崩：比喻秦王逝世，這是一種避諱的說法。5累卵：把雞蛋重疊起來，形容十分危險。朝生：指朝生夕落的槿花。6太山：即泰山，在今山東泰安北。7避席：表示恭敬。8士倉：即秦昭王時的秦相社倉（生卒年不詳）。9生蓬蒿（粵：hou¹；普：hāo）：言無人行走，比喻門庭冷落。

譯文

呂不韋於是遊說王后的弟弟陽泉君說：「你犯了死罪，可知道嗎？你的手下都佔據高官尊位，太子門下卻沒有地位高的人。你的倉庫收藏了許多珍珠寶玉，馬廄充滿了駿馬，後宮充滿了美女。秦孝文王的年事已高，一旦逝世，太子繼位，你就極為危險，性命不保。有一個辦法可以讓你永享富貴，穩如泰山，必然沒有危亡的禍患。」陽泉君離開座位說：「我願聆聽你的高見。」呂不韋說：「秦孝文王年事已高，王后沒有兒子。子傒有繼承王位的條件，又有社倉輔佐。秦王一旦死去，子傒繼位，社倉掌權，王后的門庭必然冷落。公子異人是賢能的人，他被遣棄在趙國，在宮內沒有支持他的母親，引頸西望，希望回來。王后若能請求立他為太子，那麼公子異人就是由無國變為有國，王后就由無子變為有子了。」陽泉君說：「對。」於是進宮告訴王后，王后就向趙國提出請求，讓公子異人返秦。

趙未之遣，不韋說趙曰：「子異人，秦之寵子也，無母於中，王后欲取而子之。使秦而欲屠趙，不顧一子以留計[1]，是抱空質也。若使子異人歸而得立，趙厚送遣之，是不敢倍德畔施，是自為德講。秦王老矣，一日晏駕[2]，雖有子異人，不足以結秦。」趙乃遣之。

注釋

1留計：延緩其計劃。2晏駕：天子逝世的避諱說法。

譯文

趙國還未放行異人，呂不韋遊說趙王說：「公子異人是秦王的寵兒，在宮中沒有母親，王后想讓他做兒子。假使秦國要想消滅趙國，不會顧惜一個兒子而不行動，那你就是留了一個毫無作用的人質。如果能讓公子異人回國並立為秦王，趙國用厚禮送他回去，他一定不會忘記趙國的恩情，並會以恩德來聯繫其感情。秦王老了，一旦駕崩，只有通過公子異人才能拉攏秦國。」於是趙國就送異人返回秦國。

異人至，不韋使楚服而見。王后悅其狀，高其知，曰：「吾楚人也。」而自子之。乃變其名曰楚。王使子誦，子曰：「少棄捐在外，嘗無師傅所教學，不習於誦。」王罷之，乃留止。間曰：「陛下嘗軔車於趙矣[1]，趙之豪桀得知名者不少[2]。今大王反國[3]，皆西面而望。大王無一介之使以存之，臣恐其皆有怨心，使邊境早閉晚開。」王以為然，奇其計。王后勸立之。王乃召相，令之曰：「寡人子莫若楚。」立以為太子。

注釋

1軔（粵：刃；普：rèn）車：停車，指為質的事。軔，阻止車輪滾動的木頭。2桀：同「傑」。3反：同「返」。

譯文

異人回到秦國，呂不韋讓他穿上楚國服裝去拜見王后。王后喜歡他的打扮，認為他很聰明，說：「我是楚國人。」於是把他當作自己的兒子，改其名字為「楚」。秦王吩咐異人誦讀他曾唸過的書。他說：「我從小被拋棄在外，沒有師傅的教誨，不懂得唸書。」秦王只好作罷，就把他留下來。呂不韋抽空對秦王說：「陛下曾經在趙國停留過，有不少和你關係良好的趙國豪傑。如今大王回國，他們都滿懷希望向着西方。大王沒有派遣一位使臣去慰問他們，臣恐怕他們會抱怨，使邊城局勢不穩。」秦王認為他說得對，是個有謀略的人。王后勸秦王立子楚為太子。秦王就召見丞相，對他說：「寡人的兒子中最有才能的莫過於子楚。」於是立子楚為太子。

子楚立[1]，以不韋為相，號曰文信侯，食藍田十二縣[2]。王后為華陽太后，諸侯皆致秦邑。

注釋

1子楚：是為莊襄王，公元前二五〇至公元前二四七年在位。2藍田：今陝西藍田的西邊。

譯文

子楚即位，任呂不韋為丞相，封為文信侯，賜藍田十二縣為食邑。王后號為華陽太后，各國諸侯都給秦國送來封邑。

賞析與點評

「奇貨可居」是商人的語言與角度，實即慧眼識人。

文信侯出走

文信侯出走。與司空馬之趙[1]，趙以為守相[2]。秦下甲而攻趙。

注釋　1司空馬：文信侯的下屬。2守相：代理相國。

譯文　文信侯呂不韋被逐出走，他的親信司空馬到了趙國，趙國任命他為代理相國。此際秦國出兵攻打趙國。

司空馬說趙王曰[1]：「文信侯相秦，臣事之，為尚書[2]，習秦事。今大王使守小官，習趙事。請為大王設秦、趙之戰，而親觀其孰勝。趙孰與秦大？」曰：「不如。」「民孰與之眾？」曰：「不如。」「金錢粟孰與之富？」曰：「弗如。」「國孰與之治？」曰：「不如。」「相孰與之賢？」曰：「不如。」「將孰與之武？」曰：「不如。」「律令孰與之明？」曰：「不如。」司空馬曰：「然則大王之國，百舉而無及秦者，大王之國亡。」

注釋　1趙王：趙幽繆王（約前二四五——？）。2尚書：秦相國的屬官，主管文書。

譯文

司空馬遊說趙王說：「文信侯做秦國丞相時，臣在他手下管理文書，熟悉秦國的情況。現在大王讓臣擔任代理相國，臣也要熟悉趙國的情況。請讓臣假設現在秦、趙兩國要交戰，我們親自去觀察，到底誰能取勝。大王認為趙國和秦國哪個較大？」趙王說：「趙國不如秦國大。」他又問：「哪一國的人口較多？」趙王說：「趙國不如秦國人多。」又問：「哪一國有較豐富的金錢和糧食？」趙王說：「趙國不如秦國富有。」「哪一國治理得較好？」回答說：「趙國比不上秦國。」又問：「哪一國的丞相較賢能？」趙王說：「趙國的丞相不如秦國的賢能。」又問：「哪一國的將軍指揮較高明？」趙王說：「趙國的將軍不如秦國的高明。」又問：「哪一國的法令較嚴明？」趙王說：「趙國的法令不如秦國的嚴明。」司空馬說：「這樣說來，大王的國家任何一點也不如秦國，大王要亡國了。」

趙王曰：「卿不遠趙，而悉教以國事，願於因計。」司空馬曰：「大王裂趙之半以賂秦，秦不接刃而得趙之半，秦必悅。內惡趙之守，外恐諸侯之救，秦必受之。秦受地而郄兵[1]，趙守半國以自存。秦銜賂以自強，山東必恐，亡趙自危，諸侯必懼。懼而相救，則從事可成。臣請大王約從。從事成，則是大王名亡趙之半，實得山東以敵秦，秦不足亡。」

注釋

1 郄（粵：隙；普：xì）：退兵，撤走軍隊。

譯文

趙王說：「你不嫌棄趙國偏遠，能毫無保留地教導寡人治國方略，寡人願意聽取你的意見。」司空馬說：「大王可割出趙國一半的土地送給秦國，秦國不動一刀一槍而得到半個趙國，一定非常高興。秦國擔心趙國內有守備，外有諸侯救援，必然會立刻接受割地。秦國接受了趙國的割地，就會撤軍，趙國守住了一半的國土，仍然可以生存。秦國得到半個趙國，更為強盛，崤山以東各諸侯必然害怕亡國；趙國處境危險，諸侯必然感到恐懼，他們一恐懼就會來援救趙國，這樣，合縱抗秦的事就會成功。臣請求替大王去組織合縱聯盟。如果合縱聯盟成功，那大王名義上雖然失去了半個趙國，但實際上卻組成了崤山以東的諸侯共同抗秦的合縱聯盟，秦國就不難被滅亡了。」

趙王曰：「前日秦下甲攻趙，趙賂以河間十二縣，地削兵弱，卒不免秦患。今又割趙之半以強秦，力不能自存，因以亡矣。願卿之更計。」司空馬曰：「臣少為秦刀筆[1]，以官長而守小官，未嘗為兵首，請為大王悉趙兵以遇。」趙王不能將。司空馬曰：「臣效愚計，大王不用，是臣無以事大王，願自請。」

注釋　1刀筆：指刀筆吏。古代在竹木簡上記事，有錯誤就用刀削去，所以稱為刀筆。

譯文　趙王說：「之前秦國出兵攻打趙國，趙國割讓了河間十二縣，土地減少了，兵力削弱了，還是免不了遭到秦國的戰禍。現在又要割讓半個趙國去增強秦國的力量，寡人實在無力自保，眼看就要滅亡了。希望你重新考慮。」司空馬說：「臣年輕的時候，在秦國擔任辦理文書的小吏，沒有做過軍事將領，臣請求帶領趙國的全軍去抗擊秦國。」趙王不肯任命司空馬為將。司空馬說：「臣奉獻計謀，大王不採納，這樣臣也沒有什麼可以為大王效勞了，請允許臣離開趙國。」

司空馬去趙，渡平原[1]。平原津令郭遺勞而問：「秦兵下趙，上客從趙來，趙事何如？」司空馬言其為趙王計而弗用，趙必亡。平原令曰：「以上客料之，趙何時亡？」司空馬曰：「趙將武安君[2]，期年而亡；若殺武安君，不過半年。趙王之臣有韓倉者，以曲合於趙王，其交甚親，其為人疾賢妒功臣。今國危亡，王必用其言，武安君必死。」

注釋　1平原：津渡名，在今山東平原西南。2武安君：趙將李牧（？——前二二九）的封號。

譯文　司空馬離開趙國後，經過平原津。平原津吏郭遺前來慰勞，問他：「秦國出兵攻打趙國，貴客從趙國來，趙國的情況怎麼樣呢？」司空馬說他給趙國獻計，趙王卻不採納，趙國必然滅亡。平原令問：「根據你的推斷，趙國何時會滅亡呢？」司空馬說：「如果趙國以武安君李牧為將，一年就會滅亡；如果殺了武安君，不過半年就會滅亡。趙國大臣中有一個叫韓倉的人，善於阿諛奉承迎合趙王，趙王和他關係很親密。此人妒忌賢能，不滿功臣。現在趙國正處於危急的時刻，趙王必會聽從韓倉的話，武安君必死無疑。」

韓倉果惡之，王使人代。武安君至，使韓倉數之曰：「將軍戰勝，王觴將軍，將軍為壽於前而捍匕首，當死。」武安君曰：「繓病鉤[1]，身大臂短，不能及地，起居不敬，恐懼死罪於前，故使工人為木材以接手。上若不信，繓請以出示。」出之袖中，以示韓倉，狀如振梱[2]，纏之以布。「願公入明知。」

注釋　1繓（粵：卒；普：zuǒ）：李牧名。2梱：樹本名。

譯文　韓倉果真誹謗武安君，趙王就派人取代武安君。武安君被調回後，趙王派韓倉去責備武安君，韓倉說：「將軍打了勝仗，大王給你敬酒。將軍給大王祝酒時卻暗藏匕首，依法當斬。」武安君說：「我的胳膊有病，不能伸直，因為手臂縮短了，不能觸地，在大王面前起居不敬，恐獲死罪，所以讓工人做了個木杖接手，大王如果不信，我拿出來請你親自過目。」於是他伸出胳膊給韓倉看，樣子就像木杖，用布纏着。武安君說：「請你在大王面前說明這情況吧。」

韓倉曰：「受命於王，賜將軍死，不赦。臣不敢言。」武安君北面再拜賜死，縮劍將自誅，乃曰：「人臣不得自殺宮中。」過司空馬門[1]，趣甚疾，出棘門也[2]。右舉劍將自誅，臂短不能及，銜劍徵之於柱以自刺。武安君死。五月趙亡。

注釋　1司空馬門：即司馬門，宮門名。2棘門：在司馬門外的宮門。

譯文　韓倉說：「我接受大王的命令，要賜將軍死，不能赦免。我不敢替你說話。」武安君便向北面拜了兩拜，感謝賜死之恩。抽出寶劍，準備自殺，他說：「人臣不能在宮中自殺。」於是穿過司馬門，匆匆走出了棘門。他右手舉起寶劍準備自殺，可是因為手臂短，劍刃不夠長刺進脖子，於是他口含寶劍的尖端，對着柱子就自殺了。武安君死後五個月，趙國就滅亡了。

平原令見諸公，必為言之曰：「嗟嗞呼[1]，司空馬！」又以為：司空馬逐於秦，

非不知也。去趙，非不肖也。趙去司空馬而國亡。國亡者，非無賢人，不能用也。

注釋

1 嗟嗞：歎聲。

譯文

平原令郭遺見到他的朋友時，為司空馬歎息說：「唉！司空馬！」他認為司空馬被秦國逐出，這不是因為他沒有才智；他離開趙國，也不是他沒有出息，是因為趙國不任用司空馬而導致亡國。趙國之其所以亡國，並不是沒有賢能的人，而是因為不能任用賢材。

賞析與點評

缺乏自信與缺乏自知的領袖，必然為國家帶來災難。

四國為一將以攻秦

四國為一[1]，將以攻秦。秦王召群臣賓客六十人而問焉，曰：「四國之一，將以圖秦，寡人屈於內，而百姓靡於外，為之奈何？」群臣莫對。姚賈對曰[2]：「賈願出使四國，必絕其謀而安其兵。」乃資車百乘，金千斤，衣以其衣，冠以其冠，帶以其劍。姚賈辭行，絕其謀，止其兵，與之為交以報秦。秦王大悅，賈封千戶，以為上卿。

注釋　1四國：指的是荊、吳、燕、代。2姚賈（生卒年不詳）：魏人，始皇時仕秦。

譯文　荊、吳、燕、代四國聯合，準備攻秦。秦王嬴政召集群臣及賓客六十人前來共商大事，說：「四國合一，將要攻打秦國，寡人內則財政緊絀，外則百姓貧乏，應如何是好？」群臣無言以對。姚賈回應說道：「臣願出使四國，我們必須破壞他們的計劃，令他們的軍隊不敢妄動。」秦王於是準備了百輛車，千斤金，讓姚賈穿上自己的衣服，戴上自己的帽子，佩帶上自己的寶劍。姚賈拜別秦王，消解了四國攻秦的念頭，停止了軍事行動，姚賈和他們結交後回秦國交差。秦王非常高興，封千戶給姚賈，並拜為上卿。

韓非短之，曰：「賈以珍珠重寶南使荊、吳[1]，北使燕、代之間三年，四國之交未必合也，而珍珠重寶盡於內，是賈以王之權、國之寶，外自交於諸侯，願王察之。且梁監門子，嘗盜於梁，臣於趙而逐。取世監門子，梁之大盜，趙之逐臣，與同知社稷之計，非所以厲群臣也。」

注釋

1吳：此指越，越滅吳，故此以吳代越。

譯文

韓非批評姚賈說：「姚賈帶上珍珠墨寶，南到荊、吳，北到燕、代，三年之間，未必真的能聯合四國，而珍珠重寶盡耗，這是他利用大王的權勢、國家的珍寶，私下和諸侯相勾結，希望大王明察。況且他是大梁守門人的兒子，曾在大梁盜竊，在趙國為官又被驅逐。任用守門人之子、魏國的大盜、趙國的逐臣來過問國家的大政方針，恐怕不是鼓勵群臣的方法。」

王召姚賈而問曰：「吾聞子以寡人財交於諸侯，有諸？」對曰：「有之。」王曰：「有何面目復見寡人？」對曰：「曾參孝其親[1]，天下願以為子；子胥忠於君[2]，天下願以為臣；貞女工巧，天下願以為妃[3]。今賈忠王而王不知也，賈不歸四國，尚焉之？使賈不忠於君，四國之王尚焉用賈之身？桀聽讒而誅其良將，紂聞讒而殺其忠臣，至身死國亡。今王聽讒，則無忠臣矣。」

注釋 1曾參（前五〇五—前四三二）：魯人，孔子弟子，以孝著稱。2子胥：伍子胥。3妃：匹配。這裏是配偶的意思。

譯文 秦王召見姚賈問他道：「寡人聽說你帶着我的財物去結交諸侯，有這回事嗎？」姚賈回答說：「有。」秦王說：「你還有臉面來見寡人？」姚賈回答說：「曾參孝敬他的父母，天下都希望他成為自己的兒子；伍子胥盡忠於他的君王，天下的君主都希望他成為自己的臣子；女子善於刺繡，男人都希望她成為自己的配偶。如今我忠於大王卻得不到信任。我不回歸四國，又該到哪裏去呢？假使我不忠於自己的君王，四國的君王怎麼會信任我呢？夏桀聽信讒言而殺掉他的良將，商紂聽信讒言而殺掉他的忠臣，終於導致身死國亡。如今大王聽信讒言，就不會再有人為你效忠了。」

王曰：「子監門子，梁之大盜，趙之逐臣。」姚賈曰：「太公望[1]，齊之逐夫，朝歌之廢屠，子良之逐臣，棘津之讎不庸[2]，文王用之而王[3]。管仲[4]，其鄙之賈人也，南陽之弊幽[5]，魯之免囚[6]，桓公用之而伯。百里奚，虞之乞人，傳賣以五羊之皮，穆公相之而朝西戎[7]。文公用中山盜[8]，而勝於城濮[9]。此四士者，皆有詬醜，大誹天下，明主用之，知其可與立功。使若卞隨、務光、申屠狄[10]，人主豈

得其用哉！故明主不取其汙，不聽其非，察其為己用。故可以存社稷者，雖有外誹者不聽；雖有高世之名，無咫尺之功者不賞[11]。是以群臣莫敢以虛願望於上。」

注釋

1太公望：姜尚。2棘津：在今山東日照境內。讎：同「售」。不售庸，無人過問的傭工。3文王：姬昌（前一一五二—前一〇五六），西周開國之君。4管仲（約前七二三或前七一六—前六四五）：字夷吾，春秋時齊國名臣，輔佐齊桓公稱霸。5南陽：地區名，指今山東泰山以南，汶水以北一帶。弊幽：隱淪不為人知。6魯之免囚：齊國內亂，管仲奉公子糾奔魯，後公子小白入齊，糾死，魯人囚管仲，送他歸齊。7穆公：秦穆公。8文公：晉文公，為春秋五霸之一。中山：古國名，在今河北正定東北。中山盜指晉文公的侍從里鳧須（生卒年不詳）。9城濮：在今山東鄄城西南臨濮集。前六三三年，晉、楚兩國在此作戰，晉軍大獲全勝，於是晉文公成為霸主。10卞隨、務光：都是商湯王時的隱士，不願接受湯的讓位。申屠狄：商紂時人，見紂無道，投水自殺。11咫尺之功：小功。周八寸為咫。

譯文

秦王說：「你是守門人的兒子，魏國的大盜，趙國不要的臣子。」姚賈說：「太公望在齊國被妻子所棄，朝歌經營不善的屠夫，因辦事不力而被子良所逐，棘津的失業者，但文王因任用他而成就了王業。管仲是齊國偏遠地區的小販，在南陽默默無聞，又是魯國中獲赦的囚犯，但齊桓公用他而成為霸主。百里奚是虞國的窮人，被人用五張羊皮轉賣至秦國，但秦穆公任用他，令西戎來朝。晉文公任用中山國的小偷里鳧須，因而取得了城濮之戰的勝利。這四個人，均曾受辱，遭受誹謗，但明君起用他們，因為知道他們可以為國立功。假若像卞隨、務光、申屠狄那樣的隱士，人君怎麼能使用他們呢？所以明君不看他們的污點，不聽別人指摘他們的過失，反而看他能否為己所用。只要能安定國家，就不聽外邊對他們的誹謗；即使有高名，要是沒尺寸之功，也不會賞賜，這樣群臣就不會有無功而受祿的妄想。」

秦王曰：「然。」乃復使姚賈而誅韓非。

譯文　秦王說：「你說得對。」於是重新任用姚賈而殺掉了韓非。

卷八　齊策一

本篇導讀——

〈齊策一〉先以〈靖郭君善齊貌辨〉寫賢相靖郭君田嬰，繼而述及良將田忌。〈邯鄲之難〉以齊國在桂陵之戰「圍魏救趙」一役中，突顯主帥田忌的重要性，而更為關鍵的乃其軍師孫臏。在馬陵決戰中，魏太子申被殺，孫臏的仇人龐涓亦一命嗚呼。經此一役後，魏國自魏文侯以來的富強局面，因魏惠王之魯莽而一蹶不振。

田忌是齊國之良將，並有大功於齊國，可惜卻為鄒忌所誣陷而出逃於楚國。故無論鄒忌如何令齊威王廣開言路和變法有功，亦無法彌補他在誣陷田忌一事上的缺失。

齊與秦，其時號稱東、西兩大國。本書錄選了〈蘇秦為趙合說齊宣王〉一文，當中反映了齊國都城臨淄的繁華富裕，街道上人們肩摩轂擊，吃喝玩樂，應有盡有，且沃野千里，帶甲數十萬，號稱強國。

靖郭君善齊貌辨

靖郭君善齊貌辨[1]。齊貌辨之為人也多疵，門人弗說。士尉以證靖郭君[2]，靖郭君不聽，士尉辭而去。孟嘗君又竊以諫，靖郭君大怒曰：「剗而類[3]，破吾家。苟可慊齊貌辨者[4]，吾無辭為之。」於是舍之上舍，令長子御，旦暮進食。

注釋

1靖郭君：田嬰（生卒年不詳），齊威王之子，曾為齊相，封於薛地，靖郭君是他逝世後的謚號。齊貌辨：齊人，靖郭君的門客。2士尉：齊人，靖郭君的門客。3剗（粵：產；普：chǎn）：同「鏟」，削除。4慊（粵：怯；普：qiè）：滿意。

譯文

靖郭君田嬰很欣賞齊貌辨。然而齊貌辨有很多小毛病，門客們都不喜歡他。門客士尉規勸靖郭君，靖郭君不聽，士尉就告辭而去。他兒子孟嘗君又私下勸告，靖郭君勃然大怒說：「即使犧牲你們這些人，毀掉我的家，如能讓齊貌辨滿意，我都不會拒絕去做。」於是，他給齊貌辨安排住上等的客舍，讓長子侍奉他，早晚送飯給他。

數年，威王薨[1]，宣王立[2]。靖郭君之交，大不善於宣王，辭而之薛，與齊貌

辨俱留。無幾何，齊貌辨辭而行，請見宣王。靖郭君曰：「王之不說嬰甚，公往必得死焉。」齊貌辨曰：「固不求生也，請必行。」靖郭君不能止。

注釋

1威王（約前三七八—前三二〇）：名因齊，公元前三五六至公元前三二〇年在位。薨（粵：轟；普：hōng）：古代諸侯或有爵位之官死去稱薨。2宣王（約前三五〇—前三〇一）：名辟疆，威王子，公元前三一九至公元前三〇一年在位。

譯文

過了幾年，齊威王去世了，齊宣王即位。靖郭君和宣王的關係不太好，靖郭君只好辭別宣王，回到自己的封地薛邑，齊貌辨也跟他一起回去。沒過多久，齊貌辨告別靖郭君，要到國都拜見宣王。靖郭君說：「齊宣王很不喜歡我，你要是去的話，肯定是死路一條！」齊貌辨說：「我本來就沒有想着求生。請務必讓我去吧！」靖郭君不能阻止他。

齊貌辨行至齊，宣王聞之，藏怒以待之。齊貌辨見宣王，王曰：「子，靖郭君之所聽愛夫！」齊貌辨曰：「愛則有之，聽則無有。王之方為太子之時，辨謂靖郭君曰：『太子相不仁，過頤豕視，若是者信反。不若廢太子，更立衛姬嬰兒郊師[1]。』靖郭君泣而曰：『不可，吾不忍也。』若聽辨而為之，必無今日之患也。

此為一。至於薛，昭陽請以數倍之地易薛[2]，辨又曰：『必聽之。』靖郭君曰：『受薛於先王，雖惡於後王，吾獨謂先王何乎！且先王之廟在薛，吾豈可以先王之廟與楚乎！』又不肯聽辨。此為二。」宣王大息，動於顏色，曰：「靖郭君之於寡人一至此乎！寡人少，殊不知此。客肯為寡人來靖郭君乎？」齊貌辨對曰：「敬諾。」

注釋

1郊師：衞姬的兒子，宣王的庶弟。2昭陽：楚將，曾任楚大司馬。

譯文

齊貌辨到了國都，宣王聽說這事後，滿懷怒氣等着他。齊貌辨見到了宣王，宣王說：「你就是靖郭君很喜歡、言聽計從的那個人吧！」齊貌辨說：「喜愛倒是有這回事，言聽計從卻談不上。當大王仍是太子的時候，我曾對靖郭君說：『太子的長相不好，臉頰過長，眼光無神，這種人是不會通情達理的。不如廢掉太子，另立衞姬的兒子郊師。』靖郭君聽了之後哭着說：『不行，我不忍心這麼做。』如果他聽了我的話，就沒有今天的憂患了，這是其一。到了薛邑以後，楚將昭陽要求用幾倍大的地盤來換取薛邑。我又勸靖郭君：『你一定要同意這件事。』靖郭君說：『我從先王那裏接受了薛邑，雖然大王現在對我不好，但那樣做怎麼對得起先王呢？況且，先王的宗廟就在薛邑，我怎能把先王的宗廟交給楚國呢？』他又不聽我的話，這是其二。」」宣王聽後，長長地歎息說：「靖郭君對待寡人，竟然到如此地步嗎？寡人年輕，絲毫不了解這些情況。你願意為寡人把靖郭君請回來嗎？」齊貌辨說：「遵命。」

靖郭君衣威王之衣，冠舞其劍，宣王自迎靖郭君於郊，望之而泣。靖郭君至，因請相之。靖郭君辭，不得已而受。七日，謝病強辭。靖郭君辭不得，三日而聽。

譯文

靖郭君（見宣王時）穿着了威王賜給他的衣服，戴了威王賜給他的帽子，佩帶着威王賜給他的寶劍。宣王親自到郊外去迎接他，看見他就忍不住流下眼淚。靖郭君來到齊都，宣王就請靖郭君為丞相。靖郭君一再辭謝，不得已才接受。七天以後稱病再度請辭相位，過了三天，齊王才同意。

當是時，靖郭君可謂能自知人矣！能自知人，故人非之不為沮。此齊貌辨之所以外生樂患趣難者也[1]。

注釋　1趣：同「趨」。

譯文　在這個時候，靖郭君可說是善於發現人材。他能夠了解人材，因此當旁人非議齊貌辨時，他毫不動搖。這正是齊貌辨能夠置生死於度外、樂於為他分憂解難的原因啊！

賞析與點評

慧眼識人，獎掖後進，方才是成就大事的人物。

邯鄲之難

邯鄲之難[1]，趙求救於齊。田侯召大臣而謀曰[2]：「救趙孰與勿救？」鄒子曰[3]：「不如勿救。」段干綸曰[4]：「弗救，則我不利。」田侯曰：「何哉？」「夫魏氏兼邯鄲，其於齊何利哉！」田侯曰：「善。」乃起兵，曰：「軍於邯鄲之郊。」段干綸曰：「臣之求利且不利者[5]，非此也。夫救邯鄲，軍於其郊，是趙不拔而魏全也。故不如南攻襄陵以弊魏[6]，邯鄲拔而承魏之弊，是趙破而魏弱也。」田侯曰：「善。」乃起兵南攻襄陵。七月，邯鄲拔。齊因乘魏之弊，大破之桂陵[7]。

注釋

1邯鄲之難：指魏軍圍攻趙國的都城邯鄲。2田侯：即齊威王。3鄒子：即鄒忌（約前三八五—前三一九），齊威王大臣，齊相，被封在下邳，號稱為成侯。4段干綸（生卒年不詳）：齊臣。5之求：當作「言救」。且，抑或。6襄陵：魏邑，在今河南睢縣西邊。7桂陵：齊地，在今河南長垣北邊。

譯文

趙都邯鄲被魏軍圍攻，趙國向齊國求救。齊威王召集大臣們商議道：「救不救趙國？」鄒忌說：「不如不救。」段干綸說：「不救會對我國不利。」齊威王說：「為什麼？」段干綸回答說：「讓魏國攻下邯鄲，這對齊國有什麼好處呢！」齊威王說：「對。」於是派兵，說：「讓大軍駐紮在邯鄲郊外。」段干綸說：「臣所說的利或不利，不是這樣辦。援救邯鄲，而駐軍在它的郊外，會造成趙都不被攻下而魏國兵力無損的局面，所以說不如向南攻打襄陵，令魏軍疲敝。這樣邯鄲會被攻下而魏軍則會疲敝，將使趙國殘破而魏國削弱。」齊威王說：「好。」於是派兵南下攻打襄陵。這年的七月，邯鄲失守。齊軍乘魏軍疲敝之際，在桂陵大敗魏軍。

賞析與點評

以逸待勞，以柔克剛，以智取勝。

秦假道韓、魏以攻齊

秦假道韓、魏以攻齊，齊威王使章子將而應之[1]，與秦交和而舍[2]。使者數相往來，章子為變其徽章[3]，以雜秦軍。候者言章子以齊入秦，威王不應。頃之間，候者復言章子以齊兵降秦，威王不應。而此者三。有司請曰：「言章子之敗者，異人而同辭，王何不發將而擊之？」王曰：「此不叛寡人明矣，曷為擊之！」

注釋

1 齊威王：當為齊宣王，下同。章子：齊名將匡章（生卒年不詳）。2 交和而舍：兩軍相對，軍門稱為「和」。舍，屯駐。3 徽章：包括旗幟和士卒衣服的標識。

譯文

秦國向韓、魏借道攻打齊國，齊威王派章子領兵應戰，他和秦軍一接觸就駐紮下來。雙方的使者多次來往，章子改變了軍隊服裝上的標識，以混雜於秦軍中。探子說章子帶領齊兵投向了秦軍，齊威王沒有理會。不久，探子又說章子帶兵向秦軍投降，齊威王仍舊沒有理會。這樣重複了三次。有關主管人員提出說：「說章子背叛的人，幾個都異口同聲，大王為什麼不派兵攻打他？」齊王說：「很明顯他不會背叛寡人，為什麼要攻打他呢？」

頃間，言齊兵大勝，秦軍大敗，於是秦王拜西藩之臣而謝於齊。左右曰：「何以知之？」曰：「章子之母啟得罪其父，其父殺之而埋馬棧之下。吾使章子將也，勉之曰：『夫子之強，全兵而還，必更葬將軍之母。』對曰：『臣非不能更葬先妾也。臣之母啟得罪臣之父，臣之父未教而死。夫不得父之教而更葬母，是欺死父也，故不敢。』夫為人子而不欺死父，豈為人臣欺生君哉？」

譯文

不久，傳來消息說齊軍大勝，秦軍大敗，於是秦王自稱為西邊的藩臣向齊國謝罪。齊王身邊的人說：「大王怎麼知道章子不會背叛呢？」齊王說：「章子的母親啟得罪了他的父親，他的父親殺了他的母親，並把她埋於馬廄之下。寡人派章子領兵，鼓勵他說：『以你的勇敢，定必凱旋而歸，寡人一定會重新安葬你的母親。』章子說：『臣不是不能重新安葬死去的母親。臣的母親啟得罪了先父，先父沒有留下什麼吩咐就死了。臣沒有得到父親的吩咐就擅自改葬母親，這是欺騙死去的父親，因此我不敢這樣辦。』他作為兒子不會欺騙死去的父親，作為臣子怎麼可能會欺騙活着的君主呢？」

賞析與點評

善良忠厚是獲得別人信任與尊重的必要品德。

蘇秦為趙合從說齊宣王

蘇秦為趙合從說齊宣王曰[1]：「齊南有太山，東有琅邪[2]，西有清河[3]，北有渤海，此所謂四塞之國也。齊地方二千里，帶甲數十萬，粟如丘山。齊車之良[4]，五家之兵[5]，疾如錐矢，戰如雷電，解如風雨。即有軍役，未嘗倍太山、絕清河、涉渤海也。臨淄之中七萬戶[6]，臣竊度之，下戶三男子，三七二十一萬，不待發於遠縣，而臨淄之卒固以二十一萬矣。臨淄甚富而實，其民無不吹竽、鼓瑟、擊筑、彈琴、鬥雞、走犬、六博、踏鞠者[7]。臨淄之途，車轂擊，人肩摩，連衽成帷，舉袂成幕，揮汗成雨，家敦而富，志高而揚。夫以大王之賢與齊之強，天下不能當，今乃西面事秦，竊為大王羞之！

注釋

1蘇秦：本章為縱橫家練習遊說之作，此蘇秦及下文齊宣王都是假託人名。2琅邪：在今山東諸城東南的山。3清河：指濟水，是齊、趙邊境的界河。4齊車：當作「三軍」。5五家之兵：又稱「五都之兵」，是齊軍主力。6臨淄（粵：之；普：zī）：齊都，今山東淄博東北。7竽（粵：餘；普：yú）：樂器，笙類。瑟：樂器，似琴。筑（粵：築；普：zhù）：樂器，似瑟而較大，頭安弦，用竹擊打。琴：樂器，古為五弦，後用七弦。鬥雞：用雞相鬥的遊戲。走犬：指田獵活動。六博：古代棋戲之一。踏鞠（粵：菊；普：jū）：以皮做成，用毛充實，即古代的足球。

譯文

蘇秦為趙國合縱遊說齊宣王說：「齊國的南面有泰山，東面有琅邪山，西面有清河，北面有渤海，是四方都有要塞的國家。齊國方圓二千里，精兵數十萬，糧食堆積如山。三軍勇士，五家精兵，行如疾箭飛快，戰如雷電威猛，解散如風雨驟停。即使徵兵，也從來沒有徵調泰山下、清河邊和渤海之濱的部隊。單是臨淄城中就有七萬家，臣私下估量，每戶不少於三個男子，三七二十一萬，不須等待從遠地調兵，臨淄城中的兵力就已經達到二十一萬了。臨淄非常富庶且殷實，百姓們沒有不吹竽、鼓瑟、擊筑、彈琴、鬥雞、走犬、六博、蹋球的。在臨淄的路上，車軸互擊，人們肩膀互擦，把衣襟連起來就成為帷帳，捲起袖子就成了幕布，揮出的汗水成為雨點，家家富有，心寬氣揚。以大王的賢名與齊國的強盛，天下沒有敵人，如今卻向西面屈服於秦國，臣私下真為大王感到羞恥。

「且夫韓、魏之所以畏秦者，以與秦接界也。兵出而相當，不至十日而戰勝存亡之機決矣。韓、魏戰而勝秦，則兵半折，四境不守；戰而不勝，以亡隨其後，是故韓、魏之所以重與秦戰而輕為之臣也。

譯文

「韓、魏兩國之所以懼怕秦國，是因為他們與秦國接鄰。出兵而相對，不到十天，勝敗畢現。韓、魏兩國戰勝秦國，兵力則減，邊境便無法防守；要是戰而不勝，就瀕臨滅亡。因此韓、魏不敢輕率與秦國開戰，卻容易向秦屈服。

「今秦攻齊則不然，倍韓、魏之地，過衛陽晉之道[1]，徑亢父之險[2]，車不得方軌，馬不得並行，百人守險，千人不能過也。秦雖欲深入，則狼顧，恐韓、魏

之議其後也。是故恫疑虛猲，高躍而不敢進，則秦不能害齊，亦已明矣。夫不深料秦之不奈我何也，而欲西面事秦，是群臣之計過也。今無臣事秦之名，而有強國之實，臣固願大王之少留計。」

注釋 1陽晉：衞地，在今山東鄆城西邊。2亢父：齊邑，在今山東濟寧南邊。

譯文 「如今秦國攻齊卻不是這樣，背後是韓、魏的地方，穿越衞國陽晉的要道，通過亢父的險路，車不能並駕，馬不能並行，一百人守住險隘，一千人都不能通過。秦軍雖然想深入齊國，卻心中不安，恐怕韓、魏從後偷襲。因此虛聲恫嚇，遲疑不進。秦國不能危害齊國，這是十分明顯的。不考慮秦國不能把我怎麼樣，而想向西面服從秦國，這是群臣計謀的錯失。現在沒有臣事秦國的名聲，而能得到強國的地位，臣希望大王稍稍考慮一下。」

齊王曰：「寡人不敏，今主君以趙王之教詔之，敬奉社稷以從。」

譯文 齊王說：「寡人不智，現在你把趙王的教誨告知，寡人恭敬地把國家託付給你。」

卷九　齊策二

本篇導讀——

本卷記述齊國趁燕國內亂而出兵侵略，不仁不義。至於禍患的根源是來自燕王噲，他在戰國這種爾虞我詐、寸土必爭的態勢下禪讓王位於丞相子之，可謂是一齣政治鬧劇。此外，由他的荒唐所引致的災難性後果，齊滅燕，燕又滅齊，一來一去，兩敗俱傷，而秦國則坐收漁人之利。在〈秦攻趙長平〉一篇中，記述了秦攻趙於長平，齊王卻完全漠視「唇亡齒寒」的利害關係，「長平之戰」的災難性結果，重挫惟一可以抗衡秦國的趙國軍隊。自此，秦與六國在軍事上失去平衡，六國已毫無還擊之力。及至秦滅韓，齊亦同樣坐視不理。齊王建坐視三晉危在旦夕而不伸出援手，可見他的自私與恐懼，最後他更被秦王誘騙而身死國亡。秦國不必滅六國，而六國早已自滅，束手就擒，以待秦國。

昭陽為楚伐魏

昭陽為楚伐魏[1]，覆軍殺將得八城，移兵而攻齊。陳軫為齊王使[2]，見昭陽，再拜賀戰勝，起而問：「楚之法，覆軍殺將，其官爵何也？」昭陽曰：「官為上柱國[3]，爵為上執圭[4]。」陳軫曰：「異貴於此者何也？」曰：「唯令尹耳[5]。」陳軫曰：「令尹貴矣！王非置兩令尹也，臣竊為公譬可也。楚有祠者，賜其舍人卮酒[6]。舍人相謂曰：『數人飲之不足，一人飲之有餘。請畫地為蛇，先成者飲酒。』一人蛇先成，引酒且飲之，乃左手持卮，右手畫蛇，曰：『吾能為之足。』未成，一人之蛇成，奪其卮曰：『蛇固無足，子安能為之足？』遂飲其酒。為蛇足者，終亡其酒。今君相楚而攻魏，破軍殺將得八城，不弱兵，欲攻齊，齊畏公甚。公以是為名亦足矣，官之上非可重也。戰無不勝而不知止者，身且死，爵且後歸，猶為蛇足也。」昭陽以為然，解軍而去。

注釋

1昭陽為楚伐魏：這次戰役發生在公元前三二三年。昭陽是楚軍主將，官位為掌管軍事大權的大司馬，他在這次戰役中大敗魏軍。2陳軫（粵：dzɐn²；普：zhěn）（生卒年不詳）：齊國人，著名的策士。他見魏國戰敗，擔心齊國同遭戰禍，於是出使魏國，勸說昭陽罷兵，使自己的國家免遭戰禍。3**上柱國**：即大司馬，楚國最高武官。4**上執圭**：楚國的最高爵位。圭，上尖下長方的貴重玉器。5**令尹**：楚國的最高官職，相當於別國的丞相。6**舍人**：君王身邊的侍從人員。卮（粵：支；普：zhī）：酒杯。

譯文

昭陽為楚國攻打魏國，擊潰魏軍，殺掉魏將，奪得八座城池，接着又調軍攻打齊國。陳軫受齊王派遣，去見昭陽，他向昭陽拜賀他打了勝仗，然後起身問道：「根據楚國的規定，擊潰敵軍，殺死敵將，能得到什麼官爵呢？」昭陽說：「可以做上柱國的官，爵可封上執圭的爵。」陳軫說：「比這更尊貴的官爵是什麼？」昭陽答道：「那只有令尹了。」陳軫說：「令尹是最尊貴的了，可是楚王不會設置兩個令尹啊！請讓我為你打個比方吧。楚國有一個負責舉行祭祀的人，祭祀完畢，就賜給他身邊的隨從一杯酒。這些隨從商量道：『這點酒幾個人不夠喝，一個人喝則還有餘。我們在地上畫蛇吧，先畫成的人可以喝酒。』有一個人先畫好了，拿起酒杯就準備喝。他左手拿着酒杯，右手仍繼續畫着蛇，他說：『我還能給蛇添上腳呢。』蛇腳還沒畫好，另一個人把蛇畫好了，搶過他的酒杯說：『蛇本沒有腳，你怎能給它添上腳呢！』說完就把酒喝掉了。那個為蛇添上腳的人，終於失去了他應得的酒。如今你輔佐楚國攻打魏國，破軍殺將，又得了八座城池，兵力沒有受到什麼損耗，你又想去攻打齊國，齊國非常害怕你。你的威名已經遠播，也夠了，上柱國的官位之上再沒有什麼官職可加了。所向無敵而不知道適可而止的人，將會丟失性命，他的官爵也會給了後來的人，這就好像給蛇添上腳一樣啊！」昭陽同意陳軫的忠告，於是撤兵。

秦攻趙長平

秦攻趙長平[1]，齊、楚救之[2]。秦計曰：「齊、楚救趙，親，則將退兵；不親，則且遂攻之。」

趙無以食，請粟於齊，而齊不聽。蘇秦謂齊王曰[3]：「不如聽之以卻秦兵，不聽則秦兵不卻，是秦之計中，而齊、燕之計過矣。且趙之於燕、齊，隱蔽也[4]，齒之有脣也，脣亡則齒寒。今日亡趙，則明日及齊、楚矣。且夫救趙之務，宜若奉漏壅[5]，沃焦釜。夫救趙，高義也；卻秦兵，顯名也。義救亡趙，威卻強秦兵，不務為此，而務愛粟，則為國計者過矣。」

注釋　1長平：在今山西高平西北。2楚：一作燕。3蘇秦：此時蘇秦已死，應為字誤。

據《史記》記載，應為周子，齊的謀臣。4隱：通「蔭」。5奉：通「捧」。甕：應為「甕」，盛水或酒的陶器。

譯文

秦國進攻趙國的長平，齊、燕兩國出兵相救。秦王深思後說：「齊、燕出兵救趙，如果他們齊心協力，我們就撤兵；否則，那我們就繼續進攻。」

趙國軍隊缺乏糧食，向齊國借糧，可是齊王不肯。謀臣周子對齊王說：「不如答應趙國的請求，以迫使秦國撤兵；如果不答應，秦兵就不會退兵，這正合了秦國的心意，齊、燕兩國就失策了。況且趙國是燕、齊的屏障，就像牙齒有嘴唇保護一樣，如果失去了嘴唇，牙齒就寒冷了。今天秦滅了趙，明天就會輪到齊、燕了。而且救趙的事，就像用手捧住漏水的甕，又像往燒乾的鍋裏澆水那樣急迫。援救趙國，是大義；使秦兵退卻，又可顯揚威武的名聲。既有救趙的義舉，又樹立了打退秦軍的威風，不致力做這樣的大事，只知道愛惜糧食，是對國策考慮的錯誤判斷。」

賞析與點評

世間人事往往是「唇亡齒寒」的關係，在別人困難之際伸出援手，很可能就是為自己留下一條後路。

卷十　齊策三

本篇導讀——

這一卷着重寫孟嘗君田文與門客之間的互動關係。孟嘗君食客三千，其善待門客的政治手腕，幾乎是能人所不能。其門客夏侯章無尺寸之功而獲厚待，更四處散播孟嘗君的壞話。對於門客與其夫人私通，孟嘗君也不以為逆，甚至推薦該門客前往衞國擔任要職。後來衞國想聯合諸侯攻打齊國，這門客就發揮了作用，化解了齊國的一場劫難。然而，孟嘗君陪上夫人來獲得政治利益，也未免太不近人情了。此外，其門客收了運輸象牙床者登徒的寶劍，於是勸說孟嘗君拒收此象牙床以得天下人心。門客是受賄才獻言，動機已不單純，而孟嘗君則為了顯揚名聲，竟大肆宣傳，可見其好名心切。政治的魔力，扭曲人性，古今皆然，殷鑑不遠。

不過，齊王與孟君之胸襟與政治手腕，可謂有雲泥之別。孟嘗君雖乃宗室貴胄，但他仍要送上玉珥來揣度齊王寵愛哪一位妃子來相機行事，且其執政處處受制於齊王，以致他意興闌珊，打算離齊入秦，由此可見齊王之昏庸。

孟嘗君將入秦

孟嘗君將入秦[1]，止者千數而弗聽。蘇秦欲止之，孟嘗曰：「人事者，吾已盡知之矣；吾所未聞者，獨鬼事耳。」蘇秦曰：「臣之來也，固不敢言人事也，固且以鬼事見君。」

注釋　1孟嘗君：即田文，時為齊相。

譯文　孟嘗君將要到秦國去，上千的人勸阻他，他均不聽從。蘇秦打算勸阻他，孟嘗君說：「講人事的話，我全都知道；我還沒有聽說過的，只有鬼神的事而已。」蘇秦說：「我這次來，本不敢談人事，而打算和你談談鬼神的事。」

孟嘗君見之。謂孟嘗君曰：「今者臣來，過於淄上[1]，有土偶人與桃梗相與語[2]。桃梗謂土偶人曰：『子，西岸之土也，埏子以為人[3]，至歲八月[4]，降雨下[5]，淄水至，則汝殘矣。』土偶曰：『不然。吾西岸之土也，吾殘則復西岸耳。今子，

東國之桃梗也，刻削子以為人，降雨下，淄水至，流子而去，則子漂漂者將何如耳。』今秦，四塞之國[6]，譬若虎口，而君入之，則臣不知君所出矣。」孟嘗君乃止。

注釋

1淄：水名，源出今山東萊蕪東北。2土偶人：用泥土做成的人形。桃梗：用桃木刻成的人像。3埏（粵：仙；普：shān）：用水調和泥土。4八月：此時正值雨季。5降雨：大雨。降，通「洚」。6四塞之國：四面都有高山、要塞的國家。

譯文

孟嘗君接見了蘇秦。蘇秦對孟嘗君說：「我這次來，經過淄水，遇見有個土偶人和木偶人在互相談話。木偶人對土偶人說：『你是西岸的泥土，把你做成人形，到了八月雨季，天降大雨，淄水暴發，你就會被沖壞了。』土偶人說：『不對。我本是西岸的泥土，我被沖壞，泥土仍然回到西岸而已。而你，本是東方的桃梗，被雕成了人形，大雨下降，淄水來到，把你沖走，那時你便飄飄盪盪，不知哪裏才是歸宿。』如今秦國是一個四方都有險塞的國家，有如虎口，你進去了，我不知道你能從哪裏出來呢。」孟嘗君就停止了他的行程。

賞析與點評

「人離鄉賤」並非絕對，「良禽擇木而棲」更值得推崇。

卷十一　齊策四

本篇導讀——

門客馮諼為孟嘗君燒券市義，從而名揚天下，諸侯亦以其賢能而紛紛招徠。可以說，孟嘗君獲取民心的手段非常成功，可是他卻暗地裏以小竹簡記下五百個他所怨恨的人名。然而，孟嘗君又虛心納諫，勇於認錯，削掉竹簡上的名字，又聽從魯仲連之規勸，厚待他所不喜歡的門客。因此，公孫弘為孟嘗君出使秦國，義正辭嚴，宏揚名聲。相對而言，管燕之刻薄寡恩，到了危急關頭，便孤立無援。

此外，此卷又記述了顏斶與王斗之言，反映出其民本思想。趙威后在接見齊使時雖先民而後君，但她卻建議殺掉隱士於陵仲子，可見她並非真正的以民為本，歷代對她的稱頌，甚為不妥。至於秦國之約齊國稱霸，乃將齊王放在火堆上烤。齊閔王為蘇秦所惑，因而棄秦攻宋，以致齊國滅亡之禍，亦為期不遠了。

齊人有馮諼者

齊人有馮諼者，貧乏不能自存，使人屬孟嘗君，願寄食門下。孟嘗君曰：「客何好？」曰：「客無好也。」曰：「客何能？」曰：「客無能也。」孟嘗君笑而受之曰：「諾。」左右以君賤之也，食以草具。

譯文

齊國有個叫馮諼的人，窮得沒法生存，於是請求人向孟嘗君請求，希望在他的門下當一名食客。孟嘗君問：「先生有什麼愛好？」馮諼回答說：「沒什麼愛好。」孟嘗君又問：「先生有什麼才能？」馮諼回答說：「沒有什麼才能。」孟嘗君笑着答應道：「好吧！」孟嘗君身邊的人因為主人看不起馮諼，就隨便拿些粗劣的飯食給他吃。

居有頃，倚柱彈其劍。歌曰：「長鋏歸來乎[1]！食無魚。」左右以告。孟嘗君曰：「食之，比門下之客。」居有頃，復彈其鋏，歌曰：「長鋏歸來乎！出無車。」左右皆笑之，以告。孟嘗君曰：「為之駕，比門下之車客。」於是乘其車，揭其劍，過其友曰：「孟嘗君客我。」後有頃，復彈其劍鋏，歌曰：「長鋏歸來乎！

無以為家。」左右皆惡之，以為貪而不知足。孟嘗君問：「馮公有親乎？」對曰：「有老母。」孟嘗君使人給其食用，無使乏。於是馮諼不復歌。

注釋

1 鋏（粵：夾；普：jiá）：劍柄，這裏指劍。

譯文

住下不久，馮諼靠在廊柱上，彈着他的佩劍歌唱道：「長劍啊，我們回去吧！吃飯沒有魚啊。」隨從們把這事報告給孟嘗君知道。孟嘗君說：「給他魚吃，把他當中等門客對待。」沒過多久，馮諼又彈着劍歌唱道：「長劍啊，我們回去吧！出門沒有車坐。」周圍的人都笑他，又告訴孟嘗君。孟嘗君說：「給他備車，讓他享受乘車門客的待遇。」於是馮諼坐着車，舉着劍，去拜訪他的朋友說：「孟嘗君把我當門客看待。」此後不久，馮諼又彈着劍歌唱道：「長劍啊，我們回去吧！沒辦法養家啊。」孟嘗君周圍的人都討厭他，認為他貪心不知足。孟嘗君問：「馮先生有親屬嗎？」馮諼回答說：「有個老母親。」孟嘗君就派人把食用送給馮諼的母親，不讓她感到有所缺乏。於是馮諼就不再唱歌了。

後孟嘗君出記[1]，問門下諸客：「誰習計會，能為文收責於薛者乎[2]？」馮諼署曰：「能。」孟嘗君怪之，曰：「此誰也？」左右曰：「乃歌夫『長鋏歸來』

者也。」孟嘗君笑曰：「客果有能也，吾負之，未嘗見也。」請而見之，謝曰：「文倦於事，憒於憂，而性懧愚[3]，沉於國家之事，開罪於先生。先生不羞，乃有意欲為收責於薛乎？」馮諼曰：「願之。」於是約車治裝，載券契而行，辭曰：「責畢收，以何市而反[4]？」孟嘗君曰：「視吾家所寡有者。」

注釋 1記：賬冊。2責：同「債」。3懧（粵：懦；普：nuò）：懦弱。4反：同「返」。

譯文 後來孟嘗君出了文告，向門客們徵詢道：「有誰熟悉會計業務，能替我到薛邑去收債呢？」馮諼簽上自己的名字，說：「我能辦到。」孟嘗君感到奇怪，問道：「這人是誰呀？」侍從們告訴他：「就是那個歌唱『長劍回去吧』的人啊！」孟嘗君笑着說：「這位門客真是有本領啊，我對不起他，還從來沒有接見過他呢。」就把馮諼請來見面，並向他道歉說：「我被雜務纏身疲勞，心煩意亂，又生性懦弱，困於國事，以致開罪了先生。先生不見怪，還願意為我到薛邑收債嗎？」馮諼說：「我願意。」於是備車整裝，帶上契約，準備上路。辭行時問道：「收完債，買什麼東西回來呢？」孟嘗君說：「就看我家缺少什麼吧。」

驅而之薛，使吏召諸民當償者悉來合券。券遍合，起矯命，以責賜諸民，因燒

其券，民稱萬歲。

譯文　馮諼驅車來到薛邑，叫差役召集該還債的百姓前來核對契約。核對完畢後，馮諼起身假傳孟嘗君的命令，宣佈免掉百姓所欠的債務，並當眾燒毀契約，百姓們歡呼萬歲。

長驅到齊，晨而求見。孟嘗君怪其疾也，衣冠而見之，曰：「責畢收乎？來何疾也！」曰：「收畢矣。」「以何市而反？」馮諼曰：「君云『視吾家所寡有者』。臣竊計，君宮中積珍寶，狗馬實外廄，美人充下陳[1]。君家所寡有者，以義耳！竊以為君市義。」孟嘗君曰：「市義奈何？」曰：「今君有區區之薛，不拊愛子其民[2]，因而賈利之[3]。臣竊矯君命，以責賜諸民，因燒其券，民稱萬歲。乃臣所以為君市義也。」孟嘗君不說[4]，曰：「諾。先生休矣！」

注釋　1下陳：堂下的庭院。2拊（粵：府；普：fǔ）：撫愛。3賈利：用商人的手段獲利。4說：同「悅」。

譯文　馮諼驅車趕回齊都臨淄，一大早就去拜見孟嘗君。孟嘗君對他迅速返回感到奇怪，穿戴好衣冠出來接見他，問道：「債收完了嗎？回來得很快啊！」馮諼答道：「收完了。」孟嘗君又問：「買了什麼回來？」馮諼說：「你說『看我家所缺少什麼就買什麼』。我想，你的宮中堆放着珍寶，廄中充滿狗馬，堂下庭院盡是美女。而你家所缺少的就是義啊！我私下為你把義買回來了。」孟嘗君問：「買義是什麼一回事呢？」馮諼說：「現在你只有一個小小的薛邑，不撫愛那裏的百姓，反而像商人一樣在他們身上取利。我已擅自假傳你的命令，把債款賜給了百姓，並燒掉了契約，百姓們高呼萬歲。這就是我給你買回的『義』啊。」孟嘗君聽了很不高興，說：「行，先生下去休息吧！」

後期年，齊王謂孟嘗君曰[1]：「寡人不敢以先王之臣為臣。」孟嘗君就國於薛，未至百里，民扶老攜幼，迎君道中。孟嘗君顧謂馮諼曰：「先生所為文市義者，乃今日見之。」

注釋　1齊王：指齊閔王。

譯文　過了一年，齊閔王對孟嘗君說：「寡人不敢把先王的大臣當作自己的臣下。」孟嘗君只好回到自己的封地薛邑，在距薛邑還有百多里路的地方，百姓扶老攜幼，早已在路上迎接他了。孟嘗君回過頭對馮諼説：「先生為我買的『義』，我今天算是看到了。」

賞析與點評

廣施仁義，與人為善，道路便會越走越寬闊。

魯仲連謂孟嘗

魯仲連謂孟嘗：「君好士也！雍門養椒亦[1]，陽得子養[2]，飲食、衣裘與之同之，皆得其死。今君之家富於二公，而士未有為君盡遊者也。」君曰：「文不得是二人故也。使文得二人者，豈獨不得盡？」對曰：「君之廄馬百乘，無不被繡衣而食菽粟者，豈有騏驎騄耳哉[3]？後宮十妃，皆衣縞紵[4]，食粱肉[5]，豈有毛廧、西施哉[6]？色與馬取於今之世，士何必待古哉？故曰君之好士未也。」

注釋

1雍門：齊都臨淄城門名，此以地為氏。椒亦：雍門子的門客。2陽得子：事跡不詳。「養」下缺所養人的姓名。3騏（粵：其；普：qí）麟騄（粵：綠；普：lù）耳：騏麟和騄耳都是良馬之名。4縞（粵：稿；普：gǎo）：素色繒。紵（粵：柱；普：zhù）：細麻布。5粱：品質優良的小米，色微黃。6毛廧（粵：牆；普：qiáng）：即毛嬙，古美女名。西施：春秋時越王勾踐（前五二〇——前四六五）獻給吳王夫差（？——前四七三）的美女。

譯文

魯仲連對孟嘗君說：「你做到喜歡士人了嗎？雍門子供養椒亦，陽得子供養某某，他們吃飯、穿衣都和士人相同，而士人都為雍門子和陽得子效死力。如今你的家比雍門子和陽得子都富裕，可是你身邊的士人，沒有一個為你盡心竭力的。」孟嘗君說：「因為我沒有得到像椒亦他們兩位那樣的士人啊，如果我能得到像他們兩位那樣的人，怎麼會不為我盡心竭力呢！」魯仲連說：「你馬廄裏的馬有上百匹，牠們披的都是錦繡彩衣，吃的都是豆子、小米，難道牠們都是騏麟、騄耳那樣的駿馬嗎？你後宮裏的妃子，穿的都是素絲、細麻的衣服，吃美食佳餚，難道有像毛嬙、西施那樣的美女嗎？女人和馬匹取用的是現世的，而士人為什麼一定要用古代的呢！所以說你沒有真正做到禮賢下士。」

賞析與點評

貴古賤今，自古已然。

孟嘗君逐於齊而復反

孟嘗君逐於齊而復反。譚拾子迎之於境[1]，謂孟嘗君曰：「君得無有所怨齊士大夫？」孟嘗君曰：「有。」「君滿意殺之乎？」孟嘗君曰：「然。」譚拾子曰：「事有必至，理有固然，君知之乎？」孟嘗君曰：「不知。」譚拾子曰：「事之必至者，死也；理之固然者，富貴則就之，貧賤則去之。此事之必至，理之固然者。請以市諭。市，朝則滿，夕則虛，非朝愛市而夕憎之也，求存故往，亡故去[2]。願君勿怨。」孟嘗君乃取所怨五百牒削去之[3]，不敢以為言。

注釋

1 譚拾子：齊人。2 亡故去：言所需要的物品，集市中已無。亡，通「無」。3 牒：簡札，古代記事用的小竹片或木片。

譯文

孟嘗君被逐出齊國，後來又返回，齊人譚拾子在邊界上迎接他，並問孟嘗君說：「在齊國的士大夫中，有沒有你心裏怨恨的人呢？」孟嘗君說：「有。」「你把他們殺了就滿意了吧？」孟嘗君：「是的。」譚拾子說：「事物總有其發展的必然結果，道理也有其發展的必然規律，你知道嗎？」孟嘗君說：「不知道。」譚拾子說：「人總有一死，這是必然的。人若有錢有勢，別人就會來親近他；若貧窮低賤，別人就會離他而去，這是不變的道理。讓我拿集市來打個比喻。早市裏的人如潮湧，到晚上就空無一人，這並不是人們喜愛早市，討厭晚市，只是因為早市裏有人們所需要的東西，所以大家都來了；到了晚上，要買的東西都沒有了，故此就離開。希望你不要有怨恨的心。」於是孟嘗君就削掉記在小竹簡上他所怨恨的五百個人的名字，不再提起這件事了。

賞析與點評

人情冷暖，古今皆然，遇上仁義之人，便應珍惜感恩。

卷十二　齊策五

本篇導讀——

在本篇中，蘇秦先對齊閔王提出權變與憑借，建議齊閔王審時度勢以制敵。他認為利器之所以能殺人，亦是有所憑借，藉此指出合縱的重要性。蘇秦以衞國為例，指出衞國本將亡國，但獲魏國營救而得以復國，且取得了趙國河東之地；再而戰事蔓延，又將楚國牽扯了進來。蘇秦以此道出為了確保本國的利益，結盟是有為與有所不為的。他再指出往昔齊國在結盟上的不當之處，賣了力而沒有多獲土地，反招怨恨，原因在於齊國喜於結盟及挫敗強敵。不過，蘇秦所說的大國與小國的不同策略，在當時的複雜態勢下，只是一套虛無的理論。他列數了吳王夫差逞強稱霸，蔡國、莒國使用計策，陳、蔡用詐，最終都一一敗亡。然而，他卻又說「寄怨」，即將怨恨轉嫁予別國，又提出「微用兵而寄於義」，即隱藏用兵而假借正義，這與前面所說的不使詐存在矛盾；至於「不約親，不相質而固」，更是違背了現實。他又以齊、燕在權地作戰為例，胡人伺機偷襲燕、樓煩，以證明只要利害相趨，則無須結盟。

戰爭是禍害，人盡皆知，但在戰國時期，怎能避免戰爭？故蘇秦所說的「戰攻非所先」，基本是在麻醉齊閔王，以圖癱瘓其戰備。至於他列舉智伯滅掉范氏與中行氏，而最後卻招致失敗，原因在於「兵先戰攻」，更是顛倒黑白。智伯之敗乃在於驕傲輕敵，假如他清醒並能團結驅使韓、魏二家，則趙氏必亡。至於他羅列的一大堆戰爭所帶來的災難性後果，則在於恐嚇齊閔王。關鍵的是，齊國即使不侵略他國，亦必為他國所侵略，戰爭是時刻如箭在弦，而他的遊說幾乎就是企圖令齊閔王折其箭而斷其弦。故此，蘇秦之說齊閔王，乃有意地扭曲歷史事實，違背歷史潮流，漠視殘酷的政治現實，有預謀地引導齊閔王走上萬劫不復的亡國之途。

蘇秦說齊閔王

蘇秦說齊閔王曰：「臣聞用兵而喜先天下者憂，約結而喜主怨者孤。夫後起者藉也，而遠怨者時也。是以聖人從事，必藉於權而務興於時。夫權藉者，萬物之率也[1]；而時勢者，百事之長也。故無權籍，倍時勢[2]，而能事成者寡矣。

注釋 1率：率領。2倍：通「背」，違背。

譯文 蘇秦游説齊閔王道：「臣聽聞用兵而喜歡首先發難的，必有憂患；約結盟國帶頭攻打別國，導致眾怒所歸者，必定孤立無援。有所憑藉，則可後發制人；掌握時機，就可以遠離怨恨。所以聖人處理事情，必定借助於權變，不失時機地行動。權變與憑藉是統率萬物的關鍵；而掌握時勢是處理各種事情的首要條件。故此不藉權變，違背時勢行動，而能成事的是很少見的。

「今雖干將、莫邪，非得人力，則不能割劌矣[1]。堅箭利金，不得弦機之利，則不能遠殺矣。矢非不銛[2]，而劍非不利也，何則？權藉不在焉。何以知其然也？

注釋 1劌（粵：貴；普：guì）：割，刺傷。2銛（粵：纖；普：xiān）：鋒利。

譯文 「儘管有干將、莫邪這樣的寶劍，若沒有人善加利用，就不能刺傷任何東西；即使有堅硬的箭桿、鋭利的箭頭，如果不借助弓弦與弩機來發射，就不能殺傷遠處的敵人。箭並不鈍，劍亦非不鋒利，為什麼呢？在於無所憑藉。為什麼知道是這樣的緣故呢？

「昔者趙氏襲衛，車舍人不休傅，衛國城剛平[1]，衛八門土而二門墮矣[2]，此亡國之形也。衛君跣行告溯於魏[3]。魏王身被甲底劍[4]，挑趙索戰。邯鄲之中騖[5]，河、山之間亂[6]。衛得是藉也，亦收餘甲而北面，殘剛平，墮中牟之郭[7]。衛非強於趙也，譬之衛矢而魏弦機也，藉力魏而有河東之地[8]。趙氏懼，楚人救趙而伐魏，戰於州西[9]，出梁門，軍舍林中[10]，馬飲於大河。趙得是藉也，亦襲魏之河北，燒棘蒲[11]，墜黃城[12]。故剛平之殘也，中牟之墮也，黃城之墜也，棘蒲之燒也，此皆非趙、魏之欲也。然二國勸行之者，何也？衛明於時權之藉也。

注釋

1剛平：衛邑，在今河南清豐西南。2土：通「杜」，堵塞。3跣（粵：洗；普：xiǎn）：赤足。4魏王身被甲底劍：指魏武侯親自領兵出征。魏王，指魏武侯。被，披。底，通「砥」，磨礪。5騖（粵：務；普：wù）：疾馳。6河、山：指黃河與太行山。7中牟：趙都。8河東：黃河以東，即今天的河南浚縣、滑縣以東。9州西：州城（今河南沁陽東）之西。10林中：林鄉（今河南新鄭東）之中。11棘蒲：魏邑，在今河北趙縣。12墜：毀壞。黃城：魏邑，在今河南內黃西北。

譯文

「從前趙國襲擊衛國，車不停頓，人不休息，逼近了衛都，修築剛平城，衛都有八座城門被堵塞，另兩座城門被毀，一派亡國的景象。衛君光着腳跑去魏求救，魏王於是身披鎧甲，磨礪寶劍，親自領兵向趙國挑戰。邯鄲城中慌張失態，黃河、太行山之間也亂成一團。衛國有魏國作為憑藉，便收集殘兵，引軍北上，攻克剛平，摧毀中牟的外城。衛國並不及趙國強大，衛國就像是一支利箭，而魏國恰若是強弓勁弩，衛國只是借助了魏國的力量才取得趙國河東之地。趙國惶恐，楚國救趙攻魏，戰於州西，然後兵出大梁的城門，駐軍林中，飲馬黃河。趙國有了楚國作憑藉，便進擊黃河以北，燒棘蒲，毀黃城。故此，剛平破，中牟毀，黃城被削，棘蒲被燒，一切均非趙、魏的初衷，然而兩國卻竭力去做，為什麼呢？這是因為衛國能看準時勢與掌握權變的緣故。

「今世之為國者不然矣。兵弱而好敵強，國罷而好眾怨，事敗而好鞠之，兵弱而憎下人也，地狹而好敵大，事敗而好長詐。行此六者而求伯，則遠矣。

譯文

「那些治理國家的君王卻非如此。自己兵弱，偏要與強國為敵，國家疲憊，又招惹眾怨，事敗仍強行到底，兵弱卻又不甘為人下，國小卻要與大國為敵，事敗又好行詐。如果推行這六種政策而想成為霸主，恐怕是異想天開。

「臣聞善為國者，順民之意，而料兵之能，然後從於天下。故約不為人主怨，伐不為人挫強。如此，則兵不費，權不輕，地可廣，欲可成也。

譯文

「臣聽聞善於治理國家的君主，是順應民心，善於用兵，然後才能縱橫天下。故此結盟不會成為眾怨，出兵不為他國去抗衡強國，如此則兵力不損，地位不降，土地又得到擴展，成功在望。

「昔者，齊之與韓、魏伐秦、楚也，戰非甚疾也，分地又非多韓、魏也，然而天下獨歸咎於齊者，何也？以其為韓、魏主怨也。且天下遍用兵矣，齊、燕戰，而趙氏兼中山，秦、楚戰韓、魏不休，而宋、越專用其兵。此十國者，皆以相敵為意，而獨舉心於齊者，何也？約而好主怨，伐而好挫強也。

譯文

「從前，齊國與韓、魏一起攻伐秦、楚，作戰並非不賣力，齊國分到的土地又不多於韓、魏，然而諸侯卻都歸咎於齊國，為什麼？是因為齊國將諸侯對韓、魏兩國的怨恨都集中到自己身上。而且諸侯都在用兵，齊、燕交戰，趙國乘機滅掉中山國；秦、楚作戰，韓、魏跟着參戰，宋、趙兩國也在用兵。這十國都處於敵對狀態，然而諸侯卻歸怨於齊國，為什麼？因為齊國喜歡結盟而招怨，出兵時又喜歡挫敗強敵。

「且夫強大之禍，常以王人為意也；夫弱小之殃，常以謀人為利也。是以大國危，小國滅也。大國之計，莫若後起而重伐不義。夫後起之籍與多而兵勁，則事以眾強適罷寡也，兵必立也。事不塞天下之心，則利必附矣。大國行此，則名號不攘而至，伯王不為而立矣。

譯文

「再說，強國遭受兵禍，因為它常想居於他人之上；弱國受到侵害，因為它常想佔取別國的利益。故此大國受到威脅，小國則被滅。大國的策略，最好是後發制人，堅決討伐不講道義的國家。後發制人，有所憑藉，盟國多而兵強，這就是集合眾多強國來對付弱國，出兵必勝。做事不違背天下的心意，利益自會隨之而至。大國如實行此政策，名號不必強求而它自然而到來，霸王之業不必刻意爭取而自然建立了。

「小國之情，莫如僅靜而寡信諸侯。僅靜，則四鄰不反；寡信諸侯，則天下不賣。外不賣，內不反，則檳禍朽腐而不用，幣帛矯蠹而不服矣。小國道此，則不祠而福矣，不貸而見足矣。故曰：祖仁者王，立義者伯，用兵窮者亡。何以知其然也？

譯文

「小國的策略，最好是謹慎小心，不要輕信諸侯。謹慎則鄰國不背叛，不輕信就不會被別國欺騙。外不受騙，內無背叛，則糧食腐爛都吃不完，絲綢為蟲所蛀都用不盡了。小國如果行此策略，不用祭祀也會得福，不必借貸也能使國庫充足。故此說：施行仁政可以為王，施行德政可以稱霸，窮兵黷武必自取滅亡。為什麼是這樣呢？

「昔吳王夫差以強大為天下先，襲郢而棲越[1]，身從諸侯之君[2]，而卒身死國亡，為天下戮者，何也？此夫差平居而謀王，強大而喜先天下之禍也。昔者萊、莒好謀，陳、蔡好詐，莒恃越而滅，蔡恃晉而亡，此皆內長詐，外信諸侯之殃也。由此觀之，則強弱大小之禍，可見於前事矣。

注釋

1 襲郢：指公元前五〇六年，吳伐楚入郢，時為吳王闔閭，這裏誤以為是夫差。棲越：指夫差在公元前四九四年打敗越國，使越王勾踐棲於會稽。2 身從諸侯之君：指公元前四八二年，夫差北上會晉定公及諸侯於黃池之事。

譯文

「從前，吳王夫差因為強大，首先發難，攻打楚國，拘禁越王，召集諸侯會盟，然而最後卻身死國亡，為諸侯所恥笑，為何如此？因為夫差平時總是好居人上，圖謀稱霸天下，恃着強大而喜歡首先挑起戰端，從而招惹了禍患。從前萊國、莒國好用計謀，陳國、蔡國愛用詐騙，莒國因倚仗越國而被齊國所滅，蔡國因倚仗晉國而被楚國所滅，這都是對內使詐、對外輕信諸侯而招致的禍患。由此可見，國家的強弱大小招惹的禍患，可謂乃前車之鑑。

「語曰：『麒驥之衰也，駑馬先之；孟賁之倦也[1]，女子勝之。』夫駑馬、女子，筋骨力勁，非賢於騏驥、孟賁也。何則？後起之藉也。今天下之相與也不並滅，有而案兵而後起，寄怨而誅不直，微用兵而寄於義，則亡天下可蹻足而須也[2]。明於諸侯之故，察於地形之理者，不約親，不相質而固，不趨而疾，眾事而不反，交割而不相憎，俱彊而加以親。何則？形同憂而兵趨利也。何以知其然也？

注釋 1孟賁：秦武王時的大力士。2跼（粵：局；普：jú）足：舉足。

譯文 「常言道：『千里馬衰弱了，劣馬也可以跑到牠的前面；大力士孟賁疲憊了，女子也可以勝過他。』劣馬、女子的力量並不比千里馬、孟賁強，為什麼能勝過良駒與孟賁呢？這就是憑藉了後發制人的條件。現在諸侯相持不下，誰也不能滅掉對方，如能按兵不動而後發制人，將怨恨轉嫁於別人，討伐不義的國家；隱藏用兵的意圖，假借正義作為號召，征服天下就指日可待了。熟悉諸侯的國情，了解他們的地勢，不用結盟，無須互換人質，就能加強兩國的關係，不用督促也會主動盡力，相與共事而不反覆無常，一起受害而不互相憎恨，彼此國勢強盛，卻能和睦相處，為何能如此？因為彼此有共同的憂患形勢而用兵的利害也一致。怎麼知道是這樣的呢？

「昔者齊、燕戰於桓之曲[1]，燕不勝，十萬之眾盡。胡人襲燕樓煩數縣[2]，取其牛馬。夫胡之與齊非素親也，而用兵又非約質而謀燕也，然而甚於相趨者，何也？何則形同憂而兵趨利也。由此觀之，約於同形則利長，後起則諸侯可趨役也。

注釋 1齊、燕戰於桓之曲：桓即是權，在今河北正安之北。此處指的是公元前二九六年，齊、燕兩國在權的戰爭。2燕樓煩數縣：樓煩族居住地在今山西寧武附近，戰國時附屬燕國。

譯文

「從前齊與燕在權地交戰，燕國戰敗，十萬大軍被殲滅，胡人趁機襲擊燕國的樓煩族居住的幾個縣，掠奪他們的牛馬。胡人與齊國素來並不相親，事先又沒有訂立攻燕的盟約，然而進攻時卻如此協調一致，這是為什麼呢？因為形勢上憂患相同、用兵利害一致的緣故。由此可見，形勢相同的國家締造盟約，利益就長遠；後發制人，諸侯就會歸附而任由支配。

「故明主察相，誠欲以伯王也為志，則戰攻非所先。戰者，國之殘也，而都縣之費也。殘費已先，而能從諸侯者寡矣。彼戰者之為殘也，士聞戰則輸私財而富軍市，輸飲食而待死士，令折轅而炊之，殺牛而觴士，則是路君之道也[1]。中人禱祝，君翳釀[2]，通都小縣置社，有市之邑莫不止事而奉王，則此虛中之計也。

注釋

1路：通「露」，指衰敗。2翳：掩埋。釀：通「禳」，祭祀。

譯文

「故此，賢明的君主，有遠見卓識的丞相，真的有想完成霸、王之業的志向，那就不應將戰爭放在第一位。戰爭是國家的禍害，讓都縣消耗大量的財力，自身已被消耗，還能令諸侯服從的實為罕見。戰爭的禍害非常明顯，人們聽説要開戰，就把私財捐獻給軍隊，以充實軍中的集市，又運送飲食予戰士，拆下車轅當柴燒，殺牛設宴以款待戰士，這一切都是削弱軍隊的行為。國中的人為出征的人祈禱，國君派人掩埋屍骨，並舉行祭奠，大都小縣都祭社祈福，凡有集市的地方，都停止營業，為國家的對外戰爭而忙活，這都是虛耗國家財富的行為啊。

「夫戰之明日，尸死扶傷，雖若有功也，軍出費，中哭泣，則傷主心矣。死者破家而葬，夷傷者空財而共藥，完者內酺而華樂[1]，故其費與死傷者鈞。故民之所費也，十年之田而不償也。軍之所出，矛戟折，鐶弦絕[2]，傷弩、破車、罷馬[3]，亡矢之大半。甲兵之具，官之所私出也，士大夫之所匿，廝養士之所竊[4]，十年之田而不償也。天下有此再費者，而能從諸侯寡矣。

注釋

1完者：生還者。酺：官府特許的飲酒聚會。華：通「嘩」，喧嘩。2鐶（粵：環；普：huán）：刀環。3罷：同「疲」，疲憊。4廝養士：軍人雜役。

譯文

「在開戰第二天，屍體需要收殮，傷者需要攙扶。雖似有功，卻消耗軍費。死者家屬的痛哭，亦必令國君傷心。死者家屬傾家蕩產以舉行葬禮，傷者家屬亦耗盡家財以延醫救治，平安返家的則飲酒作樂以慶賀，費用與死傷者家屬相等。因此人民在戰爭中的耗費，十年的土地收入也抵償不了。軍隊出發後，矛、戟折壞，刀環與弓弦斷絕，弓弩損失、戰車破損、戰馬疲憊，箭損失大半。武器與軍械是朝廷與私家所出，有的被士大夫所藏，有的被軍中雜役所盜竊，即使十年的土地收成也抵償不了。國家有如此耗費，而能使諸侯服從是絕無僅有的。

「攻城之費，百姓理襜蔽[1]，舉衝櫓[2]，家雜總，身窟穴，中罷於刀金。而士困於土功，將不釋甲，期數而能拔城者為亟耳[3]。上倦於教，士斷於兵，故三下城而能勝敵者寡矣。故曰：彼戰攻者，非所先也。何以知其然也？

注釋　1 襜（粵：簽；普：chān）蔽：車帷。2 衝櫓：戰車。3 期數：滿一年。

譯文　「攻城的費用很高，百姓修補車帷，營造戰車，全家編入軍隊，開挖地道，百姓為打造兵器而疲憊，士兵為開挖地道而困頓，將領不脫下鎧甲，一年之內能攻下敵城算是很快的了。長官因久戰而無法進行教化，士卒為兵器所傷，因此三次攻城而能戰勝敵人的絕無僅有。所以說，不應將戰爭放在第一位。怎麼知道會是這樣的呢？

「昔智伯瑤攻范、中行氏[1]，殺其君，滅其國，又西圍晉陽[2]，吞兼二國，而憂一主，此用兵之盛也。然而智伯卒身死國亡，為天下笑者，何謂也？兵先戰攻，而滅二子患也。

注釋　1智伯瑤攻范、中行氏：公元前四五八年，智伯瑤率韓、趙、魏滅范氏、中行氏而分其地。2圍晉陽：公元前四五五年，智伯瑤率韓、魏圍趙襄子於晉陽。

譯文　「從前智伯瑤進攻范氏、中行氏，殺死他們的君主，滅掉其國家，又向西包圍晉陽，吞併了兩家，又使另一國君處於困境，這可以說是兵鋒淩厲了。然而智伯瑤終於身死國亡而為天下人所恥笑，這是什麼原因呢？這是他將戰爭放在第一位，滅掉范氏、中行氏所招致的禍患。

「日者，中山悉起而迎燕、趙，南戰於長子[1]，敗趙氏；北戰於中山[2]，克燕軍，殺其將。夫中山千乘之國也，而敵萬乘之國二，再戰北勝，此用兵之上節也。然而國遂亡，君臣於齊者，何也？不嗇於戰攻之患也。由此觀之，則戰攻之敗，可見於前事。

注釋　1長子：趙邑，在今山西長子之西。2北戰於中山：公元前三一五年，燕王噲將王位禪讓予子之，因而國家大亂，中山國乘機入侵。

譯文　「從前，中山國動員全國的兵力迎擊燕、趙的軍隊，在南邊的長子作戰，打敗了趙國；又在中山國以北作戰，打敗了燕軍，殺死了燕將。中山國不過是一個千乘之國，卻對抗了兩個萬乘大國，兩次的作戰均獲勝，可謂擅於用兵了。然而中山國最終被滅，國君只得向齊國俯首稱臣，這是什麼原因呢？因為沒有考慮作戰攻城的後患。由此看來，發動戰爭而導致敗亡，均有前車可鑑。

「今世之所謂善用兵者，終戰比勝，而守不可拔，天下稱為善，一國得而保之，則非國之利也。臣聞戰大勝者，其士多死而兵益弱；守而不可拔者，其百姓罷而城郭露。夫士死於外，民殘於內，而城郭露於境[1]，則非王之樂也。

注釋　1露：破敗。

譯文　「現在那些所謂善於用兵的人，所向披靡，若守城則固若金湯，天下都稱讚。一個國家依靠善於用兵者而得以保存，這並非國家的利益所在。臣聽聞戰爭中取得大勝的，士卒大多死去，而且兵力更加削弱；守城而固若金湯的，它的百姓疲憊不堪而城郭破敗。士卒戰死於國外，百姓受苦於國內，城郭被毀於境內，這都並非君主樂於見到的。

「今夫鵠的非咎罪於人也[1]，便弓引弩而射之，中者則善，不中則愧，少長貴賤，則同心於貫之者，何也？惡其示人以難也。今窮戰比勝，而守必不拔，則是非徒示人以難也，又且害人者也，然則天下仇之必矣。夫罷士露國，而多與天下為仇，則明君不居也；素用強兵而弱之，則察相不事。彼明君察相者，則五兵不動而諸侯從[2]，辭讓而重賂至矣。

注釋

1鵠的：箭靶的紅心。2五兵：泛指各種兵器。

譯文

「那箭靶並沒有得罪人，然而世人皆引弓射它，射中就興高采烈，不中則羞愧難當，不論老少貴賤都希望中的，為什麼呢？是討厭它令人難以射中。如今那些所向披靡的與擅於據城固守的，均令人覺得難以辦到，而且也害人不淺，諸侯必視之如仇敵。即使士卒疲憊、損害國家，而與諸侯為敵，賢明的國君是不會這樣做的。經常發動戰爭，使兵力疲弱，這是有遠見卓識的丞相所不為的。那些賢明的國君與精明的丞相，他們不用動武而諸侯咸服，態度謙讓而財富則源源不絕而至。

「故明君之攻戰也，甲兵不出於軍而敵國勝，衝櫓不施而邊城降[1]，士民不知而王業至矣。彼明君之從事也，用財少，曠日遠而為利長者。故曰：兵後起則諸侯可趨役也。

注釋　1 衝櫓：衝車與高巢車，泛指戰車。

譯文　「故此英明國君的作戰，不必出動甲兵而能戰勝敵國，不必運用攻城的戰車而敵城歸降，百姓還沒覺察而王業已成。英明的國君辦事，耗費少，縱使耗時較長，卻可以獲得長遠的利益。故此說：後發制人則諸侯皆受支配。

「臣之所聞，攻戰之道非師者[1]，雖有百萬之軍，北之堂上；雖有闔閭、吳起之將[2]，禽之戶內；千丈之城，拔之尊俎之間[3]；百尺之衝，折之衽席之上。故鐘鼓竽瑟之音不絕，地可廣而欲可成；和樂倡優侏儒之笑不乏[4]，諸侯可同日而致也。故名配天地不為尊，利制海內不為厚。故夫善為王業者，在勞天下而自佚，亂天下而自安，諸侯無成謀，則其國無宿憂也。何以知其然？佚治在我，勞亂在天下，則王之道也。銳兵來則拒之，患至則趨之，使諸侯無成謀，則其國無宿憂矣。何以知其然矣？

注釋　1非師：不用兵。2闔閭（粵：盒盧；普：hé lǘ）、吳起（前四四〇—前三八一）：春秋時，吳王闔閭善於用兵，故此處把他和名將吳起並舉。3尊俎（粵：樽左；普：zūn zǔ）：尊以盛酒，俎以放肉。尊俎借指宴會。4倡優侏儒：歌舞雜技藝人。

譯文　「臣聽説攻戰之道不在於用兵，就算對方擁兵百萬，也可敗之於廟堂之上；就算對手有闔閭、吳起那樣的將才，亦可以手到擒來；周圍千丈的大城，於宴席之上，不用一兵一卒就可拿下；百尺之高的攻城器具，在坐席之上就可以被摧毀。所以鐘鼓竽瑟之音不絕於耳，也可以擴充土地，遂心所願；歌舞雜技藝人在堂前表演不斷，而諸侯來歸。因此名配天地也不算尊貴，富甲天下也不算富有。所以善於建立王業的人，讓諸侯勞頓而自身悠閒，讓諸侯混亂而自身安定。諸侯不能對自己有所圖謀，國家則安定無憂了。怎麼知道會是這樣呢？悠閒而安定的是我方，勞頓混亂的是諸侯，方才是王道。強敵來攻就抵抗，禍患來了就避開，讓諸侯不能對自己有所圖謀，國家則安定無憂了。怎麼知道會是這樣呢？

「昔者魏王擁土千里[1]，帶甲三十六萬，其強而拔邯鄲[2]，西圍定陽[3]，又從十二諸侯朝天子以西謀秦[4]。秦王恐之[5]，寢不安席，食不甘味，令於境內，盡堞中為戰具[6]，竟為守備[7]，為死士置將，以待魏氏。

注釋

1魏王：魏惠王。2其強：「其」上當有「恃」字。3定陽：今陝西洛川北。4從十二諸侯朝天子：指公元前三四四年，魏惠王在逢澤（今河南開封東南）召集諸侯會盟，會後，魏率諸侯朝周。十二諸侯，泗水流域的一些小國。5秦王：此時秦君為孝公，稱「秦王」是事後追稱。6堞（粵：碟；普：dié）中：城中。堞，城上齒狀的矮牆。7竟：通「境」。

譯文

「當年魏國擁有千里之地，數十萬強兵，仗恃其國力強大，攻下了趙國都城邯鄲，西圍定陽，又率領諸侯朝拜周天子，商量對付秦國。秦王為此恐懼，寢不安席，食不甘味，下令積極備戰，加強防守，組織死士，廣佈重兵，防範魏國的進攻。

「衛鞅謀於秦王曰：『夫魏氏其功大而令行於天下，有十二諸侯而朝天子，其與必眾，故以一秦而敵大魏，恐不如。王何不使臣見魏王，則臣請必北魏矣。』秦王許諾。

譯文

「衛鞅對秦王獻計說：『魏國因功勞大而令行天下，又率諸侯朝拜周天子，諸侯都擁護他，現在以秦國一國之力來對付強大的魏國，恐怕不行。大王何不讓臣去見魏王，臣有辦法打敗魏國。』秦王答應了衛鞅的請求。

「衛鞅見魏王曰：『大王之功大矣，令行於天下矣。今大王之所從十二諸侯，非宋、衛也，則鄒、魯、陳、蔡，此固大王之所以鞭箠使也[1]，不足以王天下。大王不若北取燕，東伐齊，則趙必從矣；西取秦，南伐楚，則韓必從矣。大王有伐齊、楚心，而從天下之志，則王業見矣。大王不如先行王服，然後圖齊、楚。』魏王說於衛鞅之言也，故身廣公宮，制丹衣，柱建旌九斿[2]，從七星之旟[3]，此天子之位也，而魏王處之。於是齊、楚怒，諸侯奔齊，齊人伐魏，殺其太子，覆其十萬之軍[4]。魏王大恐，跣行按兵於國而東次於齊，然後天下乃舍之。當是時，秦王垂拱受西河之外[5]，而不以德魏王。

注釋

1箠（粵：除；普：chuí）：馬鞭。2斿（粵：由；普：yóu）：旗上的飄帶。3七星之旟（粵：娛；普：yú）：畫有朱雀七星的旗。4覆其十萬之軍：指公元前三一四年，魏、齊馬陵之戰。魏敗，太子申被殺。5西河之外：今陝西大荔、宜川一帶。西距黃河，東依洛水。

譯文

「衛鞅見到魏王說：『大王的功勞大，可以號令天下了。現在大王所率領的十二個諸侯，不是宋、衛，就是鄒、魯、陳、蔡這些小國，他們本來就是受大王驅使的，不能讓大王成就王業。大王不如北攻燕國，東打齊國，那麼趙國就會歸附魏國。西攻秦國，南打楚國，那麼韓國就會歸附魏國。大王有討伐齊、楚之心，並有使天下歸順的大志，那麼稱王大業就可以實現了。大王不如先穿上王者服飾，然後再去攻打齊、楚。』魏王聽信了衛鞅的説辭，其宮室、衣服、車旗等都按照王者的規格來配置，天子能享受的，魏王都享受了。齊、楚兩國為此大為憤怒，諸侯都投向齊國。齊國出兵攻魏，殺魏太子，大敗魏軍。魏王大為恐慌，光着腳下令全國不要出兵，屈身朝齊，然後諸侯才放棄攻魏。此際，秦王不費吹灰之力就得到了魏國西河之外的大片土地，但並不感謝魏王。

「故衛鞅之始與秦王計也，謀約不下席，言於尊俎之間，謀成於堂上，而魏將以禽於齊矣[1]；衝櫓未施，而西河之外入於秦矣。此臣之所謂北之堂上，禽將戶內，拔城於尊俎之間，折衝席上者也。」

注釋

1 將：指龐涓。

譯文

「所以，這一開始就是衛鞅和秦王商量好的計策。在宴席間訂好計謀，在廟堂之上訂好計策，就讓魏將為齊國所擒。攻城的武器還沒使用，魏國西河之外的土地都歸了秦國。這就是臣所説的敗敵於廟堂之上，擒敵將於戶內，拔城於酒宴之間，摧毀城市於坐席之上的策略。」

卷十三　齊策六

本篇導讀——

齊閔王殺直言之臣民，民心背離，宗室寒心；殺良將司馬穰苴，更是自毀長城。其所作所為，喪心病狂，齊國之亡，為期不遠。正如楚將淖齒數説他的罪行，指出天、地、人皆在警告他，但他卻不知悔改，故不得不將其正法。王孫賈年方十五歲，而深明國恥，振臂一呼，殺掉淖齒，為齊閔王報了仇。齊人之血性，一直延續至田横及五百壯士，令人震憾。

田單為復齊國，千方百計，攻城陷陣，勞苦功高，可是他所迎立的齊襄王卻心胸狹窄，智慧還不及一個穿珠的下人。穿珠人簡單的幾句話，就化解了一場腥風血雨，甚至挽救了齊國，這都是田單不知的祕密，而齊襄王大概也不知道穿珠人的貢獻及他自己的愚昧。

田單薦賢，令貂勃得其位；當田單受辱之際，貂勃挺身而出為他辯護，甚至力數齊襄王之不是，並列舉田單之功勞。雍門司馬乃臣子中少見的忠義之士，齊王失職，無言以對其忠義；

即墨大夫其情可憫，但人心潰散，齊國已是籠中之鳥。

齊負郭之民有孤狐咺者

齊負郭之民有孤狐咺者[1]，正議閔王，斮之檀衢[2]，百姓不附。齊孫室子陳舉直言[3]，殺之東閭[4]，宗族離心。司馬穰苴為政者也[5]，殺之，大臣不親。以故燕舉兵，使昌國君將而擊之[6]。齊使向子將而應之[7]。齊軍破，向子以輿一乘亡。達子收餘卒[8]，復振，與燕戰，求所以償者，閔王不肯與，軍破走。

注釋

1孤狐咺（粵：犬；普：xuǎn）：狐咺，齊國平民。「孤」因「狐」字誤衍。2斮（粵：雀；普：zhuó）：砍斷、斬斷。檀衢（粵：渠；普：qú）：齊都城內的道路名。3孫室子：宗室。4東閭：齊都臨淄東門。5司馬穰苴（粵：追；普：jū）（生卒年代不詳）：齊宗室，又稱「田穰苴」。司馬，主持軍政的官員。6昌國君：燕國上將軍樂毅。7向子：齊將，《呂氏春秋》作「觸子」。8達子：齊將。

譯文

齊國國都有一個近郊居民叫狐咺，直言批評國家，齊閔王把他處死在檀衢，百姓不服；齊國的宗室陳舉直言批評朝政，齊閔王把他處死在東閭，令宗族離心；司馬穰苴執政，齊閔王又把他處死了，大臣於是都不親附他。因此，燕國乘機出兵，派昌國君樂毅統率，進攻齊國。齊國派向子帶兵應戰。齊軍大敗，向子就駕着一輛戰車逃走了。達子集合殘餘的士兵，軍威復振，又與燕軍交戰，他要求賞賜士兵，閔王不肯，齊軍大敗。

王奔莒[1]，淖齒數之曰[2]：「夫千乘、博昌之間[3]，方數百里，雨血沾衣，王知之乎？」王曰：「不知。」「嬴、博之間[4]，地坼至泉，王知之乎？」王曰：「不知。」「人有當闕者而哭者[5]，求之則不得，去之則聞其聲，王知之乎？」王曰：「不知。」淖齒曰：「天雨血沾衣者，天以告也；地坼至泉者，地以告也；人有當闕而哭者，人以告也。天地人皆以告矣，而王不知戒焉，何得無誅乎？」於是殺閔王於鼓里[6]。

注釋

1王奔莒（粵：舉；普：jǔ）：公元前二八四年，閔王逃往莒。莒，齊邑，在今山東莒縣。2淖（粵：鬧；普：nào）齒（？—前二八三）：楚將。楚派淖齒領兵救齊，於是做了閔王的丞相。3千乘：齊邑，在今山東清縣高苑鎮北邊。博昌：齊邑，在今山東博興南。4嬴、博：兩地皆齊邑。嬴在今山東萊蕪西北；博在今山東泰安東南。5闕：古代宮殿外左右相對的高建築物。6鼓里：莒城內的里巷名。

譯文

閔王逃到莒邑，丞相淖齒數說他的罪過說：「千乘和博昌之間方圓數百里內，天上下血雨沾濕衣裳，君王可知道嗎？」閔王說：「不知道。」淖齒又問：「嬴、博兩地之間地裂泉湧，君王可知道嗎？」閔王說：「不知道。」又問：「有人在宮門前哭泣，去尋找卻不見有人，走開又聽見哭聲，君主可知道嗎？」閔王說：「不知道。」淖齒說：「天下血雨沾濕衣裳，是上天告誡你；地裂泉湧是大地告誡你；有人在宮門前哭泣是人在告誡你。天、地、人都告誡你，可是君王還不知警誡，怎麼能不殺你呢？」於是淖齒在鼓里殺死了閔王。

太子乃解衣免服[1]，逃太史之家為溉園[2]。君王后，太史氏女，知其貴人，善事之。田單以即墨之城[3]，破亡餘卒，破燕兵，紿騎劫[4]，遂以復齊，遽迎太子於莒，立之以為王。襄王即位，君王后以為后，生齊王建。

注釋

1太子：名法章，即位後為齊襄王（前三八三——前二六五在位）。2太史：齊史官。太史氏，以官為氏。3田單（生卒年不詳）：戰國時齊國臨淄人。公元前二八四年，燕軍破齊，他率眾堅守即墨，以火牛陣大破燕軍，盡復失地，迎立太子法章，即位為齊襄王，田單被任為齊相，封安平君。即墨：齊邑，在今山東平度東南。4 紿（粵：代；普：dài）：古同「詒」，欺騙。騎劫（？—前二七九）：燕將，燕惠王派來代替樂毅的將軍。

譯文

太子改換了服裝，逃到一個姓太史的人家裏，為他們澆灌菜園。太史家的女兒認為他非一般人，便好好地款待他。齊將田單帶領即墨城的殘兵敗將，智取燕將騎劫，大破燕兵，恢復了失地，於是在莒地迎接太子，立他為王。襄王即位後封立太史家的女兒為王后，生下齊王建。

燕攻齊齊破

燕攻齊，齊破。閔王奔莒，淖齒殺閔王。田單守即墨之城，破燕兵，復齊墟。襄王為太子微[1]。齊以破燕[2]，田單之立疑，齊國之眾，皆以田單為自立也。襄王立，田單相之。

注釋　1微：隱藏。2以：通「已」。

譯文　燕國打敗了齊國，齊閔王逃到莒邑，齊相淖齒殺死了齊閔王。齊將田單守住即墨，打敗了燕軍，收復了齊國的失地。當時齊襄王仍是太子，躲藏了起來。後來齊國已打敗了燕國，田單對於立襄王為國君之事猶豫不決，齊國人都認為田單想自立為國君。後來襄王被立為國君，田單做了丞相。

過菑水[1]，有老人涉菑而寒，出不能行，坐於沙中。田單見其寒，欲使後車分衣，無可以分者，單解裘而衣之。襄王惡之，曰：「田單之施，將欲以取我國乎？不早圖，恐後之。」左右顧無人，巖下有貫珠者，襄王呼而問之曰：「女聞吾言乎？」對曰：「聞之。」王曰：「女以為何若？」對曰：「王不如因以為己善。王嘉單之善，下令曰：『寡人憂民之饑也，單收而食之；寡人憂民之寒也，單解裘而衣之；寡人憂勞百姓，而單亦憂之，稱寡人之意。』單有是善而王嘉之，善單之善，亦王之善已」王曰：「善！」乃賜單牛酒，嘉其行。

注釋　1菑（粵：資；普：zī）：通「淄」，水名。

譯文　有一次，過淄水時，田單看見一個老人渡水，禁不住寒冷，出水後不能行走，坐在沙灘上。田單看見老人身體寒冷，便想讓後車的人分給他一些衣服，可是大家分不出衣服來，田單就把自己的裘衣脫下來給他穿上。襄王很不高興，說：「田單在籠絡人心，是想要篡奪我國的大權嗎？如果不早點想辦法，恐怕他會先下手。」襄王看左右無人，只在殿堂下有一個穿珠的人，便把他叫住，問他：「你聽到寡人的話了嗎？」這人回答說：「聽到了。」襄王問：「你認為怎麼樣？」回答說：「大王不如把它作為自己的優點。」襄王問：「這是什麼意思？」回答說：「大王就稱讚田單的好處，下令說：『寡人擔心百姓飢餓，田單便收養他們，給他們飯吃；寡人擔心百姓受凍，田單就脫下自己的裘衣給他們穿；寡人擔心老百姓勞苦，田單便關心他們，這正合寡人的心意。』田單有這些優點，大王嘉獎他，這樣，嘉獎田單的優點，也就成為大王的優點了。」襄王說：「好。」於是賜給田單牛與車，嘉獎他的行為。

後數日，貫珠者復見王曰：「王至朝日，宜召田單而揖之於庭，口勞之。」乃布令求百姓之饑寒者，收穀之。乃使人聽於閭里，聞丈夫之相與語，舉曰：「田單之愛人，嗟，乃王之教澤也！」

譯文　過了幾天，穿珠的人又來拜見襄王說：「大王上朝時，應該召見田單，在大庭中以禮相特，親自慰勞他。」於是襄王發佈命令，收容飢寒的百姓，供養他們。又派人到群眾中去，聽取他們的議論，他們都說：「田單愛護老百姓，這是大王教導的結果啊！」

齊閔王之遇殺

齊閔王之遇殺[1]，其子法章變姓名，為莒太史家庸夫。太史敫女，奇法章之狀貌，以為非常人，憐而常竊衣食之，與私焉。莒中及齊亡臣相聚，求閔王子，欲立之。法章乃自言於莒。共立法章為襄王。

注釋　1齊閔王之遇殺：公元前二八四年，燕軍攻入齊都臨淄，閔王逃亡，被楚將淖齒以抽筋之酷刑殺死。

譯文　齊閔王被殺害後，他的兒子法章改名換姓，在莒地太史敫家做了傭人。太史敫的女兒覺得法章的相貌非同尋常，乃非一般的人，於是憐愛他，並常常暗地裏拿些衣服和食物給他，甚至與他私通。後來莒城中的人與從齊都逃亡出來的臣子一起聚會，尋找閔王的兒子，準備立他為王。法章向莒城的人表明身份。他們就共同擁立法章為齊襄王。

襄王立，以太史氏女為王后，生子建。太史敫曰：「女無媒而嫁者，非吾種也，汙吾世矣。」終身不覩。君王后賢，不以不覩之故，失人子之禮也。

譯文　襄王即位後，就立太史家的女兒為王后，生下一兒子名叫建。太史敫說：「我的女兒沒有媒人而自行出嫁，不是我的後代，她玷污了我一世的清名。」太史敫終身不肯見君王后。君王后很賢慧，不因父親不見她而失去做子女應有的禮節。

襄王卒，子建立為齊王。君王后事秦謹，與諸侯信，以故建立四十有餘年不受兵。

譯文　齊襄王死後，兒子建繼位為齊王。君王后事奉秦國小心謹慎，和諸侯交往講信用，因而齊王建在位四十多年而沒有遭受戰禍。

秦始皇嘗使使者遺君王后玉連環[1]，曰：「齊多知，而解此環不[2]？」君王后以示群臣，群臣不知解。君王后引椎椎破之[3]，謝秦使曰：「謹以解矣。」

注釋　1秦始皇：當從別本作「秦昭王」。君王后死時，秦始皇尚未即位。遺：送給。2不：同「否」。3椎椎：前面的「椎」為名詞，捶擊的工具；後一個「椎」，動詞，捶擊。

譯文　秦始皇曾派遣使臣送給君王后一副玉連環，說：「齊國人足智多謀，能夠解開這玉連環嗎？」君王后把玉連環給群臣看，群臣不知道怎樣才能解開。君王后用槌子擊碎玉連環，告訴秦國使臣說：「已經解開了。」

及君王后病且卒，誡建曰：「群臣之可用者某。」建曰：「請書之。」君王后曰：「善。」取筆牘受言。君王后曰：「老婦已亡矣[1]！」

注釋　1亡：通「忘」。

譯文　君王后病危將死，她告誡齊王建說：「群臣中可以重用某人。」齊王建說：「請寫下來。」君王后說：「好。」齊王建取過筆與木簡，準備記下遺言。君王后說：「老婦已經忘記了。」

君王后死，後后勝相齊[1]，多受秦間金玉，使賓客入秦，皆為變辭，勸王朝秦，不修攻戰之備。

注釋

1后勝：齊王建的丞相。受秦厚賄，屢勸齊王建朝秦，不修戰備，不助五國禦秦。

譯文

君王后死後，后勝為齊相，收受了秦國間諜很多金玉，他派去秦國的賓客，回來都用巧言佞色，誘騙齊王建入秦朝進見，不整頓戰備。

賞析與點評

巾幗不讓鬚眉，在當今世界越來越證明了這一事實。

卷十四　楚策一

本篇導讀——

此卷的〈荊宣王問群臣〉雖旨在歌頌楚宣王，實乃為昭奚恤可能受到楚宣王的嫉妒作開脫。江乙一直誹謗令尹昭奚恤，又憑阿諛奉承的技倆來獲封為安陵君，實在是亂臣。

此外，從〈邯鄲之難〉中可見，在趙國危急之際，楚國表面援救，實際想趁火打劫。由此可見楚國君臣只顧私利而昧於國際形勢。至於楚國的國防，竟要等周人城渾點出其利害並出謀劃策。如此種種荒唐腐朽，楚國怎能不亡？

荊宣王問群臣

荊宣王問群臣曰[1]：「吾聞北方之畏昭奚恤[2]，果誠何如？」群臣莫對。

注釋

1荊宣王：即楚宣王（？——公元三四〇，前三六九——前三四〇在位），熊姓，名良夫。

2昭奚恤（生卒年不詳）：楚國的令尹。

譯文

楚宣王問群臣道：「寡人聽說北方各國都害怕昭奚恤，真是這樣嗎？」群臣無人回答。

江乙對曰[1]：「虎求百獸而食之，得狐。狐曰：『子無敢食我也。天帝使我長百獸，今子食我，是逆天帝命也。子以我為不信，吾為子先行，子隨我後，觀百獸之見我而敢不走乎？』虎以為然，故遂與之行。獸見之皆走。虎不知獸畏己而走也，以為畏狐也。今王之地方五千里，帶甲百萬，而專屬之昭奚恤；故北方之畏奚恤也，其實畏王之甲兵也，猶百獸之畏虎也。」

注釋

1江乙（生卒年不詳）：魏國人，當時在楚國做官。

譯文

江乙回答道：「老虎尋找各種野獸來吃，得到一隻狐狸。狐狸說：『你可不敢吃我啊。老天爺派我做群獸的首領，如今你要是吃了我，這就是違抗天帝的命令啊。如果你認為我的話不可靠，我走在前面，你跟在我身後，看看野獸們見了我有敢不跑的嗎？』老虎認為牠說得對，就和牠一起走。野獸見到牠們，都逃跑了。老虎不知道野獸是因為害怕自己才逃跑的，還以為是害怕狐狸。如今大王的國土縱橫五千里，精兵百萬，都交給昭奚恤統領，所以北方各國害怕昭奚恤，其實是害怕大王的精兵，就好像野獸害怕老虎。」

賞析與點評

掌權者若拿捏失去分寸，必招致嚴重的後果。

卷十五　楚策二

本篇導讀——

楚懷王在位期間，楚將昭雎在重丘打敗秦軍，可是昭鼠不協戰支援追擊，只為保全個人的實力，終令楚軍大敗，可見他鼠目寸光，絲毫沒將國家利益放在心上。另一方面，張儀曾經欺騙楚懷王，如今落網，楚懷王不但不除大患，反倒聽信夫人鄭袖之言而放虎歸山。放走張儀之後，靳尚被仇人所殺，楚懷王卻以為他被張儀所害，於是又引發了秦、楚之戰，可見楚懷王一直都是在將國家帶向災難的境地。

公元前二九九年，楚懷王被秦昭王誘騙至武關相會，卻被扣押至死。楚國自此一蹶不振，成為秦國的囊中之物。

楚懷王拘張儀

楚懷王拘張儀，將欲殺之。靳尚為儀謂楚王曰[1]：「拘張儀，秦王必怒[2]。天下見楚之無秦也，楚必輕矣。」又謂王之幸夫人鄭袖曰：「子亦自知且賤於王乎？」鄭袖曰：「何也？」尚曰：「張儀者，秦王之忠信有功臣也。今楚拘之，秦王欲出之。秦王有愛女而美，又簡擇宮中佳麗好翫習音者，以懽從之；資之金玉寶器，奉以上庸六縣為湯沐邑[3]，欲因張儀內之楚王。楚王必愛，秦女依強秦以為重，挾寶地以為資，勢為王妻以臨於楚。王惑於虞樂[4]，必厚尊敬親愛之而忘子，子益賤而日疏矣。」

注釋

1靳尚（生卒年不詳）：楚懷王寵臣。2秦王：秦昭王。3上庸：在今河北竹山西南。湯沐邑：國君賞賜給貴族的私邑，受賜者以「供湯沐」的名義收取邑內的賦稅。4虞：通「娛」。

譯文

楚懷王囚禁張儀，準備殺掉他。靳尚為張儀對楚王說：「大王囚禁張儀，秦王一定會發怒。諸侯知道楚國失去秦國這個盟友，楚國在諸侯中的地位就會下降。」靳尚又對楚王寵幸的夫人鄭袖說：「你知道自己將會在大王面前失寵嗎？」鄭袖問：「為什麼？」靳尚說：「張儀是秦王忠信而有功勞的寵臣。現在楚王把他囚禁起來，而秦王想要放他出來。秦王有一位愛女很漂亮，他又挑選了宮中能歌善舞的美女，讓她們使愛女高興，並作為她的陪嫁；秦王又送給他女兒金玉寶器，以及上庸六個縣作為她的湯沐邑，秦王因為張儀的關係而打算進獻愛女給楚王。楚王一定會接受，秦王的愛女依靠張儀以抬高自己的地位，挾持寶器、土地作為自己的資本，勢必會做楚王的妻子，凌駕於你之上。楚王沉迷於逸樂，一定會寵愛秦女而忘掉你，這樣你就更加失寵而日漸被疏遠了。」

鄭袖曰：「願委之於公，為之奈何？」曰：「子何不急言王，出張子。張子得出，德子無已時，秦女必不來，而秦必重子。子內擅楚之貴，外結秦之交，畜張子以為用，子之子孫必為楚太子矣，此非布衣之利也。」鄭袖遽說楚王出張子。

譯文

鄭袖說：「我希望把這事拜託你，你看怎麼辦？」靳尚說：「你為何不快勸大王，讓他釋放張儀呢？張儀得到釋放，就會對你感激不盡，秦王的愛女也就肯定不會到楚國來了，秦王也定會尊重你。你在國內獨佔楚國的尊貴，在外又與秦國結交，還留下張儀供你使用，你的子孫一定可以做楚國太子，這可不是一般老百姓的小恩小惠。」於是鄭袖立刻勸說楚王釋放張儀。

賞析與點評

放虎歸山，必有後患。

卷十六　楚策三

本篇導讀——

此卷的〈蘇秦之楚三日〉記述了蘇秦這樣有大才的人，卻要等三個月才能見楚王一面，反映了楚王的昏庸與不珍惜人才。在〈張儀逐惠施於魏〉一則，惠施乃著名的學者與政治家，卻為張儀所誹謗，令楚懷王沒有留住惠施，又一次流失人才。張儀居心叵測，不過楚懷王及其臣下卻毫不察覺，竟還天真地要派得力大臣昭雎前往秦國協助他。楚懷王不修身、不治國、不珍惜人才，反而求助於秦國以及張儀這樣的間諜，其昏庸的形象，入木三分。相對而言，張儀對楚懷王以及楚國有極之巨大的殺傷力，但對秦國而言，他卻有極大的功勛。

唐睢見春申君

唐睢見春申君曰[1]：「齊人飾身修行得為益，然臣羞而不學也。不避絕江河，行千餘里來，竊慕大君之義，而善君之業。臣聞之，賁、諸懷錐刃而天下為勇[2]，西施衣褐而天下稱美。今君相萬乘之楚，禦中國之難，所欲者不成，所求者不得，臣等少也。夫梟棊之所以能為者，以散棋佐之也[3]。夫一梟之不如不勝五散，亦明矣。今君何不為天下梟，而令臣等為散乎？」

注釋

1唐睢：魏人。春申君：黃歇（前三一四—前二三八）的封號。初封於淮北，後封於吳城，即今江蘇吳縣。2賁：孟賁，古代勇士。諸：專諸（?—前五一五），春秋時吳國勇士，為吳公子光刺殺吳王僚。3「夫梟棋」兩句：梟棋、散棋都是古代六博遊戲的彩名。梟棋，在棋子上刻梟鳥形，擲得梟，可以獲勝。散棋，其他五個沒有刻畫的棋子，稱為五白，擲得五白，可以勝梟。

譯文

唐睢去見春申君，對他說：「齊國人裝飾身體、修養品行，是為了得到祿位，可是我以此為羞恥，所以不去學習他們。我之所以跋江涉河、不遠千里來到楚國，是因為私下裏羨慕你高尚的品德，讚賞你建立的功業。我曾經聽人說，孟賁、專諸即使懷藏小小的錐、刃，而天下的人仍稱他們為勇士，西施即使身穿粗布衣裳，而天下的人仍稱她為美人。現在你身為萬乘楚國的丞相，抵抗着中原諸侯這樣的大敵，可是你想完成的卻沒有完成，想得到的卻沒有得到，就是因為缺少像我們這樣的人。梟棋之所以能夠取勝，就是因為有散棋輔佐的緣故。單獨一個梟棋是不能戰勝五個散棋的，這也是很明顯的。現在你為何不做天下的梟棋，而讓我們做散棋呢？」

卷十七　楚策四

本篇導讀——

楚國後宮爭風吃醋、腥風血雨，楚懷王卻全被蒙在鼓裏，在〈魏王遺楚王美人〉一章中，其昏君的形象躍然於紙上。楚懷王最終因為昏庸愚昧而被秦昭王所誘騙，折騰致死。其子楚襄王卻沒有吸取教訓，依然荒廢朝政，嬉遊無度，令國土淪喪，楚國危在旦夕。即使他最終聽從忠臣莊辛之諫，但只是「亡羊補牢」，為時已晚。

同樣，作為丞相的春申君亦庸碌無能，在〈客說春申君〉中，他拒、迎荀子，全憑門客擺佈，毫無主見，以致錯失荀子，可見他無知人之明。至於他與汗明的對話，以至於吩咐手下注下他所謂的賢能堪比「舜」的汗明的名字，又規定五天一見，可謂草率糊塗。汗明又以良驥負鹽，說明自己不受重用，可見春申君作為楚國令尹並無知人之能，而他竟作為合縱約長，更是荒謬。合縱的失敗，實屬必然。

〈楚考烈王無子〉一章，波瀾迭起，有如懸疑小說。春申君為相二十多年，竟因李園及其妹妹之言而欺君犯上，此中亦流露了他蓄謀已久的政治野心。最終，春申君因為無知人之明而禍及自己和家族。文章最後一句是關鍵的對照與暗示。秦之嫪毒為亂被誅，丞相呂不韋被逐，這些都是秦始皇的決定，秦國經過三十六代、六百多年的累積，終於出現了不世英主嬴政；相對而言，楚國君臣則腐敗無能，禍起宮闈，秦、楚之別，有如雲泥。

魏王遺楚王美人

魏王遺楚王美人[1]，楚王說之。夫人鄭袖知王之說新人也，甚愛新人。衣服玩好，擇其所喜而為之；宮室臥具，擇其所善而為之。愛之甚於王。王曰：「婦人所以事夫者，色也；而妒者，其情也。今鄭袖知寡人之說新人也，其愛之甚於寡人，此孝子之所以事親，忠臣之所以事君也。」

注釋　1魏王：不能確指哪一位魏國君主。楚王：指楚懷王。

譯文　魏王送給楚王一位美人，楚王很喜歡她。夫人鄭袖知道楚王寵愛這位美人，也就裝作很喜歡她。一切服飾珍玩，都挑美人喜歡的送去；宮室與臥具，都按美人喜歡的置辦。表面看來，鄭袖比楚王還喜歡她。楚王說：「女人用來侍奉丈夫的是用美貌，而有妒忌心也是女人的常情。現在鄭袖知道寡人喜歡新人，她喜歡的程度居然超過寡人，簡直像孝子侍奉父母、忠臣侍奉君主一樣啊！」

鄭袖知王以己為不妒也，因謂新人曰：「王愛子美矣。雖然，惡子之鼻[1]。子為見王，則必掩子鼻。」新人見王，因掩其鼻。王謂鄭袖曰：「夫新人見寡人，則掩其鼻，何也？」鄭袖曰：「妾知也。」王曰：「雖惡必言之。」鄭袖曰：「其似惡聞君王之臭也。」王曰：「悍哉！」令劓之，無使逆命。

注釋

1惡：厭惡。下文「惡聞君王之臭」中的「惡」同。

譯文

鄭袖知道楚王以為自己沒有妒忌心了，就對新人說：「大王喜歡你的美貌，可是卻不喜歡你的鼻子。你如果去見大王，一定要捂住你的鼻子。」新人見到楚王，就捂住自己的鼻子。楚王問鄭袖：「新人每次見到寡人，就捂住自己的鼻子，這是什麼原因呢？」鄭袖說：「臣妾知道為什麼。」楚王說：「即使是很難聽的話，你也一定要坦白說。」鄭袖說：「她好像是討厭聞到大王身上的氣味吧。」楚王說：「真大膽！」於是下令割掉美人的鼻子，不許違抗命令。

客說春申君

客說春申君曰：「湯以亳[1]，武王以鄗[2]，皆不過百里以有天下。今孫子[3]，天下賢人也，君籍之以百里勢[4]，臣竊以為不便於君。何如？」春申君曰：「善。」於是使人謝孫子。孫子去之趙，趙以為上卿。

注釋

1亳（粵：博；普：bó）：湯所都，初都南亳，在今河南商丘東南，後徙西亳，在今河南堰師西。2鄗（粵：浩；普：hào）：通「鎬」，西周都城，在今陝西長安事曲鄉西。3孫子：荀卿（前三一三—前二三八），即荀子，思想家，趙人，時為楚蘭陵令。此處「荀」作「孫」，避漢宣帝諱改。4籍：通「藉」，憑藉。

譯文

有人對春申君說：「商湯以亳作為根據地，武王以鎬作為根據地，他們的地方都不超過方圓百里，結果卻得到了天下。現在荀子是天下的賢人，如果你給他百里的地方作為憑借，我認為會對你不利。你認為怎麼樣？」春申君說：「好。」於是派人謝絕了荀子。荀子離開楚國到了趙國，趙國任命荀子為上卿。

客又說春申君曰：「昔伊尹去夏入殷[1]，殷王而夏亡。管仲去魯入齊[2]，魯弱而齊強。夫賢者之所在，其君未嘗不尊，國未嘗不榮也。今孫子，天下賢人也。君何辭之？」春申君又曰：「善。」於是使人請孫子於趙。

注釋　1伊尹：商湯的賢相。2管仲：名夷吾，亦稱管子，輔助齊桓公成為春秋時期第一霸主的賢相。

譯文　這人又對春申君說：「以前伊尹離開夏到殷，因此殷得天下而稱王，夏則滅亡。管仲離開魯國到齊國，因此魯國衰弱，齊國富強。賢人所在的國家，該國的君主就不會不受人尊敬，該國也不會不興盛。現在荀子是天下的賢人，你為何謝絕了他呢？」春申君說：「對。」於是派人到趙國去請荀子。

孫子為書謝曰：「癘人憐王，此不恭之語也。雖然，不可不審察也，此為劫弒死亡之主言也。夫人主年少而矜材，無法術以知奸，則大臣主斷國，私以禁誅於己也，故弒賢長而立幼弱，廢正適而立不義[1]。

注釋　1正適：正妻所生的兒子。適，同「嫡」。

譯文　荀子寫信謝絕了，信上說：「『痲風病人哀憐國君』，這是一句不恭敬的話，即使如此，也不可不加以審察，這乃是對一般被大臣殺死的國君說的。人主年幼，自以為有才能，卻沒有方法識別奸邪的人，這樣，大臣就會獨斷專行、圖謀私利，把一切權力歸於自己。所以他們廢棄年長而有才能的，立年幼而懦弱的，廢掉應繼承王位的嫡子，立不應繼承王位的庶子。

「《春秋》記之曰：『楚王子圍聘於鄭[1]，未出竟[2]，聞王病，反問疾，遂以冠纓絞王殺之，因自立也。齊崔杼之妻美[3]，莊公通之。崔杼帥其君黨而攻。莊公請與分國，崔杼不許；欲自刃於廟，崔杼不許。莊公走出，踰於外牆，射中其股，遂殺之，而立其弟景公[4]。』

注釋

1王子圍：楚共王（前六〇〇—前五六〇）的兒子。2竟：通「境」。3崔杼：春秋時期齊莊公（？—前七三一）的大臣。4景公（前五四七—前四九〇）：名杵臼，齊靈公（？—前五五四）的兒子。

譯文

「《春秋》上記載說：『楚國的王子圍奉命出訪鄭國，未離開國境，聽說楚王生病就返回宮中去探病，於是他用帽帶將楚王勒死，自立為國君。齊大夫崔杼之妻很美，齊莊公和她私通，崔杼便帶領他的家兵進攻莊公。莊公請求與崔杼平分國家，崔杼不許，莊公請求在宗廟自殺，崔杼仍不許。莊公逃跑翻牆而出，崔杼用箭射中了莊公的大腿，然後殺死莊公，另立他的弟弟為景公。』

「近代所見，李兌用趙，餓主父於沙丘，百日而殺之；淖齒用齊，擢閔王之筋，縣於其廟梁，宿夕而死。夫厲雖癰腫胞疾[1]，上比前世，未至絞纓射股；下比近代，未至擢筋而餓死也。夫劫弒死亡之主也，心之憂勞，形之困苦，必甚於癘矣。由此觀之，『癘雖憐王』可也。」

注釋

1癰（粵：翁；普：yōng）：惡瘡。胞疾：胞胎中帶來的病。

譯文

「近代所見，李兌在趙國專權，困餓趙國主父於沙丘宮，主父百日而死；淖齒在齊國專權，抽掉齊閔王的筋，把他吊在宗廟的大樑上，一夜而亡。痲風病是先天性的病，但往上與前代比，還不至於有像楚王郟敖被絞死、齊莊公被射腿殺死的悲慘下場；往下與近代比，還不至於像齊閔王被抽筋而死、趙武靈王被活活餓死的悲慘下場。那些被大臣殺害的國君，心中憂慮，身體痛苦一定超過痲風病人。由此看來，說『痲風病人哀憐國君』是有道理的。」

因為賦曰：「寶珍隋珠[1]，不知佩兮。褘布與絲，不知異兮。閭姝子奢[2]，莫知媒兮。嫫母求之[3]，又甚喜之兮。以瞽為明，以聾為聰，以是為非，以吉為凶。嗚呼上天，曷惟其同！」《詩》曰：「上天甚神，無自瘵也[4]。」

注釋

1隋珠：傳世的明珠。2閭姝（粵：舒；普：shū）：美女名。子奢：美男名。3嫫（粵：模；普：mó）母：醜女名。4瘵（粵：債；普：zhài）：災難。

譯文

荀子寫了一首賦說：「珍寶隋珠不知佩戴啊；布和錦混雜亂安排啊。美女閭姝、美男子奢沒人說媒啊；五女嫫母來求婚，反而很喜歡啊！說瞎子眼睛明亮，聾子聽覺靈敏，是非顛倒，吉凶混淆。唉，天啊！為什麼世間的一切是如此相同啊！」《詩經》上說：「上天很神明，休要自惹災難啊！」

賞析與點評

明珠暗投，庸人當道，自古而然，何必悲哀？

天下合從

天下合從。趙使魏加見楚春申君曰[1]：「君有將乎？」曰：「有矣，僕欲將臨武君[2]。」魏加曰：「臣少之時好射，臣願以射譬之，可乎？」春申君曰：「可。」

加曰：「異日者，更羸與魏王處京臺之下[1]，仰見飛鳥。更羸謂魏王曰：『臣為王引弓虛發而下鳥。』魏王曰：『然則射可至此乎？』更羸曰：『可。』有間，雁從東方來，更羸以虛發而下之。魏王曰：『然則射可至此乎？』更羸曰：『此孽也[2]。』王曰：『先生何以知之？』對曰：『其飛徐而鳴悲。飛徐者，故瘡痛也；鳴悲者，久失群也。故瘡未息而驚心未忘也。聞弦音，引而高飛，故瘡裂而隕也。』今臨武君嘗為秦孽，不可為拒秦之將也。」

注釋　1魏加：趙臣。2臨武君：趙將龐煖（生卒年不詳）。

譯文　東方各國準備合縱攻秦。趙國派遣魏加去見楚國的春申君，問道：「你有將領了嗎？」春申君回答說：「有了，我打算用臨武君做將領。」魏加說：「我年輕時喜歡射箭，我希望用射箭來作比喻，可以嗎？」春申君說：「可以。」

注釋　1更羸與魏王：都是假託的人。京臺：遊玩觀賞的地方。2孽：未癒的隱傷。

譯文　魏加說：「從前，更羸與魏王在京臺的下面，抬頭看見飛鳥，更羸對魏王說：『臣只要為大王拉弓虛射，就可使鳥掉下來。』魏王說：『射箭的技巧竟可達到如此神妙的地步嗎？』更羸說：『可以。』不久，一隻雁從東方飛來，更羸拉弓虛射一下就使它掉下來。魏王問：『射箭的技巧真可達到如此的境界嗎？』更羸答道：『因牠有隱傷在身。』魏王說：『先生是怎麼知道的？』更羸答道：『因牠飛得慢而叫聲悲哀。飛得慢，是因牠的舊患疼痛；叫聲悲哀，是因牠失群已久，舊傷未癒，而驚恐之心還沒有忘掉。牠聽到弓弦聲就奮力高飛，使舊患的傷口迸裂就掉了下來。』眼下的臨武君，曾被秦軍打敗過，他不可以擔任抗秦的將領啊！」

賞析與點評

「驚弓之鳥」，實即因曾經的挫敗而缺乏自信，遂成心理病。

楚考烈王無子

楚考烈王無子[1]，春申君患之，求婦人宜子者進之，甚眾，卒無子。

注釋　1楚考烈王（?—前二三八；前二六二—前二三八在位）：名熊完，楚頃襄王之子。

譯文　楚考烈王沒有兒子，春申君為此而擔憂，於是尋求能生育的婦女獻給楚王，為數甚多，但還是沒有孩子。

趙人李園，持其女弟欲進之楚王，聞其不宜子，恐又無寵。李園求事春申君為舍人。已而謁歸，故失期。還謁，春申君問狀。對曰：「齊王遣使求臣女弟，與其使者飲，故失期。」春申君曰：「聘入乎？」對曰：「未也。」春申君曰：「可得見乎？」曰：「可。」於是園乃進其女弟，即幸於春申君。

譯文　趙國人李園，帶來他的妹妹準備獻給楚王。聽說楚王不能生孩子，恐怕自己的妹妹也因不能懷孕而得不到寵愛。李園於是求見春申君，請求做他的隨從。不久，李園請假回家，故意超過期限。在他回來拜見的時侯，春申君問他的情況。他回答說：「齊王派使臣來聘娶我的妹妹，我和使者一起喝酒，所以沒有如期返回。」春申君問：「受聘禮了嗎？」李園回答說：「還沒有。」春申君說：「可讓我見一見你妹妹嗎？」李園回答說：「可以。」於是李園就把他的妹妹送來，她隨即受到了春申君的寵幸。

知其有身，園乃與女弟謀。園女弟承間說春申君曰：「楚王之貴幸君，雖兄弟不如。今君相楚王二十餘年，而王無子，即百歲後，將更立兄弟。即楚王更立，彼亦各貴其故所親，君又安得長有寵乎？非徒然也，君用事久，多失禮於王兄弟。兄弟誠立，禍且及身，奈何以保相印、江東之封乎[1]？今妾自知有身矣，而人莫知。妾之幸君未久，誠以君之重而進妾於楚王，王必幸妾。妾賴天而有男，則是君之子為王也，楚國封盡可得，孰與其臨不測之罪乎？」春申君大然之，乃出園女弟，謹舍而言之楚王。楚王召入，幸之。遂生子男，立為太子，以李園女弟立為王后。楚王貴李園，李園用事。

注釋

1 江東之封：春申君初封淮北十二縣，後徙封吳（今江蘇蘇州）。

譯文

李園知道妹妹懷孕了，就和她一起謀劃。李園的妹妹找機會對春申君說：「楚王重用你，超過了他的親兄弟。如今你作為丞相輔佐楚王已二十多年了，而楚王沒有兒子，他去世後，就會另立他的兄弟做國君。新君即位，會各自提拔他們過去的親信，你又怎能長期得寵呢？不僅如此，你當權的時間長，有很多得罪楚王兄弟的地方。當楚王的兄弟真的做了國君，你就會大禍臨頭，又怎麼能保住你的相印及江東的封邑呢？現在妾知道自己已經懷孕了，而別人都不知道。我被你寵幸的時間不久，若能憑藉你的地位把妾獻給楚王，楚王定會寵愛妾。妾若能得到上天保佑而生個男孩，那麼你的兒子就會成為楚王，盡得楚國全境，這不比你面臨不測之罪好嗎？」春申君認為她言之有理，於是便把李園妹妹遷到府外，另行安置後推薦給楚王。楚王召她進宮，寵幸了她。於是生下男孩，立為太子，李園的妹妹被立為王后。楚王因此重用李園，李園就執掌了大權。

李園既入其女弟為王后，子為太子。恐春申君語泄而益驕，陰養死士[1]，欲殺春申君以滅口，而國人頗有知之者。

注釋　1死士：殺手、刺客。

譯文

李園使自己的妹妹進宮當了王后，她的兒子成為了太子。他擔心春申君口風不緊而驕傲，於是暗中畜養刺客，企圖殺死春申君以滅口。楚國國都中已經有些人知道了這件事。

春申君相楚二十五年，考烈王病。朱英謂春申君曰[1]：「世有無妄之福，又有無妄之禍。今君處無妄之世，以事無妄之主，安不有無妄之人乎？」

注釋

1朱英：觀津（今山東觀城）人，春申君門客。

譯文

當春申君在楚國出任丞相二十五年之際，考烈王得了重病。朱英對春申君說：「世上有出人意料之福氣，亦有飛來之橫禍，現在你處於禍福難測的國度，去侍奉出人意料的君主，怎能沒有一個傑出的人來協助你呢？」

春申君曰：「何謂無妄之福？」曰：「君相楚二十餘年矣，雖名為相國，實楚王也。五子皆相諸侯。今王疾甚，旦暮且崩，太子衰弱，疾而不起，而君相少主，

因而代立當國，如伊尹、周公[1]。王長而反政，不，即遂南面稱孤，因而有楚國。此所謂無妄之福也。」

注釋

1如伊尹、周公：伊尹相太甲，周公輔助成王，皆以賢相的身分輔助少主，故朱英以春申君與他們相比。

譯文

春申君說：「什麼是出人意料的福分？」回答說：「你在楚國任令尹二十多年，名義上是令尹，實為楚王，五個兒子都在外輔佐諸侯，現在楚王病重，早晚去世，太子體弱，卧病不起，你就要輔佐少主，代行君權，如伊尹、周公般，及至少主長大，方歸還國政。不歸還國政，則南面稱王，擁有楚國，這就是出人意料的福分。」

春申君曰：「何謂無妄之禍？」曰：「李園不治國，王之舅也。不為兵將，而陰養死士之日久矣。楚王崩，李園必先入，據本議制斷君命，秉權而殺君以滅口。此所謂無妄之禍也。」春申君曰：「何謂無妄之人？」曰：「君先仕臣為郎中，君王崩，李園先入，臣請為君剸其胸殺之。此所謂無妄之人也。」春申君曰：「先生置之，勿復言已。李園，軟弱人也，僕又善之，又何至此。」朱英恐，乃亡去。

譯文

春申君說：「什麼是不測之禍？」回答說：「李園並非治理國家的大臣，而是楚王的妻舅，他雖不掌兵權，卻暗中收養刺客很久了。楚王一死，李園必定先進宮，按其計劃，假稱王命，憑藉手中的權力，殺你滅口，這就是出人意料的災禍啊！」春申君說：「什麼叫意想不到的人呢？」朱英說：「你先任命臣為郎中衛士，君王死後，李園一定先行入宮，請讓臣替你以利劍刺入其胸膛將他殺死，這就是所謂意想不到的人。」春申君說：「先生別再提此事了，李園為人誠懇老實，我又與他相善，怎能如此？」朱英心裏惶恐，於是趕緊逃離楚國。

後十七日，楚考烈王崩，李園果先入，置死士，止於棘門之內[1]。春申君後入，止棘門，園死士夾刺春申君，斬其頭，投之棘門外。於是使吏盡滅春申君之家。而李園女弟初幸春申君有身，而入之王所生子者，遂立為楚幽王也[2]。

注釋

1棘門：宮門名。2楚幽王（生卒年不詳）：名悍，公元前二三七—公元前二二八年在位。

譯文

過了十七天，楚考烈王死了，李園果然搶先進宮，安排刺客，埋伏在宮門裏面。春申君隨後進宮，剛走進宮門，李園的刺客就從兩旁衝出來，把他刺死，並割下他的頭，扔在宮門外邊。接着又派人把春申君滿門抄斬。李園的妹妹當初得到春申君寵幸而懷孕，進宮後生下的那個男孩子，被立為楚國國君，就是楚幽王。

卷十八　趙策一

本篇導讀——

在〈知伯從韓魏兵以攻趙〉一章中，郄疵向智伯進言，可見他觀微知著、洞悉人性，對於韓、魏兩家君主的行為及表情看得入木三分。而智伯在此生死存亡的爭奪戰中，卻掉以輕心，甚至將郄疵的話轉告予韓、魏兩家君主，可謂愚不可及。智伯率趙、韓、魏滅掉范氏與中行氏，結下了仇恨，他再伸手向韓、魏、趙要土地，可謂貪得無厭。他志在一家獨大，然而韓、魏、趙三家又怎會不知道呢？及後趙襄子拒絕智伯，便是波瀾驟起，肯定亦大快人心，包括早前屈從而獻地的韓、魏兩家。

在水圍晉陽的危急關頭，張孟談智勇雙全，他冒險前往面見韓、魏兩家君主，並成功策反，令趙氏得以存活下去。其實，智伯陣營亦有知過這種善於觀言察色、心細如髮的智囊，他分別看出張孟談與韓、魏兩家君主的神情有異而斷定情況有變，然而智伯卻以為勝券在握而再次掉以輕心。知過只好無奈再提議以土地收買韓、魏兩家的得力謀臣趙葭與段規以確保萬一，智伯卻因不願分一杯羹而斷然拒絕。最終，一切如知過所料，韓、趙、魏三家聯手，水淹智伯陣營，智伯終因貪婪、麻木而滅亡。

在〈晉畢陽之孫豫讓〉一章中，豫讓忠心於智伯，可惜智伯並非明主，故豫讓之刺趙襄子乃愚忠，而趙襄子則一再表現出過人的量度。所謂「士為知己者死」似乎慨慷激烈，而真正知豫讓者，乃趙襄子而非智伯。至於豫讓，亦並非真正的俠士，他只是一個愚忠的莽夫，他為貪婪愚昧的智伯而漆身吞炭，以行刺一代明君趙襄子，可謂愚不可及。

公元前二六三年，秦攻韓國的滎陽，切斷韓軍支援，同時又派兵直搗上黨。上黨太守馮亭拒不投降，轉而將上黨十七縣獻予趙國，實為嫁禍予趙。「長平之戰」僵持日久，且又異常慘烈，白起坑殺降卒四十萬，趙國自此一蹶不振，無法抗衡秦國。趙、魏、韓本為一家，而在秦國攻上黨，以至於後來的「長平之戰」，三家均不合力抗秦，可謂鼠目寸光，終為秦國擊潰。

三家分晉，分裂了本來可阻擋強秦東進的晉國這一堅固的厚牆；加上三家又互相攻伐，即使合作，亦不同心，後來更間接逼使楚王入秦，趙王甚至「起供戍韓、梁之西邊」（〈趙策一・謂趙王曰合而秦弱〉），令秦國益加逼害楚國，楚王為秦所囚致死。失去楚國，五國便失去了一個能牽制秦國的有力盟友。

對於六國之合縱，秦惠王早就認為六國如束縛着的雞群上不了樹，可謂一語中的。

知伯從韓魏兵以攻趙

知伯從韓、魏兵以攻趙[1]，圍晉陽而水之，城下不沉者三板[2]。郗疵謂知伯曰[3]：「韓、魏之君必反矣[4]。」知伯曰：「何以知之？」郗疵曰：「以其人事知之。夫從韓、魏之兵而攻趙，趙亡，難必及韓、魏矣。今約勝趙而三分其地。今城不沒者三板，臼竈生鼃[5]，人馬相食，城降有日，而韓、魏之君無憙志而有憂色[6]，是非反如何也？」

注釋

1知伯：「知」或作「智」，名瑤，晉國六卿之一。2板：古代用板築城，高二尺、長八尺為業板。3郗疵（生卒年不詳）：智伯的謀臣。4韓、魏之君：指韓康子虎、魏桓子駒。5臼竈（粵：灶；普：zào）：做飯的設備。臼，舂米的器具；竈，同「灶」，用磚石砌成的生火做飯的設備。鼃（粵：蛙；普：wā）：同「蛙」。6憙：通「喜」。

譯文

智伯率領韓、魏兩家的軍隊攻打趙氏，包圍了晉陽並用水灌城，水面離城頭只有六尺。郗疵對智伯說：「韓、魏兩家的君主一定會背叛你。」智伯說：「你怎麼知道呢？」郗疵說：「是根據他們的舉止而知道的。你率領韓、魏兩家的軍隊進攻趙氏，趙氏滅亡後，禍患必然落到韓、魏的頭上。如今已與韓、魏約好，戰勝了趙氏就三家平分土地，現在晉陽城水淹得離城頭只剩六尺，石臼和灶裏已長出了青蛙，城裏的人殺馬充饑，攻下晉陽已指日可待，可是韓、魏兩家的君主並不感到高興，卻是滿面愁容，這不是想背叛又是什麼呢？」

明日，知伯以告韓、魏之君曰：「郄疵言君之且反也。」韓、魏之君曰：「夫勝趙而三分其地，城今且將拔矣。夫二家雖愚，不棄美利於前，背信盟之約，而為危難不可成之事，其勢可見也。是疵為趙計矣，使君疑二主之心而解於攻趙也[1]。今君聽讒臣之言而離二主之交，為君惜之。」趨而出。

注釋

1 解：通「懈」。

譯文

第二天，智伯對韓、魏的君主說：「郄疵說兩位要叛變。」韓、魏的君主說：「戰勝趙氏，我們三家就可平分他的土地，晉陽馬上就要被攻下了。我們兩家再愚蠢，也不至於拋棄眼前的利益，背棄盟約，而去做那種危險、困難而又不能成功的事，這形勢是顯而易見的。郄疵為趙氏謀劃，讓你懷疑我們二人的誠意，放鬆對趙氏的進攻。現在你聽信奸臣播弄是非，任他離間我們之間的關係，我們實在為你惋惜。」說完就快步走出去了。

郄疵謂知伯曰：「君又何以疵言告韓、魏之君為？」知伯曰：「子安知之？」對曰：「韓、魏之君視疵端而趨疾。」郄疵知其言之不聽，請使於齊，知伯遣之。韓、魏之君果反矣。

譯文

郄疵對智伯說：「你為什麼把我的話告訴韓、魏兩國的君主呢？」智伯說：「你是怎麼知道的？」郄疵說：「因為韓、魏的君主眼光直直地看着我並且快步避開。」郄疵知道智伯不會聽他的話，就請求到齊國去，智伯就派他去了。韓、魏的君主果然背叛了。

知伯帥趙、韓、魏而伐范、中行氏

知伯帥趙、韓、魏而伐范、中行氏[1]，滅之。休數年，使人請地於韓。韓康子欲勿與[2]，段規諫曰[3]：「不可。夫知伯之為人也，好利而鷙愎，來請地不與，必加兵於韓矣。君其與之。與之，彼狃[4]，又將請地於他國，他國不聽，必鄉之以兵[5]，然則韓可以免於患難，而待事之變。」康子曰：「善。」使使者致萬家之邑一於知伯，知伯說。

注釋　1知伯帥趙、韓、魏：公元前四五八年，智伯聯合趙、韓、魏三家滅掉范氏及中行氏，瓜分他們的土地。范：指范吉射。中行氏：指中行寅。2韓康子：名虎，韓莊子的兒子。3段規：韓康子的謀臣。4狃（粵：扭；普：niǔ）：習慣。5鄉：通「向」。

譯文　智伯率領趙、韓、魏三家攻打范、中行氏，滅掉了他們。休兵數年後，智伯派人到韓氏那裏索要土地。韓康子不想給。段規勸諫說：「不能這樣做。智伯為人貪圖利益而又兇殘固執，他派人來索要土地，如果不給，他必然出兵攻打我們，你還不如給他。給了他，他就會習以為常，又將會向其他國家索取土地。別國不聽從，他一定會出兵攻打，那麼韓國就可以免除禍患，坐待事情的變化了。」韓康子說：「好。」就派使者送一個萬家的城邑給智伯，智伯很高興。

又使人請地於魏，魏桓子欲勿與[1]。趙葭諫曰[2]：「彼請地於韓，韓與之。請地於魏，魏弗與，則是魏內自強而外怒知伯也，然則其錯兵於魏必矣，不如與之。」桓子曰：「諾。」因使人致萬家之邑一於知伯，知伯說。又使人之趙，請藺、臯狼之地[3]，趙襄子弗與[4]。知伯因陰結韓、魏，將以伐趙。

注釋

1魏桓子：名駒。2趙葭：魏桓子的謀臣。3藺、皋狼：皆趙邑。藺在今山西離石西，皋狼在離石西北。4趙襄子（?—前四二五）：戰國初人，晉國六卿之一，名無恤，趙鞅（?—前四七五）之子。

譯文

智伯又派人向魏國索要土地，魏桓子不想給。趙葭勸諫說：「他向韓國索要土地，韓國給了，向魏國索要土地，魏國卻不給，那是魏國內心自以為強盛，而對外卻激怒了智伯。這樣一來，智伯一定要對魏國用兵了，不如給他土地。」魏桓子說：「好。」於是派人送一個萬家的城邑給智伯，智伯非常高興。智伯又派人到趙國去，索要藺、皋狼兩地，趙襄子不給。智伯於是暗中聯絡韓、魏，準備進攻趙國。

趙襄子召張孟談而告之曰[1]：「夫知伯之為人，陽親而陰疏，三使韓、魏而寡人弗與焉，其移兵寡人必矣。今吾安居而可？」張孟談曰：「夫董閼於[2]，簡主之才臣也[3]，世治晉陽[4]，而尹鐸循之[5]，其餘政教猶存，君其定居晉陽。」君曰：「諾。」

注釋

1張孟談（生卒年不詳）：趙襄子的謀臣。2董閼於：春秋時人，晉卿趙鞅的家臣。3簡主：即趙簡子（?—前四七五），春秋末晉國大夫，名鞅，他奠定了建立趙國的基礎。4晉陽：今山西太原南。5尹鐸（生卒年不詳）：春秋時人，晉卿趙鞅家臣。

譯文

趙襄子召見張孟談，對他說：「智伯的為人，表面對你友好，暗中卻和你保持着距離，他屢次派人和韓、魏聯繫，單單避開我，看來他一定會調兵攻打我們。現在我們在哪裏據守為好？」張孟談說：「那董閼於是先君簡主的得力臣子，世代治理晉陽，其後由尹鐸繼任，他們的影響至今仍在，你就駐守在晉陽吧。」趙襄子說：「好。」

乃使延陵生將車騎先之晉陽[1]，君因從之。至，行城郭，案府庫，視倉廩，召張孟談曰：「吾城郭已完，府庫足用，倉廩實矣，無矢奈何？」張孟談曰：「臣聞董子之治晉陽也，公宮之垣皆以狄蒿苦楚廧之[2]，其高至丈餘，君發而用之。」於是發而試之，其堅則箘簵之勁不能過也[3]。君曰：「足矣。吾銅少若何？」張孟談曰：「臣聞董子之治晉陽也，公宮之室皆以煉銅為柱質，請發而用之，則有餘銅矣。」君曰：「善」。號令以定，備守以具。

注釋

1延陵生：趙襄子的臣子。2狄蒿：荻蒿，可以燃火照明的草，可作箭杆。苦楚：可作箭杆的木。廧：同「牆」。3箘簵（粵：菌路；普：jùn lù）：可作箭杆的美竹。

譯文

於是派延陵生率領車騎先到晉陽，趙襄子接着也去了。到晉陽後，巡視城郭，察看府庫，檢查糧倉，召見張孟談說：「我看城郭已經很完善，府庫的物資也夠用，糧倉已經裝滿，可是沒有箭怎麼辦？」張孟談說：「我聽説董子治理晉陽的時候，公宮的牆都是荻蒿苦楚築成的，牆壁高達一丈多，你可以打開使用。」於是打開一試，它們堅硬的程度就是美竹也比不上。趙襄子說：「箭杆足夠了，但是我們缺少銅怎麼辦？」張孟談說：「臣聽説董子治理晉陽的時候，凡是公宮的室中，都是用冶煉的銅做柱子的，請你打開使用它，那麼就有大量的銅了。」趙襄子說：「好。」號令已經定好，防禦的物資已經齊備。

三國之兵乘晉陽城，遂戰。三月不能拔，因舒軍而圍之，決晉水而灌之[1]。圍晉陽三年，城中巢居而處，懸釜而炊，財食將盡，士卒病羸。襄子謂張孟談曰：「糧食匱，財力盡，士大夫病，吾不能守矣，欲以城下，何如？」張孟談曰：「臣聞之，亡不能存，危不能安，則無為貴知士也。君釋此計，勿復言也。臣請見韓、魏之君。」襄子曰：「諾。」

注釋

1晉水：在晉陽附近，今名晉河，東北流入汾河。

譯文

智、韓、魏三家的軍隊開到晉陽城下，戰爭就開始。三個月仍沒有攻下，他們就散開軍隊把城包圍起來，並掘晉水淹城。晉陽被圍困了三年，城中的人被逼得在高處搭棚架棲身，吊起鍋煮飯，吃的和用的都快沒了，士兵們精疲力盡。趙襄子對張孟談說：「糧缺財盡，臣民疲病，我們守不住了，想開城投降，你意下如何？」張孟談說：「臣聽說，國家將亡而不能使它保存，局勢危險而不能使它安定，那就不必重視智謀之士了。請你放棄這個打算，別再說了。臣要求去見韓、魏的君主。」襄子說：「好。」

張孟談於是陰見韓、魏之君曰：「臣聞脣亡則齒寒，今知伯帥二國之君伐趙，趙將亡矣，亡則二君為之次矣。」二君曰：「我知其然。夫知伯為人也，粗中而少親，我謀未遂而知，則其禍必至，為之奈何？」張孟談曰：「謀出二君之口，入臣之耳，人莫之知也。」二君即與張孟談陰約三軍，與之期日，夜遣入晉陽。張孟談以報襄子，襄子再拜之。

譯文

張孟談就祕密地會見了韓、魏兩國的君主，對他們說：「我聽說『唇亡齒寒』，如今智伯率領你們兩國伐趙，趙氏即將滅亡。趙亡就會輪到兩位了。」他倆說：「我們知道會是這樣。但智伯的為人，粗暴而狠毒，我們的計謀還未成功，如被他發覺，就會大禍臨頭，你看怎麼辦？」張孟談說：「計謀從兩位口中說出，進入我的耳裏，別人是不會知道的。」他們倆就和張孟談祕密部署好部隊，約定了舉事的日期，夜裏把張孟談送回晉陽城內。張孟談把情況向趙襄子彙報，趙襄子對他拜了兩次以致謝。

張孟談因朝知伯而出，遇知過轅門之外[1]。知過入見知伯曰：「二主殆將有變。」君曰：「何如？」對曰：「臣遇張孟談於轅門之外，其志矜，其行高。」知伯曰：「不然。吾與二主約謹矣，破趙三分其地，寡人所親之，必不欺也，子釋之勿出於口。」知過出，見二主，入說知伯曰：「二主色動而意變，必背君，不如今殺之。」知伯曰：「兵箸晉陽三年矣，旦暮當拔之而饗其利，乃有他心？不可，子慎勿復言。」

注釋

1 轅門：古代行軍，在駐紮時，用車作為屏障，在出入的地方豎起兩車，使兩車轅相向，形成半圓形的門，即營門。

譯文

張孟談拜見智伯出來，在轅門外遇見了知過。知過進去見智伯說：「韓、魏的君主恐怕要變卦。」智伯說：「為什麼？」回答說：「我在轅門外遇到張孟談，他的神情傲慢，走路時腳抬得很高。」智伯說：「不會這樣。我和韓、魏的君主已經訂好盟約，破趙後三家平分它的土地，這是我和他們親自約定的，他們一定不會欺騙我。請你放下這件事，不要再說了。」知過出來見了韓、魏的君主，又進去對智伯說：「兩位君主神色不定，意志改變，一定會背叛你，不如現在殺了他們。」智伯說：「軍隊包圍晉陽三年了，早晚就可以攻下且享受它的利益，怎會產生別的想法，肯定是不可能的，你千萬不要再說了。」

知過曰：「不殺則遂親之。」知伯曰：「親之奈何？」知過曰：「魏宣子之謀臣曰趙葭，康子之謀臣曰段規，是皆能移其君之計。君其與二君約，破趙則封二子者各萬家之縣一，如是則二主之心可不變，而君得其所欲矣。」知伯曰：「破趙而三分其地，又封二子者各萬家之縣一，則吾所得者少，不可。」知過見君之不用也，言之不聽，出，更其姓為輔氏，遂去不見。

譯文

知過說：「不殺他們就去親近他們。」智伯說：「怎樣親近他們？」知過說：「魏宣子的謀臣叫趙葭，韓康子的謀臣叫段規，他們都是能改變其君主計策的人，你可以和他們兩位約定，攻破趙國後各封給他們兩位一個萬家的縣，這樣，韓、魏兩君的心意就不會改變，你也可以實現自己的願望了。」智伯說：「攻破趙國而三家平分它的土地，又封給他們兩位各一個萬家的縣，那麼我所得到的土地就少了，不能這樣做。」知過見君主不採納他的計謀，不聽他的話，出來以後，就改姓為輔氏，於是離開不再見智伯。

張孟談聞之，入見襄子曰：「臣遇知過於轅門之外，其視有疑臣之心，入見知伯，出更其姓。今暮不擊，必後之矣。」襄子曰：「諾。」使張孟談見韓、魏之君曰：「夜期殺守堤之吏，而決水灌知伯軍。」知伯軍救水而亂，韓魏翼而擊之，襄子將卒犯其前，大敗知伯軍而禽知伯。

譯文

張孟談聽說這件事後，進見趙襄子，說：「我在轅門外碰到知過，他眼中流露出懷疑我的神色，他去進見智伯，出來後就改變了自己的姓氏。今天晚上如我們不進攻智伯，必然比智伯的行動晚了。」襄子說：「好吧。」派張孟談去見韓、魏兩國君主說：「就在今夜殺掉守堤的人，放水去淹智伯的軍營。」智伯軍隊忙着去救沖來的水，亂作一團，韓、魏軍隊從兩翼夾擊，趙襄子率領大軍從正面進攻，大敗智伯的軍隊，並活捉了智伯。

知伯身死、國亡、地分，為天下笑，此貪欲無厭也。夫不聽知過，亦所以亡也。知氏盡滅，唯輔氏存焉。

譯文

智伯被殺，國也亡了，領地被瓜分，成為天下的笑柄，這是他貪得無厭所造成的後果。他不聽知過的忠告，也是他滅亡的原因。智氏家族全被消滅，只有輔氏一支保留下來。

賞析與點評

貪婪如同盲目與失聰一樣可怕。

晉畢陽之孫豫讓

晉畢陽之孫豫讓，始事范、中行氏而不說，去而就知伯，知伯寵之。及三晉分知氏，趙襄子最怨知伯，而將其頭以為飲器。豫讓遁逃山中曰：「嗟乎！士為知己者死，女為悅己者容，吾其報知氏矣！」乃變姓名為刑人，入宮塗廁，欲以刺襄子。襄子如廁，心動，執問塗者，則豫讓也，刃其扜[1]，曰：「欲為知伯報讎。」左右欲殺之，趙襄子曰：「彼義士也，吾謹避之耳。且知伯已死，無後，而其臣至為報仇，此天下之賢人也。」卒釋之。

注釋

1扜（粵：汗；普：hàn）：當作「圬」，泥工抹牆器。

譯文

晉國畢陽的孫子豫讓，最初在范氏、中行氏手下做事而不受重視，於是就轉投智伯，為智伯所重用。後來趙、魏、韓三家瓜分了智氏的土地，趙襄子最恨智伯，把他的頭顱做成酒杯。豫讓逃到山中說：「唉！士為知己者死，女為悅己者容，我要報答智伯的知遇之恩！」於是改名換姓，喬裝為雜役，到趙襄子宮中粉刷廁所，想找機會刺殺趙襄子。趙襄子去廁所時，心感不祥，就讓人把粉刷廁所的人抓來問他是誰，原來就是豫讓，他在粉刷工具上裝上兵刃，說：『我想替智伯報仇。』趙襄子身邊的人想殺豫讓，趙襄子說：『他是義士，寡人只要小心避開他便是了。而且智伯已死，沒有後人，他的臣子能為他報仇，這可算得上是天下的賢人啊！』最後釋放了他。

豫讓又漆身為厲[1]，滅鬚去眉，自刑以變其容，為乞人而往乞。其妻不識曰：「狀貌不似吾夫，其音何類吾夫之甚也！」又吞炭為啞，變其音。其友謂之曰：「子之道甚難而無功，謂子有志則然矣，謂子智則否。以子之才而善事襄子，襄子必近幸子，子之得近而行所欲，此甚易而功必成。」豫讓乃笑而應之曰：「是為先知報後知，為故君賊新君，大亂君臣之義者，無過此矣。凡吾所謂為此者，以明君臣之義，非從易也。且夫委質而事人，而求弒之，是懷二心以事君也。吾所為難，亦將以愧天下後世人臣懷二心者。」

注釋

1厲：通「癩」，指惡瘡。

譯文

豫讓又在身上塗漆來使自己長滿惡瘡，剃去鬚眉，以自殘改變容貌，扮成乞丐去行乞。他的妻子認不出他，說：「相貌不像我的丈夫，可是為何聲音那麼像我的丈夫啊？」豫讓又吞炭使自己的聲音嘶啞，改變了自己的嗓音。他的朋友勸他說：「你所用的方法，難度大且沒有成效，說你有志向倒是不錯，但你很不智。以你的才能，如盡心為趙襄子辦事，襄子必定親近你，你利用接近襄子的機會以實現願望，更易於成功。」豫讓笑着回答說：「這是替之前了解我的人去報復後來了解我的人，是替舊主子去害新主子，傷害君臣之義，沒有比這更嚴重的了。我所以這樣做，是為了闡明君臣之義，並不想以容易的方法去做。況且投身他人手下辦事，又想着去殺他，這是懷着異心去事奉主子啊。我所以要採取艱難的方法，是要使天下後世懷着異心去事奉主子的人感到慚愧。」

居頃之，襄子當出，豫讓伏所當過橋下。襄子至橋而馬驚。襄子曰：「此必豫讓也。」使人問之，果豫讓。於是趙襄子面數豫讓曰：「子不嘗事范、中行氏乎？知伯滅范、中行氏而子不為報讎，反委質事知伯。知伯已死，子獨何為報讎之深也？」豫讓曰：「臣事范、中行氏，范、中行氏以眾人遇臣，臣故眾人報之。知伯以國士遇臣[1]，臣故國士報之。」襄子乃喟然歎泣曰：「嗟乎，豫子！豫子之為知伯，名既成矣，寡人舍子亦以足矣。子自為計，寡人不舍子。」使兵環之。豫讓曰：「臣聞明主不掩人之義，忠臣不愛死以成名。君前已寬舍臣，天下莫不稱君之賢。今日之事，臣故伏誅，然願請君之衣而擊之，雖死不恨。非所望也，敢布腹心。」於是襄子義之，乃使使者持衣與豫讓。豫讓拔劍三躍，呼天擊之曰：「而可以報知伯矣。」遂伏劍而死。死之日，趙國之士聞之，皆為涕泣。

注釋　1國士：國之精英。

譯文

過了不久，到了襄子外出視察的時候，豫讓埋伏在襄子必經的橋下。襄子到達橋頭，馬兒猛然驚叫。襄子說：「必定是豫讓在此。」派人前去探查，果然正是豫讓。於是襄子當面責備他說：「你不是也曾在范氏、中行氏手下辦事嗎？智伯滅了范氏、中行氏，你不替他們報仇，反而轉投到智伯手下。智伯已經死去，你為什麼執着地為他報仇呢？」豫讓說：「我在范氏、中行氏手下辦事，范氏、中行氏把我當作普通人看待，所以我就用一般人的態度對待他們。智伯把我當作國士看待，所以我就用國士的行為報答他。」襄子感歎流淚說：「豫讓啊，你為智伯所做的事，已使你成名了，寡人饒恕你也算是仁至義盡了。你自己盤算一下吧，寡人不再放過你了。」說罷，派兵士把他團團圍住。豫讓說：「我聽說賢明的主子不埋沒別人的正義行為，忠臣不惜一死以成名聲。你從前已經寬待過我，天下都稱讚你的賢明。今天的事，我本應伏法，但我請求能用劍擊打你的衣服，我縱使死去也沒有遺憾了。我的願望不一定能夠實現，但我想坦誠地說出來。」襄子被他說的話感動了，就派人把衣服遞給豫讓。豫讓拔劍跳躍三次，擊刺衣服，說：「老天作證，我可以報答智伯的知遇之恩了。」於是就舉劍自殺。他死的這天，趙國的人聽說，都忍不住為他落淚。

秦王謂公子他

秦王謂公子他曰[1]：「昔歲崤下之事[2]，韓為中軍，以與諸侯攻秦。韓與秦接境壤界，其地不能千里，展轉不可約。日者秦、楚戰於藍田[3]，韓出銳師以佐秦，秦戰不利，因轉與楚，不固信盟，唯便是從。韓之在我，心腹之疾。吾將伐之，何如？」公子他曰：「王出兵韓，韓必懼，懼則可以不戰而深取割。」王曰：「善。」乃起兵，一軍臨熒陽[4]，一軍臨太行[5]。

注釋

1秦王：秦昭王。公子他：秦惠文王之子，秦昭王之兄。一作「公子池」。2崤下之事：指公元前二九八年，韓與齊、魏攻入秦函谷關一事。崤，指崤山，在今河南洛寧北。3秦、楚戰於藍田：此戰役發生於公元前三一二年。藍田，秦邑，在今陝西藍田南。4熒陽：在今河南滎陽古滎鎮。熒，通「滎」。5太行：由河南綿延至山西的大山，為當時險塞。

譯文

秦昭王對公子他說：「從前三國進攻函谷關那一次戰役，韓充當主力，和諸侯聯合攻秦。韓和秦邊界相連，其地盤方圓不過千里，又反覆無常不能結為盟國。從前秦與楚在藍田激戰，韓派出精銳部隊助秦，但當秦處於不利態勢時，韓卻反過去幫助楚，不堅守盟約的信義，只追求眼前的利益。韓對於我們來說，確實是心腹大患。寡人想討伐它，你認為怎麼樣？」公子他說：「大王出兵攻韓，韓必然非常恐懼，他們害怕了，我們不用戰鬥就可割取大片土地。」昭王說：「很好。」於是出動軍隊，一支軍隊逼近滎陽，另一支指向太行山。

韓恐，使陽城君入謝於秦[1]，請效上黨之地以為和[2]。令韓陽告上黨之守靳黈曰[3]：「秦起二軍以臨韓，韓不能有。今王令韓興兵以上黨入和於秦[4]，使陽言之太守，太守其效之。」靳黈曰：「人有言：『挈瓶之知，不失守器。』王則有令，而臣太守，雖王與子亦其猜焉。臣請悉發守以應秦，若不能卒，則死之。」韓陽趨以報王。王曰：「吾始已諾於應侯矣，今不與，是欺之也。」乃使馮亭代靳黈[5]。

注釋

1陽城君：韓桓惠王（？—前二三九）時封君。2上黨：韓郡名，在今山西沁河以東一帶。3韓陽：韓國公子。4今王：指韓桓惠王。5馮亭（？—前二六〇）：韓國的上黨郡守。

譯文

韓國害怕了，就派陽城君到秦國去道歉，請求獻出上黨作為講和的條件。韓王又派韓陽告訴上黨太守靳黈說：「秦國兩路出兵攻韓，韓國不能保有。現在大王有令，把上黨獻給秦國求和，派我把情況告訴太守，太守還是遵行王令吧。」靳黈說：「人們常說：『即使只有用瓶子汲水那樣一點聰明，也要守住，不能讓它喪失。』大王雖然有令，但我是太守，換作是大王和你也不能不有所懷疑。我請求發動全部守軍對付秦軍，如果最後不能守住，那麼我就為國犧牲。」韓陽迅速把情況上報韓王。韓王說：「寡人已經答應秦相應侯范睢了，如果不獻出上黨，那就是欺騙他。」於是就派馮亭去接替靳黈。

馮亭守三十日，陰使人請趙王曰[1]：「韓不能守上黨，且以與秦，其民皆不欲為秦而願為趙。今有城市之邑十七，願拜內之於王[2]，唯王才之[3]。」趙王喜，召平陽君而告之曰[4]：「韓不能守上黨，且以與秦，其吏民不欲為秦而皆願為趙。今馮亭令使者以與寡人，何如？」趙豹對曰：「臣聞聖人甚禍無故之利。」王曰：「人懷吾義，何謂無故乎？」對曰：「秦蠶食韓氏之地，中絕不令相通，故自以為坐受上黨也。且夫韓之所以內趙者，欲嫁其禍也。秦被其勞而趙受其利，雖強大不能得之於小弱，而小弱顧能得之強大乎？今王取之，可謂有故乎？且秦以牛田、水通糧，其死士皆列之於上地，令嚴政行，不可與戰。王自圖之。」王大怒曰：「夫用百萬之眾，攻戰逾年歷歲，未得一城也。今不用兵而得城十七，何故不為？」

趙豹出。

注釋

1趙王：趙孝成王（？—前二四五；前二六五—前二四五在位），名丹，趙惠文王子。2內：同「納」。下同。3才：通「裁」，裁度，裁定。4平陽君：趙豹（生卒年不詳），趙惠文王（前三一〇—前二六六）同母弟。

譯文

馮亭防守了三十天，暗中派人對趙王說：「韓國守不住上黨，將要割讓給秦國，當地的百姓都不想歸秦而願歸趙，如今有十七座城邑，願敬獻給大王，請大王定奪吧。」趙王心裏高興，召見平陽君並對他說：「韓國守不住上黨，將割讓給秦國，當地的官吏和百姓都不願歸秦而願歸趙。如今馮亭派使者來獻給我，怎麼樣？」趙豹回答說：「我聽說聖人認為無故得利將帶來大禍。」趙王說：「別人傾慕寡人的德義，怎麼說是無故呢？」趙豹答說：「秦國蠶食韓國的土地，從中切斷使它不能相通，所以自認為可以安坐而得上黨。況且韓國之所以把土地獻給趙國，是想把禍患轉嫁給趙國。秦國遭受勞苦而趙國得其利益，即使是強大者都不可能從弱小者手中得到，哪裏有弱小者反從強大者手中得到呢？如今大王取得這些土地，可以說是有理由嗎？況且秦國以牛耕田，以水道運輸糧食，敢死之士都得到了上等的土地，法令嚴格，政令貫徹，千萬不可與它開戰。大王三思。」趙王非常生氣地說：「動用百萬大軍，連續幾年作戰，沒有得到一城。如今不費一兵一卒就可得到十七座城池，為何不取？」趙豹於是退下。

王召趙勝、趙禹而告之曰[1]：「韓不能守上黨，今其守以與寡人，有城市之邑十七。」二人對曰：「用兵逾年，未見一城，今坐而得城，此大利也。」乃使趙勝往受地。

注釋

1 趙勝（？—前二五一）、趙禹（生卒年不詳）：皆趙國大臣。趙勝即平原君，趙宗室，為趙相，封於東武城（今山東武城西北）。

譯文

趙王召見趙勝、趙禹，對他們說：「韓國守不住上黨，如今其郡守把城獻予寡人，共有十七座城邑。」二人回答說：「連年用兵，沒有得到一座城池，如今安坐就能獲得城邑，這是十分有利的事啊！」於是趙王派趙勝去接受土地。

趙勝至曰：「敝邑之王使使者臣勝，太守有詔，使臣勝謂曰：『請以三萬戶之都封太守，千戶封縣令，諸吏皆益爵三級，民能相集者，賜家六金。』」馮亭垂涕而勉曰：「是吾處三不義也。為主守地而不能死，而以與人，不義一也；主內

之秦，不順主命，不義二也；賣主之地而食之，不義三也。」辭封而入韓，謂韓王曰：「趙聞韓不能守上黨，今發兵已取之矣。」

譯文

趙勝到後宣告說：「敝國大王有詔，派使者臣勝告訴太守說：『如今拿三萬家的大城封賜給郡守，千家的城封賜給縣令，一般官吏加爵三級，百姓能夠相安的，每家賜給六金。』」馮亭流着淚低着頭說：「這樣我會處在三不義的境地啊。為君主守地而不能犧牲，反獻給旁人，這是一不義；君主已把地割給秦國，我卻不聽主子的命令，這是二不義；賣掉君主的土地而自己得到封邑，這是三不義。」於是辭去封賞而回韓國，對韓王說：「趙國聽說韓國無力防守上黨，如今已發兵把它佔領了。」

韓告秦曰：「趙起兵取上黨。」秦王怒[1]，令公孫起、王齮以兵遇趙於長平[2]。

注釋

1秦王：秦昭王。2公孫起（？—前二五七）、王齮（粵：蟻；普：yǐ）（？—前二四三）：皆秦將。公孫起即白起，郿（今陝西眉縣）人，以善於用兵著稱。長平：趙邑，在今山西高平西北。

譯文

韓國告訴秦國說：「趙國已派兵攻取了上黨。」秦王發怒，命令白起、王齮領兵至長平和趙軍對陣。

卷十九　趙策二

本篇導讀——

公元前三〇二年，目光如炬的趙武靈王展開了「胡服騎射」的變法。趙武靈王的「胡服騎射」雖然沒有觸及政治制度的變革或削弱貴族的利益，然而此舉在趙國仍然掀起軒然大波，影響深遠。趙武靈王在面對保守勢力的激烈反對時，援引夏、商、周三個朝代之服式迥異，春秋五霸教化不一，卻能統一及稱霸天下的例子，苦口婆心地說明「知學之人，能與聞遷，達於禮之變，能與時化」的道理。可是一切都枉費心思，因為反對者根本沒考慮到胡服騎射在軍事方面上的改良。胡服騎射的目標在於令軍隊簡裝輕騎，熟悉馬背上的生活方式，亦即「師夷之長技以制夷」，以便於作戰。

趙武靈王洞悉時代的需要，敢於挑戰傳統，又耐心說服反對的保守派，悉心令改變服裝與學習騎射相配合。此外，他又設立國防建設的具體方針，水、陸齊下，以致「逾九限之固，絕五徑之險」，闢地千里，成就了一代霸業。

不過，從王族公子、大臣趙文與趙造、趙燕、周紹以至於牛贊之反對可見，趙武靈王提出的胡服騎射所面對的阻力非常大。這大概亦是他日後被活活餓死於沙丘的關鍵所在。公子成不穿胡服，以表示反對改革，他雖被趙武靈王所折服，然而公子成卻成為日後兵變而令趙武靈王餓死沙丘的策劃者之一。歷來變法必然遭受保守勢力的激烈反對，而變法者的下場一般都極之悲慘，趙武靈王也不例外，令人不勝唏噓。

武靈王平晝閒居

武靈王平晝閒居，肥義侍坐曰[1]：「王慮世事之變，權甲兵之用，念簡、襄之跡，計胡狄之利乎？」王曰：「嗣立不忘先德，君之道也；錯質務明主之長[2]，臣之論也。是以賢君靜而有道民便事之教，動有明古先世之功。為人臣者，窮有弟長辭讓之節，通有補民益主之業。此兩者，君臣之分也。今吾欲繼襄主之業，啟胡、翟之鄉，而卒世不見也。敵弱者，用力少而功多，可以無盡百姓之勞，而享往古之勳。夫有高世之功者，必負遺俗之累；有獨知之慮者，必被庶人之恐。

今吾將胡服騎射以教百姓，而世必議寡人矣。」

注釋 1肥義（？—前二九五）：趙武靈王的丞相。2錯質：猶言委質，獻身給君主。

譯文 趙武靈王平日閒坐時，肥義在一邊陪伴着他，肥義說：「大王是在考慮天下形勢的變化，權衡兵力的使用，懷念簡子和襄子的功業，盤算抗擊胡狄的好處嗎？」武靈王說：「繼承君位不忘祖先的功德，是國君應該遵循的原則；獻身事君，力求顯揚國君的過人之處，是臣子應該遵循的原則。因此英明的國君平時要做引導百姓、便利行事的教育，行動時要發揚光大祖先的功績。做臣子的在未做官時就應具備尊敬長輩、謙虛禮讓的德行；在做官以後就應做出幫助百姓、輔佐君主的功業。這兩點，正是做國君與做臣子的本分。現在，寡人想繼承襄王的事業，開發胡、狄地區，擔心永遠都不為人所理解。如果是對付一般的弱敵，不費吹灰之力就能有彪炳戰績，不必置百姓於水深火熱之中，就能獲得像先輩簡子、襄子那樣的不世功勳。要想建立不世功業的人，就一定會受到囿於世俗勢力的牽制；有獨到見解的人，難免會被庸俗之人所抱怨。現在寡人打算教導百姓改穿胡服、學習騎射，想必社會上一定會對寡人議論紛紛了。」

肥義曰：「臣聞之，疑事無功，疑行無名。今王即定負遺俗之慮，殆毋顧天下之議矣。夫論至德者不和於俗，成大功者不謀於眾。昔舜舞有苗，而禹袒入裸國，非以養欲而樂志也，欲以論德而要功也！愚者闇於成事，智者見於未萌，王其遂行之。」

譯文

肥義說：「臣聽說，在事業上猶豫不決就不能建功立業，在行動上疑慮重重，也就不能取得功名。現在大王既然下定了擺脫世俗的決心，就不必再顧慮任何人的非議了。那講究高尚道德的人，不去附和一般俗見；成就偉大功業的人，就不和一般人商量。從前虞舜演練干戚之舞，苗族就歸服了；夏禹赤身露體地進入裸國，裸國也就服從了。他們並不是為了縱情享樂，而是為了宣揚德政、建立功業啊！愚蠢的人對於即將成功的事情也弄不明白，聰慧的人在事態尚未露出苗頭之際就能察覺出來了，希望大王立即施行你的理想吧。」

王曰：「寡人非疑胡服也，吾恐天下笑之。狂夫之樂，知者哀焉；愚者之笑，賢者戚焉。世有順我者，則胡服之功未可知也。雖敺世以笑我，胡地、中山吾必有之。」

譯文

武靈王說：「寡人對改穿胡服的好處毫不懷疑，只是擔心天下人譏笑寡人這種做法。正如瘋子高興的事，聰明人卻為他哀傷；蠢人覺得可笑的事，有才能的人卻為之擔憂。人們如果能夠擁護寡人的措施，那麼改穿胡服的功效將不可估量。那時即使讓天下所有人都來譏笑寡人，寡人必定會佔有胡地與中山。

王遂胡服。使王孫緤告公子成曰[1]：「寡人胡服且將以朝，亦欲叔之服之也。家聽於親，國聽於君，古今之公行也；子不反親，臣不逆主，先王之通誼也。今寡人作教易服而叔不服，吾恐天下議之也。夫制國有常，而利民為本，從政有經，而令行為上。故明德在於論賤，行政在於信貴。今胡服之意，非以養欲而樂志也。事有所出，功有所止，事成功立，然後德且見也。今寡人恐叔逆從政之經，以輔公叔之議。且寡人聞之：『事利國者行無邪，因貴戚者名不累。』故寡人願慕公叔之義，以成胡服之功。使謁之叔，請服焉。」

注釋

1 王孫緤：趙臣。公子成：趙國貴族。

譯文

武靈王於是改穿胡服。派王孫緤向公子成說：「寡人已穿上了胡服並且將要上朝，因此希望叔父也能穿上。家裏的事由父母做主，國家的事由國君做主，這是古今公認的準則。子女不違抗父母，臣子不違抗國君，這是先王就已通行的規矩。如今寡人下令改變服裝，可是叔父卻不穿，寡人怕天下人又要議論了。治理國家要有一定的原則，對老百姓有利才是最根本的；管理政事要有一定的準則，而保證政通令行才是首要。所以想要顯示功德，必須考慮到下層百姓的利益；想要推行政令，首先要使權貴奉行。現在，寡人要改穿胡服的目的，決不是放縱情慾而娛樂心志啊。事情只要開了頭，功業就有成功的時候；事成功就，道德就顯現出來了。今天寡人擔心叔父違反了治理國家的固定原則，而去附和貴族那些反對胡服的議論。況且寡人聽說過：『做有利於國家的事情，行動就不會出現偏差；依靠宗室貴冑的支持，名聲就不會受傷害。』所以寡人希望仰仗叔父的正確行動，來促進改變胡服的成功。寡人特地派遣王孫紲到你府上去拜望、陳述，請叔父穿上胡服吧。」

公子成再拜曰：「臣固聞王之胡服也，不佞寢疾，不能趨走，是以不先進。王今命之，臣固敢竭其愚忠。臣聞之：『中國者，聰明睿知之所居也，萬物財用之所聚也，賢聖之所教也，仁義之所施也，詩、書、禮、樂之所用也，異敏技藝之所試也，遠方之所觀赴也，蠻夷之所義行也。』今王釋此而襲遠方之服，變古之教，易古之道，逆人之心，畔學者，離中國，臣願大王圖之。」

譯文

公子成拜了兩拜，回答說：「臣早已聽說君王改穿胡服了，只因臣臥病在床，行動不便，所以不能及早地向大王提供意見。現在君王命令臣改穿胡服，臣就大膽地表達愚見吧。臣聽說過：『中國這個地方，是聰明能幹、具有遠見的人所居住的地方，是各種物資財富所聚集的地方，是聖賢進行教化的地方，是仁義道德所施行的地方，是詩、書、禮、樂所使用的地方，是各種精妙技藝所應用的地方，是遠方國家前來參觀學習的地方，是四方不開化民族所應該崇拜和效法的地方。』現在君王捨棄了這些，而去套用邊遠地區的服飾，改變了古代的禮教，變換了古代的準則，違背了人們的心志，背叛了聖賢的教導，脫離了中國的傳統習俗，臣希望大王三思。」

使者報王。王曰：「吾固聞叔之病也。」即之公叔成家自請之曰：「夫服者所以便用也，禮者所以便事也。是以聖人觀其鄉而順宜，因其事而制禮，所以利其民而厚其國也。祝髮文身[1]，錯臂左衽[2]，甌越之民也[3]。黑齒雕題[4]，鯷冠秫縫[5]，大吳之國也。禮服不同，其便一也。

注釋

1祝髮：斷髮。指中原以外少數民族的習俗和裝束。2錯臂：紋身，指刻畫手臂。左衽：衣襟向左開。中原風俗是衣襟向右開。衽，衣襟。3甌（粵：歐；普：ōu）越：古代越族的一支，分佈在今浙江、福建一帶。4雕題：刻畫額頭，塗以丹青。題，額。5鯷（粵：提；普：tí）冠：鯷魚皮做成的帽子。鯷魚即鮎魚。秫（粵：述；普：shú）縫：縫製粗拙。秫，通「鉥」，長針。

譯文

王孫紲把公子成的話向趙武靈王報告。趙武靈王說：「寡人早已聽說叔父患病了。」於是，就親自到了公子成家裏，對他說：「衣服的樣式，不過是為了人們穿着方便的，而禮制是為了處理事情的便利。所以聖人總是考察當地的習慣而因地制宜，根據實際需要而制定禮法，為的是利民富國。至於那些剪斷頭髮、身上刻畫着花紋，手臂刻着紋飾，左邊縫着衣襟，正是甌越百姓的習慣。那些用草汁染黑牙齒、額頭上刺刻着圖畫，戴着魚皮帽子，穿着粗針大線的衣服，乃是吳國百姓的打扮。雖然他們的禮俗和服飾各不相同，但都同樣便利於人們。」

「是以鄉異而用變，事異而禮易。是故聖人苟可以利其民，不一其用；果可以便其事，不同其禮。儒者一師而禮異，中國同俗而教離，又況山谷之便乎！故去就之變，知者不能一；遠近之服，賢聖不能同。窮鄉多異，曲學多辨。不知而不疑，異於己而不非者，公於求善也。

譯文

「所以說地區不同，其舉止措施也就各有變化，客觀實際不同，禮儀制度也就會相應地變化了。因此聖人認為，只要對老百姓有利，在措施上就不求一致；只要真正能給事業帶來便利，在禮法上就可以不必相同。儒生同師承於一個老師，而他們的主張、禮法卻不一樣；中原地區的風俗傳統大體一致，而他們的政令卻迥異，更何況那些居住在偏僻山谷中的人們，不都也是在因地制宜地各求方便嗎？所以對於事物的選擇、取捨，再有聰明才智的人也無法強求一致；不同地區、不同時代的服飾打扮，就是聖賢也無法統一。窮鄉僻壤的地方，少見多怪；孤陋寡聞的人，經常巧辯不休。不懂得的事物，不要隨便去懷疑；不同於自己觀點的意見，也不要輕易非議，這才是追求真理的公正態度。

「今卿之所言者，俗也；吾之所言者，所以制俗也。今吾國東有河、薄洛之水[1]，與齊、中山同之，而無舟檝之用。自常山以至代、上黨，東有燕、東胡之境[2]，西有樓煩、秦、韓之邊[3]，而無騎射之備。故寡人且聚舟檝之用，求水居之民，以守河、薄洛之水；變服騎射，以備其燕、東胡、樓煩、秦、韓之邊。且昔者簡主不塞晉陽以及上黨，而襄主兼戎取代，以攘諸胡。此愚知之所明也。

注釋

1薄洛之水：古漳水流經今河北巨鹿和平鄉東境的河流。2東胡：居住在胡（匈奴）東而得名的古民族。3樓煩：居住在今山西西北寧武、岢嵐一帶的古民族。

譯文

「現今你所說的一些話，都是些世俗的言論；而寡人所說的一些話，恰恰是如何改革習俗與傳統的言論。目前我國東部有黃河、薄洛水兩條河流，是我國與齊國、中山國的交界線，可是我們卻沒有水軍。從常山到代郡、上黨郡一帶，東邊與燕國、東胡為鄰，西邊與樓煩、秦國、韓國接壤，而我們卻不曾在那裏配備騎兵和部隊。所以寡人要設法籌集船隻、建設水軍，並組織河邊民眾共同防守黃河和薄洛水；寡人還要改變舊式服裝，訓練騎兵，以便守衛我國與燕國、東胡、樓煩、秦國、韓國間的邊界。再說從前簡主不把我國的疆域版圖局限在晉陽和上黨，接着襄主又兼併了戎狄和代地，驅走了各部胡人。這些業績，無論是愚者還是智人，都是清楚明白的。

「先時中山負齊之強兵，侵掠吾地，係累吾民[1]，引水圍鄗[2]，非社稷之神靈，即鄗幾不守。先王忿之，其怨未能報也。今騎射之服，近可以備上黨之形，遠可以報中山之怨。而叔也順中國之俗以逆簡、襄之意，惡變服之名，而忘國事之恥，非寡人所望於子！」

注釋　1係累：拘縛。2鄗：同「鎬」，趙邑，在今河北柏鄉北。

譯文　「早些時候，中山國倚仗齊國的雄厚兵力，侵犯我國土地，俘虜我國的百姓，引水衝決我們的鄗城，如果不是社稷神靈的護祐，鄗城差一點就失守了。先王對這件事極為憤恨，可是這個仇至今還未能報。如今我們採用便於騎射的胡服來武裝自己，近可以保衛上黨這個要塞，遠還可以向中山國報仇雪恨。而叔父你偏要依從中原地區的舊俗，卻違背了簡主與襄主的遺願，反對改穿胡服的命令，而忘記了國家所蒙受的恥辱，可不是寡人對你的期望啊！」

公子成再拜稽首曰：「臣愚不達於王之議，敢道世俗之聞。今欲繼簡、襄之意，以順先主之志，臣敢不聽令。」再拜，乃賜胡服。

譯文　公子成聽了以後，拜了兩拜，叩頭說：「臣愚昧無知，未能領會君王的意圖，大膽地講了一些世俗的偏見。如今君王既然繼承簡主與襄主的遺志，完成先王未竟的事業，臣不敢不聽從王命。」說完又拜了兩拜，於是武靈王就賜給他一套胡服。

趙文進諫曰[1]：「農夫勞而君子養焉，政之經也。愚者陳意而知者論焉，教

之道也。臣無隱忠，君無蔽言，國之祿也。臣雖愚，願竭其忠。」王曰：「慮無惡擾，忠無過罪，子其言乎。」趙文曰：「當世輔俗，古之道也；衣服有常，禮之制也；修法無愆，民之職也。三者，先聖之所以教。今君釋此，而襲遠方之服，變古之教，易古之道，故臣願王之圖之。」

注釋

1 趙文：趙臣。

譯文

趙文又前來勸阻趙武靈王說：「農民用辛勤的耕耘來養活治國的人，這是國家的常規。無知的人說出自己的想法，由既聰明而又有學問的人進行評論，是朝廷教化的準則。做臣子的不隱藏自己的忠心，做國君的不阻塞臣下的言路，就是國家的福氣。臣雖愚昧無知，卻願意盡忠直言。」趙武靈王說：「考慮問題，不要討厭不同意見的干擾，對盡忠直言的人，不要斥責他的罪過，你就大膽地說吧。」趙文說：「適應時代的潮流，順從社會的習俗，這是自古以來就有的原則；服裝有一定的樣式，這是禮法所規定的；遵守法令，不發生錯誤，乃是百姓的本分。這三方面，是古代聖人的教誨。現在君王捨棄了這些，而去襲用遠方胡人的服式，改換了古代的教化，變更了自古以來的行動準則，所以臣希望君王三思。」

王曰：「子言世俗之聞。常民溺於習俗，學者沉於所聞。此兩者，所以成官而順政也，非所以觀遠而論始也。且夫三代不同服而王，五伯不同教而政。知者作教，而愚者制焉。賢者議俗，不肖者拘焉。夫制於服之民，不足與論心；拘於俗之眾，不足與致意。故勢與俗化，而禮與變俱，聖人之道也。承教而動，循法無私，民之職也。知學之人，能與聞遷，達於禮之變，能與時化，故為己者不待人，制今者不法古，子其釋之。」

譯文

趙武靈王說：「你所說的不過是一些世俗的觀點。一般人沉溺於舊俗，讀書人又拘泥於書本陳見，這兩種人，都只能完成固定職守，順從既定的政令罷了，是不能高瞻遠矚、改革創新的。再說，夏、商、周三個朝代的服式不同，卻都統一了天下；春秋時代五霸的教化不同，卻都能治理好國家。有遠見的人制定出規章制度，一般思昧者只能遵守。有才能的人可以議論、探討禮法、教化，沒才能的人只會墨守成規。對那些恪守傳統習俗的人，是不能夠與其交流溝通的；對那些拘泥於舊禮教的人，也是無法和他們談論理想和志向的。故此，習俗應跟着形勢的變化而變化，禮法制度也要隨着形勢的改變而改變，這才是聖人治國的原則。秉承命令而行動，遵循法度而沒有私心，是做老百姓的本分。有遠見卓識的人，能隨着新事物的出現而改變原來的觀點，通曉禮法的變化，才能隨着時代的變化而變化。因此真正志在修身的人不仰賴別人的讚許，治理當世的人不去效法古代的成功。你還是放棄那些不正確的意見吧！」

趙造諫曰[1]：「隱忠不竭，奸之屬也。以私誣國，賊之類也。犯姦者身死，賊國者族宗。此兩者，先聖之明刑，臣下之大罪也。臣雖愚，願盡其忠，無遁其死。」王曰：「竭意不諱，忠也。上無蔽言，明也。忠不辟危，明不距人，子其言乎！」

注釋

1 趙造：趙臣。

譯文

趙造規勸趙武靈王道：「藏住忠心不說，屬於奸邪之類。因私心而誤國，屬於賊害之類。犯奸的應處死，害國的應滅族。這兩種，是先王訂下明確的刑罰，是臣子的大罪。臣雖然愚鈍，願盡忠心，不敢逃避死罪。」趙武靈王說：「暢所欲言，不加避諱，這是忠臣。君主不阻攔臣下發表意見，這是明君。忠臣不避危險，明君不拒絕別人提意見，你就說吧。」

趙造曰：「臣聞之：『聖人不易民而教[1]，知者不變俗而動[2]。』因民而教者，不勞而成功；據俗而動者，慮徑而易見也。今王易初不循俗，胡服不顧世，非所以教民而成禮也。且服奇者志淫，俗辟者亂民。是以涖國者不襲奇辟之服，中國不近蠻夷之行，非所以教民而成禮者也。且循法無過，修禮無邪，臣願王之圖之。」

注釋 1易民：改變人民的要求。2動：治理。

譯文 趙造說：「臣聽說：『聖人不改變百姓的要求而進行教誨，聰明的人不改變習俗而治理。』順着民心去教誨的，不費力便可獲得成功；依着習俗而行動的，輕車熟路，非常方便。現在大王改變原有的做法，不按習俗辦事，改穿胡服而不顧社會上的議論，這可不是教導百姓遵守禮制啊。況且服裝奇異的人，心意就放蕩，習俗怪僻的地方，往往民心混亂。所以治理國家的人不穿怪僻的服裝，中原地區不仿效蠻夷的不開化行為，因為這不是教導人們遵守禮制。而且遵循原有的法制，沒有什麼過錯，奉行傳統制度，不會偏離正道，臣望大王三思。」

王曰：「古今不同俗，何古之法？帝王不相襲，何禮之循？宓戲、神農教而不誅[1]，黃帝、堯、舜誅而不怒[2]。及至三王[3]，觀時而制法，因事而制禮，法度制令，各順其宜，衣服器械，各便其用。故禮世不一道，便國不必法古。聖人之興也，不相襲而王；夏、殷之衰也，不易禮而滅。然則反古未可非，而循禮未足多也。且服奇而志淫，是鄒、魯無奇行也[4]；俗辟而民易，是吳、越無俊民也[5]。是以聖人利身之謂服，便事之謂教，進退之謂節，衣服之制，所以齊常民，非所以論賢者也。故聖與俗流，賢與變俱。諺曰：『以書為御者，不盡於馬之情；以古制今者，不達於事之變。』故循法之功不足以高世，法古之學不足以制今，子其勿反也。」

注釋

1宓戲、神農教而不誅：宓戲、神農都是傳說中的聖王，據說伏羲（即宓戲）教民畜牧，神農教民耕種，不用刑罰，這就是所謂的「教而不誅」。2黃帝、堯、舜誅而不怒：黃帝、堯、舜都是傳說中的古帝，據說他們雖然用兵誅亂，但仍以教化為主，所以說是「誅而不怒」。3三王：指夏、商、周三代的開國聖王。4鄒、魯：均在今山東境內，是禮教最早發達的古國。5吳、越：在今江蘇、浙江境內的古國，據說當地的百姓「斷髮文身」，和中原的習俗不同。

譯文

趙武靈王說：「古今的習俗本不相同，為什麼要效法古代呢？歷代帝王互不相襲，為什麼要遵循古代的禮制？伏羲、神農時代，只用教化而不動用刑罰，黃帝、堯、舜時代，雖用刑罰而不憤怒。夏、商、周三代的聖王，都是觀察社會現實來制定法令的，法令制度都順應潮流，衣服器械都使用方便。所以說，治理國家不一定只用一種方法，只要對國家有利就不必效法古代。聖人的興起，不承襲前代而興旺；夏、商的衰敗，因不變更制度而滅亡。可見反對古時舊俗的，不應受到非議；而遵循舊制的人，也就不值得讚許了。如果説服裝特殊就會思想放蕩，那麼服飾正統的鄒、魯兩國，就應該沒有不正的行為了；如果説風俗怪僻的地方，百姓就會變壞，那麼風俗特殊的吳、越地區，就該沒有傑出的人才了。所以聖人認為，凡是適合穿着的，就是好服裝；凡是便於辦事的，就是好規章。關於送往迎來的禮節，衣服的樣式，是使百姓們整齊劃一，而不是用來評論賢能的人的。所以聖人能隨着風俗而變化，賢人能隨社會變化而前進。諺語説：『照書上記載來駕車的人，不能通曉馬的習性；用老辦法來對付現代的人，不懂社會的變化。』所以遵循舊制的做法不會建立蓋世的功勳，尊崇古代的理論不能治理當代的社會，希望你不要再説反對胡服的話了。」

賞析與點評

鄧小平説：「不管黑貓白貓，捉到老鼠就是好貓。」

王破原陽以為騎邑

王破原陽以為騎邑[1]。牛贊進諫曰[2]：「國有固籍，兵有常經，變籍則亂，失經則弱。今王破原陽以為騎邑，是變籍而棄經也。且習其兵者輕其敵，便其用者易其難。今民便其用而王變之，是損君而弱國也。故利不百者不變俗，功不什者不易器。今王破卒散兵以奉騎射，臣恐其攻獲之利不如所失之費也。」

注釋　1原陽：趙邑，在今山西大同西北。2牛贊：趙將。

譯文　趙武靈王攻破原陽並將此地改為騎兵基地，趙將牛贊規勸武靈王說：「國家有成文法典，軍隊有固定的兵制。改變法典，國家就會混亂；改變兵制，軍隊就會削弱。現在大王攻破原陽，並改為騎兵基地，這是改變法典、拋棄常規。再說，熟悉以前的兵制便易於克敵制勝，用慣了以前的武器便沒有難度。現在兵士都習慣了以前的裝備，而王卻要完全改換，這是傷害君主而削弱國力啊。所以沒有百倍的利益就不要改變習俗，沒有十倍的功效就不要改換器具。現在大王撤銷原來的步兵編制而實行胡人的騎射，臣擔心這樣做會得不償失！」

王曰：「古今異利，遠近易用，陰陽不同道，四時不一宜。故賢人觀時而不觀於時，制兵而不制於兵。子知官府之籍，不知器械之利；知兵甲之用，不知陰陽之宜。故兵不當於用，何兵之不可易？教不便於事，何俗之不可變？

譯文

趙武靈王說：「古今的利益不盡相同，遠與近使用的器具也不一樣。陰陽變化各有不同的特點，四時氣候不一。所以賢能的人根據客觀的條件去行動，而不被客觀條件所限制；操縱兵器而不被兵器所操縱。你只知道官府的舊法典，而不知道器械的便利；只知道一般地使用兵器、鎧甲，而不知道根據不同的條件而變化。所以兵器如果使用不便，為什麼不可以改換？教化如果不符合客觀情況，為什麼舊的禮法就不能改變呢？

「昔者先君襄主與代交地[1]，城境封之，名曰無窮之門[2]，所以昭後而期遠也。今重甲循兵不可以逾險，仁義道德不可以來朝。吾聞信不棄功，知不遺時，今子以官府之籍，亂寡人之事，非子所知。」

注釋

1代：在今河北蔚縣東北的古國。2無窮之門：在今河北張北南的隘口。

譯文　從前先君襄主當政時，與代國國界相接，於是在國界上築城加強防衞，稱城門為無窮之門，以此昭示後世子孫，希望獲得長遠利益。現在穿着沉重的鎧甲，拿着長長的武器，不便於越過險隘之地；講究仁義道德，不可能讓胡人降服。寡人聽說忠信不放棄功業，聰明不忘記時機。現在你拿官府的舊法典來擾亂寡人的事業，這是你的不智。」

牛贊再拜稽首曰：「臣敢不聽令乎？」至遂胡服，率騎入胡，出於遺遺之門[1]，逾九限之固，絕五俓之險，至榆中[2]，辟地千里。

注釋　1遺遺之門：即挺關，在今陝西榆林西北。2榆中：在今內蒙古伊金霍洛旗一帶。

譯文　牛贊拜了兩拜叩頭說：「臣怎麼敢不聽從大王的命令呢！」於是趙武靈王穿好胡服，率領騎兵出了挺關，越過重重要隘，穿過許多險惡的關口，到達榆中，擴地千里。

卷二十　趙策三

本篇導讀——

田單是趙國的丞相，〈趙惠文王三十年〉記述了他着眼於征召入伍的人數太多會影響耕作，可見他並非從軍事角度作出思考。至於趙奢則是全方位的軍事專家：他對劍的構造的剖析，細緻入微；在宏觀的角度方面，他又能陳述出古今軍隊之不同，可見他對歷史及社會演變瞭如指掌。此外，他連當時各國實力以至於戰爭的兵力投入數目，也掌握得非常到位。本來亦是軍事專家的田單在此根本不是趙奢的論兵對手。值得質疑的是，田單曾含辛茹苦地擊燕復齊，似乎不太可能對軍事如此陌生。此處大概為了襯托趙奢之高明，而故意貶抑田單而已。

趙奢不只對軍事理論有細膩而具體的認識，他打仗時也有勇有謀有實績，例如他大挫秦軍於閼與，證明了秦軍並非無敵於天下；至於趙軍之有能力擊破秦軍，其實是趙武靈王所推行的「胡服騎射」的寶貴遺產。故趙國君臣在討論聯盟與用兵的會議上，司馬淺竟想到既拿下中山小國，也同時攻克秦國，這都是非他人所敢想像的。

然而，平原君在公元前二五五年擊退秦軍後，竟異想天開想北伐上黨，出兵攻燕，馮忌於是指出「長平之戰」後趙國已元氣大傷，力阻平原君，由此可見平原君昧於形勢，對本國的實力認識不足。此外，他早前貿然贊同接受韓國的上黨十七城，最終引發「長平之戰」及慘敗，他實在有不能推卸的責任。故此，魯仲連對平原君的評價是：「非天下之賢公子」並不為過。《戰國策》中有關平原君的記載不見得有何過人之處或貢獻，他雖沒有像春申君那樣荒唐，但遠比不上孟嘗君與信陵君之賢能。魯仲連義不帝秦，在其義正辭嚴之下，平原君與魏將辛垣衍都無言以對，顯得黯然失色。

魏公子信陵君竊虎符殺晉鄙，並且率軍隊救趙，終於令趙國免遭滅國。然而當信陵君要求與趙合縱抗秦，趙孝成王竟然拒絕，可謂毫不感恩，亦無識見。後來趙孝成王說出「子能必來年秦之不復攻我乎？」已近乎哀求了。此卷的其他篇章，均十分瑣碎，主要記述建信君見寵於趙王而實無建樹，由此益見趙國政治日趨敗壞。

趙惠文王三十年

趙惠文王三十年[1]，相都平君田單問趙奢曰[2]：「吾非不說將軍之兵法也，所以不服者，獨將軍之用眾。用眾者，使民不得耕作，糧食輓賃不可給也[3]。此坐而自破之道也，非單之所為也。單聞之，帝王之兵，所用者不過三萬，而天下服矣。今將軍必負十萬、二十萬之眾乃用之，此單之所不服也。」

注釋

1 趙惠文王三十年：此有誤，當作趙孝成王二年，即公元前二六四年。2 相都平君田單：田單本是齊將，在齊封安平君。後為趙相，封都平君。趙奢：趙將。公元前二七〇年，秦、趙閼與（今山西和順）之戰，趙奢大破秦軍，賜號為馬服君。3 輓賃：運輸。賃，通「任」，挑運。

譯文

趙惠文王三十年，趙相都平君田單問趙奢說：「我不是不喜歡將軍的用兵之法，我只是不佩服將軍用兵太多。用人太多，百姓就不能耕作，糧食供應就會出現問題，這是坐以待斃的方法，我是不會這樣做的。我聽說，帝王用兵不過三萬人，天下就會歸服。現在將軍非要十萬、二十萬才行軍打仗，這就是我不佩服的地方。」

馬服曰[1]：「君非徒不達於兵也[2]，又不明其時勢。夫吳干之劍[3]，肉試則斷牛馬，金試則截盤匜[4]，薄之柱上而擊之，則折為三；質之石上而擊之，則碎為百。今以三萬之眾而應強國之兵，是薄柱擊石之類也。且夫吳干之劍材，難夫毋脊之厚而鋒不入，無脾之薄而刃不斷[5]。兼有是兩者，無鉤鍔鐔、蒙須之便[6]，操其刃而刺，則未入而手斷。君無十餘、二十萬之眾而為此鉤鍔鐔蒙須之便，而徒以三萬行於天下，君焉能乎？且古者，四海之內，分為萬國，城雖大，無過三百丈者；人雖眾，無過三千家者，而以集兵三萬，距此奚難哉！今取古之為萬國者，分以為戰國七，能具數十萬之兵，曠日持久數歲，即君之齊已。齊以二十萬之眾攻荊，五年乃罷。趙以二十萬之眾攻中山，五年乃歸。今者齊、韓相方，而兩國圍攻焉[7]，豈有敢曰，我其以三萬救是者乎哉？今千丈之城、萬家之邑相望也，而索以三萬之眾，圍千丈之城，不存其一角，而野戰不足用也，君將以此何之？」都平君喟然太息曰：「單不至也。」

注釋

1馬服：馬服君，即趙奢。2兵：指用兵之道。3吳干之劍：指利劍。吳、干皆國名（干後為吳邑），其民善於鑄劍。4盤匜（粵：移；普：yí）：古代盥洗器，用匜盛水，放在盤中。5脾：劍面近刃處。6鉤：劍頭環。鍔：刀劍的刃。鐔（粵：尋；普：tán）：劍柄與劍身連接的凸出部分。蒙須：劍繩。7「齊、韓相方」兩句：此處是假設的話。

譯文

馬服君趙奢說：「你不但不明白用兵之道，而且不明白天下大勢。吳國的干將寶劍，可以用它砍斷牛、馬，可以用它砍斷金屬盤子；如果用它去敲擊柱子，寶劍就會斷成幾截；如果用它去敲擊石頭，寶劍就會碰得粉碎。現在用三萬軍隊去應對強國的軍隊，這就如同用寶劍去敲擊柱子、石頭那樣。況且，干將這樣的寶劍難求，如果劍脊不厚，劍刃就容易損壞；劍近刃處不薄，就不能砍斷東西。如果劍脊厚、近刃處薄，但沒有配好劍柄、劍環和劍繩，這樣就拿着劍刃去刺殺，還未傷敵，自己的手已先被割斷了。沒有十萬、二十萬軍隊當成利劍來用，只憑三萬軍隊縱橫天下，怎麼可能做得到呢？古代天下分為萬國，都城大的不過三百丈；人數多不過三千家，用三萬軍隊去攻打這些國家，有什麼困難呢？如今，古代的萬國已變成七國，能聚集數十萬軍隊，戰爭持續數年，就像你曾任職的齊國那樣。齊國用二十萬軍隊攻打楚國，五年撤兵。趙國派兵二十萬之眾攻打中山國，五年才得勝班師。現在，齊、韓力量相當，如果兩國相攻，有誰敢說我用三萬軍隊就能去救援呢？現在，千丈的城、萬家的邑到處都是，而要用三萬軍隊去包圍千丈之城，只能圍城一角，進行戰鬥就不夠用了，你想用這點軍隊幹什麼呢？」田單長歎一聲說：「這是我所不及啊！」

秦攻趙藺、離石、祁拔

秦攻趙藺、離石、祁拔[1]。趙以公子郚為質於秦，而請內焦、黎、牛狐之城[2]，以易藺、離石、祁於趙。趙背秦，不予焦、黎、牛狐。秦王怒[3]，令公子繒請地。趙王乃令鄭朱對曰[4]：「夫藺、離石、祁之地，曠遠於趙，而近於大國。有先王之明與先臣之力，故能有之。今寡人不逮，其社稷之不能恤，安能收恤藺、離石、祁乎？寡人有不令之臣，實為此事也，非寡人之所敢知。」卒倍秦。

注釋

1藺：趙邑，在今山西離石西。離石：趙邑，在今山西離石。祁：趙邑，在今山西祁縣。2內：同「納」。焦：趙邑，在今河南三門峽西。黎：趙邑，在今河南浚縣西。牛狐：趙邑，今地不詳。3秦王：秦昭王。4趙王：趙惠文王。鄭朱：趙臣。

譯文

秦國攻下趙國的藺、離石、祁三地。趙國派公子郚到秦國做人質，請求獻出焦、黎、牛狐三城，與秦國交換藺、離石、祁。趙國背約，不肯獻出焦、黎、牛狐三城。秦王發怒，派公子繒去趙國要求交出三城。趙王派鄭朱對公子繒說：「藺、離石、祁三地離趙國很遠，離貴國很近。因有先王的聖明與先臣的努力，所以才有了這個三地方。現在寡人不如先王，連國家都治不好，怎麼能顧得上藺、離石、祁呢？為寡人守城的人自作主張，這些事都是他們的所為，寡人一點也不知道。」趙王終究違背了約定。

秦王大怒，令衛胡易伐趙[1]，攻閼與[2]。趙奢將救之。魏令公子咎以銳師居安邑以挾秦。秦敗於閼與，反攻魏幾[3]，廉頗救幾[4]，大敗秦師。

注釋

1胡易：衛人，時為秦將。2閼（粵：煙；普：yān）與：趙邑，在今山西和順。3幾：魏邑，在今河北大名東南。4廉頗（前三二七—前二四三）：趙國名將。

譯文

秦王大怒，派胡易出兵討伐趙國，進攻閼與。趙將趙奢領兵救援。魏國派公子咎帶領精銳部隊駐紮在安邑，牽制秦軍。秦軍在閼與大敗，回頭反攻魏的幾邑。趙將廉頗救援幾邑，大敗秦軍。

秦、趙戰於長平

秦、趙戰於長平，趙不勝，亡一都尉[1]。趙王召樓昌與虞卿曰：「軍戰不勝，

尉復死。寡人使卷甲而趍之[2]，何如？」樓昌曰：「無益也，不如發重使而為媾[3]。」虞卿曰：「夫言媾者，以為不媾者軍必破，而制媾者在秦。且王之論秦也，欲破王之軍乎？其不邪[4]？」王曰：「秦不遺餘力矣，必且破趙軍。」虞卿曰：「王聊聽臣，發使出重寶以附楚、魏。楚、魏欲得王之重寶，必入吾使。趙使入楚、魏，秦必疑天下合從也，且必恐，如此則媾乃可為也。」

注釋

1都尉：中級軍官。2趍（粵：吹；普：qū）：同「趨」。3媾（粵：夠；普：gòu）：交戰國締結和約。4不：同「否」。

譯文

秦、趙兩國大戰於長平，趙軍不能取勝，一名都尉陣亡。趙王召見大臣樓昌和丞相虞卿。趙王說：「現在我軍不能取勝，還死了一名都尉。寡人想命令軍隊捲起鎧甲襲擊秦軍，你們認為怎樣？」樓昌說：「這沒有用，不如派人去和秦國講和。」虞卿說：「現在主張講和的人，一定是認為不講和則趙軍必敗，其講和的主動權卻在秦國。大王認為秦國是想打敗趙軍還是不想打敗趙軍？」趙王答道：「秦國不遺餘力，肯定是想打敗趙軍。」虞卿說：「大王請聽臣的建議，派使臣帶着重寶去討好楚國、魏國。楚國、魏國想得到大王的珍寶，肯定會接待我們的使臣。趙國的使臣到了楚國、魏國，秦國肯定會懷疑天下諸侯合縱抗秦，一定會害怕，只有這樣，和談才能成功。」

趙王不聽，與平陽君為媾，發鄭朱入秦，秦內之，趙王召虞卿曰：「寡人使平陽君媾秦，秦已內鄭朱矣，子以為奚如？」虞卿曰：「王必不得媾，軍必破矣，天下之賀戰勝者皆在秦矣。鄭朱，趙之貴人也，而入於秦，秦王與應侯必顯重以示天下[1]。楚、魏以趙為媾，必不救王。秦知天下不救王，則媾不可得成也。」趙卒不得媾，軍果大敗。王入秦，秦留趙王而後許之媾。

注釋

1秦王：指秦昭王。

譯文

趙王沒有採納虞卿的建議，派平陽君主持和議，並派鄭朱進入秦國，秦國接納了鄭朱。趙王召見虞卿說：「寡人已派平陽君講和，秦國也接納了鄭朱，你認為結果如何？」虞卿答道：「大王的和談一定不會成功，趙軍必敗，天下諸侯全都會向秦國祝賀勝利。鄭朱，是趙國的貴人，現在去了秦國，秦王與應侯必定會隆重接待，告知天下諸侯。楚國、魏國必會認為趙國已與秦國講和，肯定不會出兵救趙。秦王知道諸侯都不救趙，那麼講和是不會成功的。」趙國最終無法與秦國講和，趙軍果然大敗。趙王到了秦國，秦國扣留了趙王方才同意講和。

秦圍趙之邯鄲

秦圍趙之邯鄲[1]。魏安釐王使將軍晉鄙救趙[2]，畏秦，止於蕩陰不進[3]。魏王使客將軍辛垣衍間入邯鄲[4]，因平原君謂趙王曰：「秦所以急圍趙者，前與齊湣王爭強為帝[5]，已而復歸帝，以齊故。今齊已益弱，方今唯秦雄天下，此非必貪邯鄲，其意欲求為帝。趙誠發使尊秦昭王為帝，秦必喜，罷兵去。」平原君猶豫未有所決。

注釋

1秦圍趙之邯鄲：事在公元前二五七年。2魏安釐王（？—前二四三）：名圉，公元前二七六年—前二四三年在位。3蕩陰：魏邑，在今河南湯陰西南。4辛垣衍：他國人，在魏任將軍。5與齊湣王爭強為帝：事在公元前二八八年。

譯文

秦軍包圍了趙國都城邯鄲。魏安釐王派將軍晉鄙領兵救趙，由於害怕秦軍，就駐紮在蕩陰不敢前進。魏王又派客將軍辛垣衍潛入邯鄲城中，通過平原君對趙孝成王說：「秦軍之所以緊緊圍攻邯鄲，是因為秦以前和齊湣王爭相逞強稱帝，可是不久就把帝號取消，就是因為齊王首先廢除了帝號的緣故。如今齊國已經越發衰弱，天下惟獨秦國最強，看來秦國不一定貪圖邯鄲這個地方，而只是想再次稱帝罷了。只要趙國能派遣專使，尊秦昭王為帝，秦王必然高興，定會撤軍回國。」
平原君對此猶豫不決。

此時魯仲連適游趙，會秦圍趙。聞魏將欲令趙尊秦為帝，乃見平原君曰：「事將奈何矣？」平原君曰：「勝也何敢言事[1]！百萬之眾折於外，今又內圍邯鄲而不能去。魏王使將軍辛垣衍令趙帝秦[2]。今其人在是，勝也何敢言事！」魯連曰：「始吾以君為天下之賢公子也，吾乃今然後知君非天下之賢公子也。梁客辛垣衍安在？吾請為君責而歸之。」

注釋
1勝：平原君名趙勝，此處乃自稱其名。2魏王：即魏安釐王。

譯文
這時魯仲連恰巧到趙國遊歷，碰上秦軍圍趙。他聽説魏國打算慫恿趙國尊秦為帝，便去見平原君問道：「事情怎麼了？」平原君説：「我還能説什麼呢！百萬大軍在外受到損失，現在秦軍深入包圍邯鄲而無法使他們退兵。魏王派客將軍辛垣衍叫趙國尊秦為帝，現在這個人正在這裏，我還能説什麼呢！」魯仲連説：「以前我把你看作是天下頂尖的賢公子，如今我才發現你不是這樣的人啊。魏國客人辛垣衍在哪裏？我願為你責備他並打發他走。」

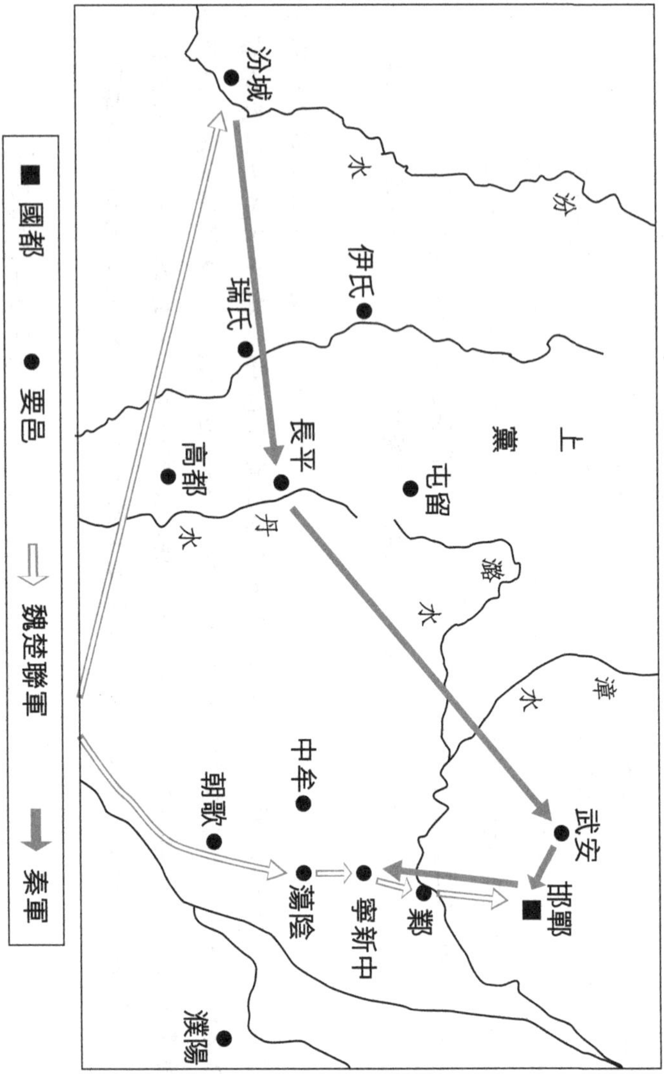

邯鄲之戰示意圖

平原君曰：「勝請召而見之於先生。」平原君遂見辛垣衍曰：「東國有魯連先生，其人在此，勝請為紹介而見之於將軍。」辛垣衍曰：「吾聞魯連先生，齊國之高士也，衍，人臣也。使事有職，吾不願見魯連先生也。」平原君曰：「勝已泄之矣。」辛垣衍許諾。

譯文

平原君說：「讓我請他來見先生吧。」平原君就去見辛垣衍說：「東方的齊國有一位魯仲連先生，他現在就在這裏，我想介紹將軍和他見面。」辛垣衍說：「我早就聽說魯仲連先生是齊國的清高人物，而我只是一個使臣。奉命出使，職事在身，我不願和魯仲連先生見面。」平原君說：「可是我已經答應他介紹你們見面了。」辛垣衍只好答應。

魯連見辛垣衍而無言。辛垣衍曰：「吾視居此圍城之中者，皆有求於平原君者也。今吾視先生之玉貌[1]，非有求於平原君者，曷為久居此圍城之中而不去也[2]？」

注釋

1玉貌：古代稱人外貌的敬辭。2曷為：何為，為什麼。

譯文

魯仲連見到辛垣衍後一言不發。辛垣衍說：「我看留在這座圍城中的人，都是有求於平原君的。如今我看先生的神采，不像是有求於平原君的人，為什麼老留在這座圍城中而不走呢？」

魯連曰：「世以鮑焦無從容而死者[1]，皆非也。今眾人不知，則為一身。彼秦者，棄禮義而上首功之國也[2]。權使其士，虜使其民。彼則肆然而為帝，過而遂正於天下，則連有赴東海而死矣，吾不忍為之民也！所為見將軍者，欲以助趙也。」辛垣衍曰：「先生助之奈何？」魯連曰：「吾將使梁及燕助之，齊、楚則固助之矣。」辛垣衍曰：「燕則吾請以從矣；若乃梁，則吾乃梁人也，先生惡能使梁助之耶？」

注釋

1鮑焦：周代的隱士，因不滿當時社會，抱樹絕食而死。2首功：自商鞅變法以來，秦國以斬獲敵首計功。

譯文

魯仲連說：「人們都認為鮑焦是由於心胸狹窄而絕食自殺的，其實完全不是這樣。由於人們不了解他的內心，才會誤以為他是為個人私事而死的。秦國是個不講禮義而以殺人為榮的國家。它用權術對待士人，就像對待俘虜般役使百姓。它如果肆無忌憚地稱帝，甚至進一步對天下發號施令，那麼我魯仲連只好跳東海自殺了，我是決不肯做它的子民的！所以拜見將軍，就是想幫助趙國抵抗秦國。」辛垣衍說：「先生將怎樣幫助趙國呢？」魯仲連說：「我準備請魏國與燕國來幫助趙國，因為齊國、楚國本來已經在援助趙國了。」辛垣衍說：「燕國麼，我可以相信先生說的；至於魏國，我本人就是魏國人，先生怎麼能叫魏國援助趙國呢？」

魯連曰：「梁未睹秦稱帝之害故也，使梁睹秦稱帝之害，則必助趙矣。」辛垣衍曰：「秦稱帝之害將奈何？」魯仲連曰：「昔齊威王嘗為仁義矣，率天下諸侯而朝周。周貧且微，諸侯莫朝，而齊獨朝之。居歲余，周烈王崩[1]，諸侯皆弔，齊後往。周怒，赴於齊曰：『天崩地坼，天子下席，東藩之臣田嬰齊後至，則斮之[2]。』威王勃然怒曰：『叱嗟！而母婢也。』卒為天下笑。故生則朝周，死則叱之，誠不忍其求也。彼天子固然，其無足怪。」

注釋

1周烈王（？—前三六九）：名喜，前三七六—前三六九在位。周烈王死，當在田齊桓公午時。此處說齊威王朝見周烈王，不實，敘述有誤。2斮：斬，砍。

譯文

魯仲連說：「魏國沒有看到秦國稱帝的壞處，如果魏國看到秦國稱帝的壞處，就定會援助趙國了。」辛垣衍說：「秦稱帝的害處在哪裏呢？」魯仲連說：「從前齊威王曾經講究仁義，他率領天下諸侯去朝見周天子。那時周室既貧且弱，沒有什麼諸侯去朝見，只有齊威王去了。過了一年多，周烈王死了，諸侯前去弔喪，齊威王後到。周王室的人大為生氣，在發給齊國的訃告裏說：『天崩地裂，新天子守喪都要離開宮室，而東方藩國之臣田嬰齊竟敢遲到，應該斬首。』齊威王勃然大怒，罵道：『呸！你媽是下等人。』這件事終於成為天下的笑柄。周天子活着的時候齊王去朝見，死後又大罵他，這因為實在忍受不了周室的苛求。做天子的本來就是這樣，所以這用不着奇怪。」

辛垣衍曰：「先生獨未見夫僕乎？十人而從一人者，寧力不勝、智不若耶？畏之也。」魯仲連曰：「然梁之比於秦若僕耶？」辛垣衍曰：「然。」魯仲連曰：「然吾將使秦王烹醢梁王。」辛垣衍怏然不悅曰：「噫，亦太甚矣，先生之言也！先生又惡能使秦王烹醢梁王？」

譯文

辛垣衍說：「先生沒見過那些奴僕嗎？十個奴僕受一個主子的役使，難道是他們的力氣比不過主人、才智不如主人嗎？是因為他們懼怕主人啊。」魯仲連說：「這麼說來，魏國對秦國就像奴僕對主人一樣了嗎？」辛垣衍說：「正是。」魯仲連說：

「既然是這樣，我就去叫秦王把魏王煮成肉醬。」辛垣衍聽了很不高興，說：「哼，先生的話太過分了！先生又怎麼能讓秦王把魏王煮成肉醬呢？」

魯仲連曰：「固也，待吾言之。昔者，鬼侯、鄂侯、文王[1]，紂之三公也。鬼侯有子而好[2]，故入之於紂，紂以為惡，醢鬼侯。鄂侯爭之急，辨之疾，故脯鄂侯[3]。文王聞之，喟然而歎，故拘之於牖里之庫百日[4]，而欲舍之死。曷為與人俱稱帝王，卒就脯醢之地也？

注釋

1鬼侯：媿姓赤狄首領，其活動中心在今山西西北部。鄂侯：鄂國首領。鄂，在今河南沁陽西北。文王：周國首領，即姬昌，其活動中心在今陝西岐山的周原一帶。2子：女兒。好：美麗。3脯：肉乾，此處作動詞用。4牖里：一作「羑里」，在今河南湯陰北。

譯文

魯仲連說：「當然可以，待我仔細地說吧。從前，鬼侯、鄂侯、文王是商紂王的三個諸侯。鬼侯有個女兒長得漂亮，於是就把她獻給了紂王，可是紂王仍嫌她醜，因而把鬼侯剁成肉醬。鄂侯急忙替鬼侯爭辯，因為語言激烈了一些，紂王就把他殺了並曬成肉乾。文王聽說了這件事，不由得歎了一口氣，就被紂王抓起來收在牖里的監牢裏，關了一百多天，還想把他殺死。為什麼有些人與別人同樣稱王，卻甘心處於任人宰割的境地呢？

「齊閔王將之魯[1]，夷維子執策而從[2]，謂魯人曰：『子將何以待吾君？』魯人曰：『吾將以十太牢待子之君。』夷維子曰：『子安取禮而來待吾君？彼吾君者，天子也。天子巡狩，諸侯辟舍，納筦鍵[3]，攝衽抱几，視膳於堂下。天子已食，乃退而聽朝也。』魯人投其籥，不果納，不得入於魯。

注釋

1魯：在今山東南部的諸侯國，建都曲阜，公元前二五六年被楚所滅。2夷維子：夷維，齊邑，在今山東高密。此人以邑為姓。3筦（粵：管；普：guǎn）：鑰匙。鍵：鎖簧。

譯文

「齊閔王要到魯國去，夷維子拿上馬鞭駕車隨行，他先去對魯國人說：『你們打算用什麼禮節來接待我們的國君？』魯國人說：『我們準備用牛、羊、豬各十頭的禮節來款待你的國君。』夷維子說：『你們這樣對待我們的國君是什麼禮節？我們的國君，是天子。天子出來巡視，諸侯應該讓出宮室，交出鑰匙，還要提起衣襟恭立在几案旁，伺候天子用餐。等天子吃完了，才能告退出去處理本國的朝政。』

魯國人聽了，就把城門上了鎖，拒絕讓齊閔王進入魯國。

「將之薛[1]，假塗於鄒[2]。當是時，鄒君死，閔王欲入弔。夷維子謂鄒之孤曰：『天子弔，主人必將倍殯柩[3]，設北面於南方，然後天子南面弔也。』鄒之群臣曰：『必若此，吾將伏劍而死。』故不敢入於鄒。

注釋

1薛：齊邑，在今山東滕州東南。2塗：同「途」。鄒：小國，本作「邾」，曹姓，國都在繹，在今山東鄒城東南。3倍：通「背」，背向。

譯文

「齊閔王只好到薛城去，途經鄒國。當時，鄒國的國君剛剛去世，齊閔王想去弔唁。夷維子告訴鄒國的新君說：『天子前來弔喪，主人一定要把靈柩轉移到相反的方向，使它朝着北面，以便天子面南致弔禮。』鄒國的大臣們一致反對，說：『如果非要這樣做不可，我們都拔劍自殺。』故此齊閔王又不敢進入鄒國。

「鄒、魯之臣，生則不得事養[1]，死則不得飯含[2]，然且欲行天子之禮於鄒、魯之臣，不果納。今秦萬乘之國，梁亦萬乘之國，俱據萬乘之國，交有稱王之名，睹其一戰而勝，欲從而帝之，是使三晉之大臣不如鄒、魯之僕妾也。

注釋　1事養：猶言侍奉。2飯含：把米放於死人口中叫「飯」，把玉放在死人口中叫「含」。不得飯含指十分貧窮。

譯文　鄒、魯兩小國的臣子，在國君活着的時候不能事奉供養，在國君死後又不能舉行把米與玉放入口中的殯禮，然而當齊閔王想強求鄒、魯兩國的臣子對他行天子之禮時，他們都不肯接受。如今秦是擁有萬輛戰車的大國，魏也是擁有萬輛戰車的大國，都有稱王的名分，只因看見秦打了一次勝仗，就想尊其為帝，這樣看來，三晉的大臣真是連鄒、魯兩國的小臣都不如了。

「且秦無已而帝，則且變易諸侯之大臣。彼將奪其所謂不肖，而予其所謂賢；奪其所憎，而與其所愛。彼又將使其子女讒妾為諸侯妃姬，處梁之宮，梁王安得晏然而已乎？而將軍又何以得故寵乎？」

譯文　「再說秦國的野心沒有止境，一旦稱帝，就會撤換諸侯的大臣。它將撤掉他們認為不好的人，而提拔他們認為能幹的人；撤去他們所厭惡的人，任用他們所喜歡的人。還會把秦國的女子、說壞話的女人嫁給諸侯們做姬妾，住進魏王的宮裏，魏王哪能安寧度日呢？而將軍又怎能得到原有的寵信呢？」

於是，辛垣衍起，再拜，謝曰：「始以先生為庸人，吾乃今日而知先生為天下之士也。吾請去，不敢復言帝秦。」

譯文　於是辛垣衍起身，拜了兩拜，並賠不是說：「起初我認為先生是個平庸的人，到今天才知道先生是天下少有的高士。請讓我告辭，今後我再不敢說尊秦為帝的話了。」

秦將聞之，為卻軍五十里，適會魏公子無忌奪晉鄙軍以救趙擊秦[1]，秦軍引而去。於是平原君欲封魯仲連。魯仲連辭讓者三，終不肯受。平原君乃置酒，酒酣，起前以千金為魯連壽。魯連笑曰：「所貴於天下之士者，為人排患、釋難、解紛亂而無所取也。即有所取者，是商賈之人也，仲連不忍為也。」遂辭平原君而去，終身不復見。

注釋　1魏公子無忌（？—前二四三）：即信陵君，魏昭王的兒子，魏安釐王同父異母的弟弟。信陵君是戰國時代著名的政治家、軍事家，魏安釐王時期官至魏國上將軍，與平原君趙勝、孟嘗君田文、春申君黃歇並稱為「戰國四公子」。

譯文

秦軍將領聽說此事後，為此退兵五十里。恰好正趕上魏公子無忌奪取了晉鄙指揮的軍隊來救趙，抗擊秦軍，秦軍就撤退回國了。於是平原君準備封賞魯仲連。魯仲連再三推辭，堅決不肯接受。平原君就設宴招待他，酒正喝得高興，平原君起身向前，奉上千金為魯仲連祝福。魯仲連笑說：「我所以受到天下賢士的尊重，就在於我為人排難解紛而不要任何報酬。如果有所索取，那就成為商人一樣的人了，我可不願這樣做。」於是就告別平原君而去，從此以後再沒有見過面。

賞析與點評

俠客具有超乎金錢與地位的正義感，千載之下，邈難再期。

卷二十一　趙策四

本篇導讀——

趙孝成王割讓三座城池以換取齊國的安平君田單為將，率領齊軍與趙軍聯合攻燕。大將趙奢極力反對，並自薦可以抗敵，可是不獲接納。此仗曠持日久，而趙國僅佔燕國三座城池，得不償失。可見，趙王並不珍惜本國良將。後來趙王割地贖回平都侯，可見趙國之衰弱。

及至本卷所錄選的（〈趙太后新用事〉），趙太后力斥向她建議以長安君作為人質的臣子，甚至聲言要唾向進諫者的面上，以此拒諫。觸龍於是從瑣事說起家常，從而以親情與宗室之為國家建功立業說開去，終於打動了趙太后，同意讓長安君到齊國做人質。然而，趙太后既用事，則可見趙國君主已無法獨當一面了。

趙太后新用事

趙太后新用事[1]，秦急攻之。趙氏求救於齊。齊曰：「必以長安君為質[2]，兵乃出。」太后不肯，大臣強諫。太后明謂左右：「有復言令長安君為質者，老婦必唾其面。」

注釋　1趙太后：趙孝成王之母。2長安君：趙太后的幼子，長安是其封號。

譯文　趙太后剛執政，秦軍便猛烈攻打趙國。趙國向齊國求救。齊國說：「必須以長安君做人質，才能發兵。」太后不同意，大臣們竭力進諫。太后向身邊的人明確宣佈：「有誰再說叫長安君做人質的，老身一定向他的臉上吐唾沫。」

左師觸龍言願見太后[1]，太后盛氣而胥之[2]。入而徐趨，至而自謝，曰：「老臣病足，曾不能疾走，不得見久矣。竊自恕，而恐太后玉體之有所郤也[3]，故願望見太后。」太后曰：「老婦恃輦而行[4]。」曰：「日食飲得無衰乎？」曰：「恃粥耳。」曰：「老臣今者殊不欲食，乃自強步，日三四里，少益嗜食，和於身也。」太后曰：「老婦不能。」太后之色少解。

注釋

1左師：左師，上卿，冗散之官以優待老臣。觸龍（生卒年不詳）：趙臣。2胥：等待。3郤（粵：隙；普：xì）：通「隙」。此處指身體不適。4輦（粵：lin^{5}；普：niǎn）：人拉的車。

譯文

左師觸龍說他願進見太后，太后一腔怒火等着他。觸龍入宮時，小步移動示敬，到了之後表示歉意，說：「老臣的腳有毛病，所以不能快走，好久沒有見面了。臣私下原諒自己，又恐怕太后的身體勞累，所以希望謁見太后。」太后說：「老身行動靠車。」觸龍問道：「每天飲食恐怕會有所減少吧？」太后回答說：「靠的是稀飯而已。」觸龍說：「老臣近來不思飲食，於是勉強步行，一天走三四里，逐漸想吃東西，使身子舒服了點。」太后說：「老身辦不到。」太后的臉色有所緩和。

左師公曰：「老臣賤息舒祺，最少，不肖。而臣衰，竊愛憐之，願令得補黑衣之數[1]，以衛王宮，沒死以聞[2]。」太后曰：「敬諾。年幾何矣？」對曰：「十五歲矣。雖少，願及未填溝壑而託之。」太后曰：「丈夫亦愛憐其少子乎？」對曰：「甚於婦人。」太后笑曰：「婦人異甚。」對曰：「老臣竊以為媼之愛燕后賢於長安君[3]。」曰：「君過矣，不若長安君之甚。」左師公曰：「父母之愛子，則為之計深遠。媼之送燕后也，持其踵為之泣，念悲其遠也，亦哀之矣。已行，非弗思也，祭祀必祝之，祝曰：『必勿使反。』豈非計久長，有子孫相繼為王也哉！」

太后曰：「然。」

注釋

1黑衣：衞士穿的衣服，此借指侍衞。2沒死：冒死罪。3媼（粵：ou²；普：ǎo）：對老年婦女的敬稱。燕后：趙太后女，因嫁給燕王，故稱燕后。

譯文

左師公說：「老臣的犬子舒祺，年紀最小，沒有本領。而今臣老了，心裏很喜歡他。希望能讓他補進黑衣侍衞的隊伍裏，保衞王宮，臣冒着死罪提出這個請求。」太后說：「非常同意。有多大年紀了？」觸龍回答：「十五歲了。雖說年幼，希望在臣死前能把他託付給人。」太后說：「男人也喜愛自己的小兒子嗎？」觸龍回答說：「比女人過之而無不及。」太后笑道：「女人家愛小兒子可是特別厲害啊！」觸龍答說：「老臣私下認為你老人家愛燕后多於長安君。」太后說：「你錯了，比起愛長安君差得遠。」左師公說：「父母疼愛子女，會為他們考慮得很長遠。你老人家送燕后出嫁，臨別登車，握住她的足跟哭泣，悲傷她的遠去，也是感到傷心。她走後，不是不思念她，祭祀必定為她祝福，祝告道：『一定別讓她回來。』難道不是考慮長遠，希望她的子孫世代繼承王位嗎？」太后說：「是的。」

左師公曰：「今三世以前[1]，至於趙之為趙，趙主之子孫侯者，其繼有在者乎？」曰：「無有。」曰：「微獨趙，諸侯有在者乎[2]？」曰：「老婦不聞也。」「此其近者禍及身，遠者及其子孫[3]。豈人主之子侯則必不善哉？位尊而無功，奉厚而無勞，而挾重器多也。今媼尊長安君之位，而封之以膏腴之地，多予之重器，而不及今令有功於國，一旦山陵崩[4]，長安君何以自託於趙？老臣以媼為長安君計短也，故以為其愛不若燕后。」太后曰：「諾。恣君之所使之。」於是為長安君約車百乘質於齊，齊兵乃出。

注釋

1三世：指趙武靈王、趙惠文王及趙孝成王。2微獨：不僅，不但。3近者禍及身，遠者及其子孫：自趙烈侯之後，趙國多次發生諸子奪取君位的內亂，有的失敗身死，如趙武靈王的長子章，因奪位而被殺，這就是觸龍所指的「近者禍及身」；有的逃亡國外，子孫世代流落他鄉，如成侯之子緤與太子語爭位，緤敗逃燕國，這就是他所指的「遠者及其子孫」。4山陵崩：國君或王后之死的諱稱。

譯文

左師公說：「從現在上推到三代以前，直到趙建國時，趙君的子孫做侯的，他的後代還存在嗎？」太后答說：「沒有。」左師公又問：「不單是趙國，其他諸侯情況相同的還存在嗎？」太后答說：「老身沒有聽說過。」觸龍說：「這些人近的本身遭禍，遠的子孫遭禍。難道君主的兒子做侯的就一定不好嗎？因為他們地位高而並未建功，俸祿多而並無功績，但卻擁有很多寶物。如今你老人家提高長安君的地位，把肥沃的地方封給他，給他很多寶物，不趁現在讓他為國立功，一旦你不幸逝世，長安君怎麼能在趙國立足呢？老臣認為你老人家為長安君考慮得少，所以說你愛他比不上愛燕后。」太后說：「對。就聽你的安排吧。」於是便替長安君準備了一百輛車子到齊國做人質，齊國這才發兵。

子義聞之曰[1]：「人主之子也，骨肉之親也，猶不能恃無功之尊，無勞之奉，而守金玉之重也，而況人臣乎！」

注釋

1子義：趙國的賢人。

譯文

子義聽說這件事後說道：「君主的兒子，是國君的親骨肉，尚且不能依靠無功而得來尊位，無勞而得來俸祿，而坐擁金玉等貴重財物，更何況是臣子呢？」

秦使王翦攻趙

秦使王翦攻趙[1]，趙使李牧、司馬尚禦之[2]。李牧數破走秦軍，殺秦將桓齮[3]。王翦惡之，乃多與趙王寵臣郭開等金，使為反間，曰：「李牧、司馬尚欲與秦反趙，以多取封於秦。」趙王疑之，使趙葱及顏冣代將[4]，斬李牧，廢司馬尚。後三月，王翦因急擊，大破趙，殺趙軍，虜趙王遷及其將顏冣，遂滅趙。

注釋

1王翦（生卒年不詳）：秦國名將，頻陽（今陝西富平東北）人。2李牧：趙國名將，長期防守趙國北邊，打敗東胡、林胡、匈奴，屢建戰功，封武安君。司馬尚（生卒年不詳）：趙將。3桓齮（粵：蟻；普：yǐ）（？——前二二七）：秦將。4趙葱（生卒年不詳）：趙將。顏冣（粵：最；普：zuì）（生卒年不詳）：本齊將，後仕趙。

譯文

秦國派王翦進攻趙國，趙國派李牧、司馬尚領軍迎戰。李牧多次打敗秦軍，殺死了秦將桓齮。王翦為此而擔憂，於是送給趙王寵臣郭開等人很多金錢，讓他們實行反間計，說：「李牧、司馬尚準備勾結秦國反對趙國，以便在秦國取得更多的封地。」趙王懷疑他們，派趙葱與顏冣代替李牧、司馬尚，殺害了李牧，罷免了司馬尚的官職。過了三月，王翦乘機加緊進攻，大破趙軍，殺死趙葱，俘虜了趙王遷及將領顏冣，於是滅了趙國。

卷二十二　魏策一

本篇導讀——

在〈知伯索地於魏桓子〉一章中，魏桓子答應了智伯的要求，表面上是吃虧，實際上卻避免了像趙襄子因拒絕智伯而帶來水圍晉陽的災難。及至韓趙相難，魏文侯曉以大義，如此胸襟，再加上其雄才偉略，任用李悝變法，遂令國富民強，成為一代英主。

魏文侯之政治才能更體現在任命地方官員上，在〈西門豹為鄴令〉中，從其對西門豹上任之忠告，可見其心思不止於武力征伐，更重視民生疾苦，他任命西門豹而使其成為一代幹吏，其故事傳頌至今。魏文侯為人之可稱道處，可謂無微不至，〈文侯與虞人期獵〉記述他與管理山澤的小官相約打獵，即使下雨，亦親身前往告訴改期一事，可見他尊重小吏，視之為朋友，如此親民，自然獲得上下的愛戴。因此田子方勸諫別為音樂而荒廢政事，文侯亦毅然納諫。

在〈魏武侯與諸大夫浮於西河〉中，吳起向魏武王進諫，他指出政治清明遠比天險重要，可見他熟知歷代政治得失，眼光相當獨到。繼吳起之後，公叔痤亦是魏國的出將入相的名臣，〈魏公叔痤為魏將〉便刻畫了他善於征伐，有過人的識人之鑒，既謙虛又不貪婪的性格。此外，他又銘記前人如吳起、巴寧及爨襄的功勞，可謂人材難得。

及至魏惠王，魏國開始衰落。在〈魏公叔痤病〉中，其時身為魏相的公叔痤病危，魏惠王於是前來探病，並詢問公叔痤何人可繼其相位時，公叔痤作了兩個建議：一、將國事盡付商鞅；二、為避免人才外流而導致敵強我弱，殺掉商鞅。然而，魏惠王全不理會。不久，商鞅果然入秦國並主持變法，遂令秦國驟然崛起，國富民強，軍隊如狼虎之師，震懾東方六國。相對而言，魏惠王則連番失策，屢戰屢敗，魏國步向衰亡。

知伯索地於魏桓子

知伯索地於魏桓子[1]，魏桓子弗予。任章曰[2]：「何故弗予？」桓子曰：「無故索地，故弗予。」任章曰：「無故索地，鄰國必恐；重欲無厭，天下必懼。君予之地，知伯必憍[3]。憍而輕敵，鄰國懼而相親。以相親之兵，待輕敵之國，知氏之命不長矣！《周書》曰：『將欲敗之，必姑輔之；將欲取之，必姑與之[4]。』

君不如與之，以驕知伯。君何釋以天下圖知氏，而獨以吾國為知氏質乎[5]？」君曰：「善。」乃與之萬家之邑一。知伯大說。因索蔡、皋梁於趙，趙弗與，因圍晉陽。韓、魏反於外，趙氏應之於內，知氏遂亡。

注釋

1魏桓子（？—前四四六）：名駒，魏國的君主，魏文侯的父親。2任章（生卒年不詳）：魏桓子的丞相。3憍（粵：驕；普：jiāo）：同「驕」。4「將欲敗之」四句：此數語與《老子》文相近。《老子》云：「將欲歙之，必固張之；將欲弱之，必固強之；將欲廢之，必固舉之。將欲取之，必固與之。」5質：箭靶，目標。

譯文

智伯向魏桓子索取土地，魏桓子不給。大臣任章問：「為什麼不給？」魏桓子回答說：「他無緣無故地索要我們的領土，所以不給。」任章說：「無緣無故地索要我們的領土，鄰國一定會很害怕；貪得無厭，諸侯一定會很擔憂。你給智伯土地，他一定會驕傲；驕傲必定會輕敵，而鄰國因害怕而互相團結。用互相團結的軍隊去抵禦輕敵的國家，智伯的命不會長了。《周書》上說：『想要打敗他，必先幫助他；想要有所獲取，必須先給予。』你不如割讓土地給他，令智伯驕傲。你為什麼放棄讓諸侯共同圖謀智伯的做法，偏要把我國作為智伯進攻的目標呢？」魏桓子說：「好。」於是送給智伯一個萬家的都邑。智伯大喜，又向趙國索要蔡、皋梁二地，趙國不給，智伯就圍攻晉陽。韓、魏聯軍從外部反擊，趙軍則在城內接應，智伯終於滅亡。

韓趙相難

韓、趙相難[1]。韓索兵於魏曰[2]：「願得借師以伐趙。」魏文侯曰：「寡人與趙兄弟，不敢從。」趙又索兵以攻韓，文侯曰：「寡人與韓兄弟，不敢從。」二國不得兵，怒而反。已乃知文侯以講於己也[3]，皆朝魏。

注釋

1相難：構難，猶言開戰。2索：求。3以：通「已」。講：和解。

譯文

韓、趙兩國開戰，韓國向魏國求援，說：「希望能借兵給我進攻趙國。」魏文侯說：「寡人與趙國是兄弟之國，不能從命。」趙國又向魏國請求援兵去進攻韓國，魏文侯說：「寡人與韓國是兄弟之國，不能從命。」韓、趙兩國都沒有借到援兵，氣沖沖地返回本國。之後才知道魏文侯從中做了調解工作，便都前去朝拜魏文侯。

西門豹為鄴令

西門豹為鄴令[1]，而辭乎魏文侯。文侯曰：「子往矣，必就子之功，而成子之名。」西門豹曰：「敢問就功成名，亦有術乎？」文侯曰：「有之。夫鄉邑老者而先受坐之士，子入而問其賢良之士而師事之，求其好掩人之美而揚人之醜者，而參驗之。夫物多相類而非也，幽莠之幼也似禾，驪牛之黃也似虎[2]，白骨疑象，武夫類玉。此皆似之而非者也。」

注釋

1西門豹（生卒年不詳）：魏國的政治家及水利專家。魏文侯在位期間擔任鄴令，破除了「河伯娶婦」的迷信，又開鑿了十二條運河，引河水灌溉民田。鄴：魏邑，在今河北臨漳西南鄴鎮。2驪（粵：離；普：lí）牛：黃黑色的牛。

譯文

西門豹出任鄴令，向魏文侯辭行。魏文侯說：「你去吧！一定要功成名就。」西門豹說：「請問功成名就也有方法嗎？」魏文侯說：「有方法的。對鄉邑中的老年人，就讓他們比旁人先行就座；讀書人來到，就選擇他們中間德才兼備的人尊為老師；對那些喜歡掩蓋別人優點、宣揚別人缺點的人，要根據事實進行驗證。事物總是似是而非，莠草的幼苗像禾苗，驪牛的毛色像老虎，白骨似象牙，一種叫武夫的石頭貌似玉石。這一切都是似是而非的東西。」

文侯與虞人期獵

文侯與虞人期獵[1]。是日[2]，飲酒樂，天雨。文侯將出，左右曰：「今日飲酒樂，天又雨，公將焉之[3]？」文侯曰：「吾與虞人期獵，雖樂，豈可不一會期哉！」乃往，身自罷之。魏於是乎始強。

注釋　1虞人：管理山澤的小官。2是日：到了約定的那一天。3焉之：何至，哪裏去。

譯文　魏文侯和虞人約定日期打獵。到了這天，他喝酒興致很高，天下着雨。魏文侯將要出行，身邊的人說：「今天酒喝得高興，天又下雨，你準備到哪裏去呢？」魏文侯說：「寡人與虞人約定了打獵的日期，雖然高興，怎能不如期相會呢！」於是動身前往，親自告訴他因雨取消打獵的事。魏國於是逐漸強大起來。

賞析與點評

信守約定，君子所為；團結上下，大事可期。

魏武侯與諸大夫浮於西河

魏武侯與諸大夫浮於西河[1]，稱曰：「河山之險，豈不亦信固哉！」王錯侍坐[2]，曰：「此晉國之所以強也[3]。若善修之，則霸王之業具矣。」吳起對曰[4]：「吾君之言，危國之道也；而子又附之，是重危也。」武侯忿然曰：「子之言有說乎？」

注釋

1魏武侯（？—前三七〇；前三九五—前三七〇在位）：名擊，魏文侯之子。西河：黃河流經魏國西部由北向南的一段。下文的「西河」是郡名，指今陝西東部黃河西岸地區。浮：乘船遊樂。2王錯（生卒年不詳）：魏臣。3晉國：指魏國。4吳起：衞國人，戰國時著名軍事家和政治家，時仕魏。

譯文

魏武侯和諸位大夫在西河乘船而下，他讚歎道：「河山如此險要，難道不是堅不可摧嗎？」王錯陪坐在旁邊，說：「這就是魏國所以強大的的原因。如善於管理，就具備成就霸王之業的條件了。」吳起接着說：「國君的話，把國家引向了危險的路，而你又附和他，這就更危險了。」武侯生氣地說：「你這樣說有什麼理由嗎？」

吳起對曰：「河山之險，不足保也；伯王之業[1]，不從此也[2]。昔者三苗之居[3]，左彭蠡之波[4]，右有洞庭之水[5]，文山在其北[6]，而衡山在其南[7]。恃此險也，為政不善，而禹放逐之。夫夏桀之國，左天門之陰[8]，而右天谿之陽[9]，廬、睪在其北[10]，伊、洛出其南[11]。有此險也，然為政不善，而湯伐之。殷紂之國，左孟門而右漳、釜[12]，前帶河，後被山。有此險也，然為政不善，而武王伐之。且君親從臣而勝降城，城非不高也，人民非不眾也，然而可得并者，政惡故也。從是觀之，地形險阻，奚足以霸王矣！」

注釋

1伯：通「霸」。2此：指上文的「河山之險」。3三苗：古族名。。4彭蠡（粵：禮；普：lǐ）：即今江西鄱陽湖。5洞庭：在今湖南北部。6文山：即岷山，在今四川松潘北，綿延於川、甘二省邊境。7衡山：古稱南嶽，在今湖南衡山西北。8天門：即天井關，在今山西晉城南。9天谿：指黃河和濟水。10廬、睪：在今山西太原、交城一帶的山。11伊、洛：二水名，均在今河南境內。12孟門：太行山的隘口，在今河南修武北。漳、釜：水名。漳水在今河南、河北二省分界處。釜，當作「滏」，即今河北南部的滏陽河。

譯文

吳起回答說：「河山形勢的險要，不足恃；霸王大業，也不是由此而生。從前三苗部落居住的地方，左邊有彭蠡澤，右邊有洞庭湖，文山在其北邊，衡山在其南邊。憑着這些天險，政績卻不好，為大禹所放逐。夏桀的國都，左邊有天門險關，右邊有黃河、濟水，廬、睪二山在北邊，伊、洛二水在南邊。地勢險要，而政治敗壞，為商湯王所討伐。殷紂的都城，左邊有孟門山，右邊有漳、滏二水，前臨河，後靠山。儘管形勢險要，但因政治腐敗，而被周武王所攻滅。再說，大王曾親自與臣一同迫使敵方的城邑投降，他們的城牆不是不高，百姓不是不多，但仍然可以加以吞併，就是因為他們的政治腐敗所致。如此看來，地形險要，不足以稱霸稱王啊！」

武侯曰：「善。吾乃今日聞聖人之言也！西河之政，專委之子矣。」

譯文

魏武侯說：「妙。寡人今天才算是聽到了聖人的言論啊。西河郡的政務，就都交付給你了。」

魏公叔痤為魏將

魏公叔痤為魏將，而與韓、趙戰澮北[1]，禽樂祚[2]。魏王說[3]，迎郊，以賞田百萬祿之。公叔痤反走，再拜辭曰：「夫使士卒不崩，直而不倚，撓揀而不辟者[4]，此吳起餘教也，臣不能為也。前脈地形之險阻，決利害之備，使三軍之士不迷惑者，巴寧、爨襄之力也[5]。縣賞罰於前，使民昭然信之於後者，王之明法也。見敵之可也鼓之，不敢怠倦者，臣也。王特為臣之右手不倦賞臣，何也？若以臣之有功，臣何力之有乎！」王曰：「善。」於是索吳起之後，賜之田二十萬，巴寧、爨襄田各十萬。

注釋

1澮（粵：繪；普：huì）：水名，源出今山西翼城東南澮山下，西南流入汾河。2禽：同「擒」。樂祚：趙將。3魏王：魏惠王。4辟：躲避。5巴寧、爨（粵：寸；普：cuàn）襄：均是魏將。

譯文

魏國的公叔痤擔任將領，與韓、趙兩國在澮北展開大戰，擒獲趙將樂祚。魏王十分高興，親自到郊外去迎接公叔痤，賞賜公叔痤百萬畝田地作為俸祿。公叔痤轉身就走，再三推辭說：「讓士兵不潰散，勇往直前，百折不撓的，是吳起從前的教導，臣所不能的。事前就去觀察複雜險要的地勢，暗中決定安排得失利害的力量，使將士不被迷惑的，是巴寧、爨襄的功勞。制定賞罰制度於前，使人民明白遵守於後，這是因為君王的法度明確。看見敵人可以攻打，就擊鼓進軍而不敢懈怠的，是臣的責任。大王只為臣不敢懈怠的手就賞賜臣，這是為什麼呢？臣又有什麼功勞呢？」魏王說：「好。」魏王於是派人尋訪到吳起的後人，賞賜他田地二十萬畝，還賞賜巴寧與爨襄田地各十萬畝。

王曰：「公叔豈非長者哉！既為寡人勝強敵矣，又不遺賢者之後，不揜能士之跡[1]，公叔何可無益乎！」故又與田四十萬，加之百萬之上，使百四十萬。故《老子》曰：「聖人無積，既以為人，己愈有；既以與人，己愈多。」公叔當之矣[2]。

注釋

1揜（粵：掩；普：yǎn）：同「掩」，猶言「埋沒」。2當：相稱。

譯文

魏王說：「公叔痤怎會不是德高望重的人呢？他既為寡人打敗了強敵，又沒有遺忘賢人的後代，不埋沒能人的功績，公叔痤怎可以不得到賞賜呢！」魏王因此又賜公叔痤田地四十萬畝，加上以前賜的一百萬畝，共有一百四十萬畝。因此《老子》說：「聖人不積蓄，全力幫助他人，自己獲得的也就會越多；盡量給予別人，自己也會獲得更多。」公叔痤就是這樣的人啊！

魏公叔痤病

魏公叔痤病，惠王往問之，曰：「公叔病，即不可諱，將奈社稷何？」公叔痤對曰：「痤有御庶子公孫鞅[1]，願王以國事聽之也；為弗能聽，勿使出竟[2]。」王弗應，出而謂左右曰：「豈不悲哉！以公叔之賢，而謂寡人必以國事聽鞅，不亦悖乎[3]！」

注釋　1御庶子：比家臣稍貴。公孫鞅：衞人，即商鞅，後入秦佐秦孝公變法。2竟：同「境」。3悖：糊塗。

譯文　魏相公叔痤病重，惠王前去探視他，問道：「公叔病重，如不幸去世，國家該怎麼辦？」公叔痤回答說：「臣有御庶子公孫鞅，希望大王把國事交付給他；如果辦不到，不要讓他離開國境。」惠王沒有回應，出去之後告訴身邊的人說：「真可悲啊！以公叔的賢能，竟然要寡人把國政交給公孫鞅，不是很糊塗嗎！」

公叔痤死，公孫鞅聞之，已葬，西之秦，孝公受而用之[1]。秦果日以強，魏日以削。此非公叔之悖也，惠王之悖也。悖者之患，固以不悖者為悖。

注釋　1孝公：即秦孝公，名渠梁。

譯文　公叔痤去世了，公孫鞅聽到這個消息，在公孫痤下葬後，就向西去到秦國。秦孝公接納並重用他。秦國果然日漸強大，魏國日漸衰弱。這不是公叔糊塗，而是惠王糊塗。糊塗之人的毛病，自然把不糊塗的人當作糊塗。

卷二十三　魏策二

本篇導讀——

魏王昏庸，臣下鬥爭，魏國處於風雨飄搖之際。〈魏惠王死〉記述了公元前三一九年，魏惠王病死，下葬的日期已定，可是雨雪紛飛，城郭被毀，太子仍堅持如期舉行葬禮，群臣力阻無效，惟有惠施曉之以文王之大義，又夾雜一點迷信觀念，說是惠王希望多見群臣百姓一些時間，方才打動太子改變初衷，令民工免於在惡劣天氣之下過於勞累。

在魏惠王時期的「馬陵之戰」（〈齊魏戰於馬陵〉），魏國慘敗，損兵折將，太子申被殺，舉國震盪。惠施對惠王提出了兩項建議：一是放下架子，屈尊朝齊；二是與齊君互尊為王。楚王聞後大怒，親自領兵伐齊，在徐州城下大敗齊軍。惠施的建議，使魏國擺脫了困境，他借用楚國的力量報了魏國的大仇。惠施一計，勝過十萬雄兵。

在〈秦召魏相信安君〉中，秦國召魏相信安君，但信安君因懼而不往，可見其懦弱與魏國之衰落。秦與楚攻魏，戰爭正密鑼緊鼓地進行，然而形勢突變，魏轉而與楚聯合，使秦陷於孤立狀態。其後，秦公子樗里疾巧計離間楚、魏，魏轉而與秦攻楚。戰國時期，各國的關係波譎雲詭，難以預料，在此可見一斑。

魏惠王死

魏惠王死[1]，葬有日矣。天大雨雪，至於牛目[2]，壞城郭，且為棧道而葬[3]。群臣多諫太子者[4]，曰：「雪甚如此而喪行，民必甚病之，官費又恐不給，請弛期更日。」

注釋

1魏惠王死：事在公元前三一九年。2至於牛目：牛目離地約四尺，以此為喻言積雪很深。3棧道：編木鋪路。4太子：名嗣，即位後為魏襄王（？—前二九六；前三一八—前二九六在位）。

譯文

魏惠王死後，確定了下葬的日子。當天卻逢天降大雪，積雪高達牛目約四尺深，城牆都被毀壞，太子於是準備修棧道來安葬魏惠王。許多大臣都上諫太子說：「在如此大雪天舉行葬禮，百姓必感到困苦，國家的經費也恐怕不足，希望太子能改日舉行葬禮。」

太子曰：「為人子而以民勞與官費用之故，而不行先王之喪，不義也。子勿復言。」

譯文　太子說：「身為人子而因為百姓困苦和經費緊張就不按時為先王舉行葬禮，這不合道義。你們不要再多說了。」

群臣皆不敢言，而以告犀首[1]。犀首曰：「吾未有以言之也，是其唯惠公乎[2]！請告惠公。」

注釋　1犀首：即公孫衍（生卒年不詳），時為魏相。2惠公：惠施。

譯文　群臣都不敢說什麼，就把此事告訴了犀首。犀首說：「我沒有什麼辦法，這件事只有惠公才能解決，請告訴惠公吧！」

惠公曰：「諾。」賀而見太子。曰：「葬有日矣。」太子曰：「然。」惠公曰：「昔王季歷葬於楚山之尾[1]，欒水齧其墓[2]，見棺之前和[3]。文王曰：『嘻！先君必欲一見群臣百姓也夫，故使欒水見之。』於是出而為之張於朝，百姓皆見之，三日而後更葬，此文王之義也。今葬有日矣，而雪甚及牛目，難以行，太子為及日之故，得毋嫌於欲亟葬乎？願太子更日。先王必欲少留而扶社稷、安黔首也[4]，故使雪甚。因弛期而更為日，此文王之義也。若此而弗為，意者羞法文王乎？」太子曰：「甚善。敬弛期，更擇日。」

注釋

1王季歷：周文王之父。楚山：在今陝西戶縣東南。2欒（粵：聯；普：luán）水：地裏浸出的水。3前和：指棺材前端的橫木板。和，棺材兩頭的橫木板。4黔首：民眾。

譯文

惠公聽到此事後說：「好。」立刻駕車去見太子。惠公問：「安葬先王的日子確定了嗎？」太子回答說：「確定了。」惠公說：「當年王季歷葬在楚山腳下，浸出的水沖壞了墓穴，棺材前端的橫木板都露了出來。文王說：『唉！一定是先王還想再見群臣百姓一面吧！所以讓浸出的水把棺木沖了出來。』文王於是將先王的棺木取出來放在朝堂之上，用幕布蓋住，讓百姓、大臣朝見，三天後重新安葬，這是文王的道義。現在雖然已經確定了下葬的日子，但雪大得積雪高達牛目，很難舉行葬禮，太子還是要按時下葬，是不是顯得太急躁了？希望太子改期下葬先王。先王一定是想再留下來親近他的國家和安撫他的人民，所以才下起大雪來。因此延期而擇日下葬，這是文王樹立的道義。如果你不願意這樣做，是不是羞怯於效法文王？」太子說：「對。延緩葬禮，重新擇日安葬先王。」

惠子非徒行其說也[1]，又令魏太子未葬其先王，而因又說文王之義[2]。說文王之義以示天下，豈小功也哉！

注釋　1非徒：不但，不僅。2而因：因而，猶言「且」。

譯文　惠子不但讓太子採納了他的主張，又令魏太子沒有強行安葬先王，且闡明了文王的道義。讓文王的道義在天下傳揚，這功勞可真是不小啊！

齊、魏戰於馬陵

齊、魏戰於馬陵[1]，齊大勝魏，殺太子申，覆十萬之軍。魏王召惠施而告之

曰[2]：「夫齊，寡人之讎也，怨之至死不忘，國雖小，吾常欲悉起兵而攻之，何如？」對曰：「不可。臣聞之，王者得度，而霸者知計。今王所以告臣者，疏於度而遠於計。王固先屬怨於趙，而後與齊戰。今戰不勝，國無守戰之備，王又欲悉起而攻齊，此非臣之所謂也。王若欲報齊乎，則不如因變服折節而朝齊，楚王必怒矣[3]。王遊人而合其鬥，則楚必伐齊，以休楚而伐罷齊[4]，則必為楚禽矣。是王以楚毀齊也。」魏王曰：「善。」乃使人報於齊，願臣畜而朝。田嬰許諾。

注釋

1馬陵：今河北大名東南。2魏王：指魏惠王。3楚王：指楚威王（？—前三二九）。4罷：同「疲」，疲勞。

譯文

齊、魏兩國在馬陵交戰，齊國戰勝魏國，殺掉魏太子申，殲滅十萬魏軍。魏惠王召見惠施對他說：「齊國是寡人的仇人，寡人至死都不會忘記對齊國的怨恨。魏國雖小，但寡人想傾盡兵力攻打齊國，你意下如何？」惠施回答說：「不可以。臣聽說，王者度量寬弘，而霸者深懂計謀。如今大王告訴臣的話，度量狹小而計謀不當。大王本來先和趙國結怨，然後與齊國交戰。如今戰事失利，國家沒有守戰的準備，大王又打算全力攻齊，這不是臣所說的王霸風範。大王如果想報復齊國，就不如脱下王服，卑躬屈節去朝見齊國，楚王定會生氣。大王派人遊説，促使他們互相爭鬥，楚國必將攻打齊國，以休養生息的楚國去攻打疲憊不堪的齊國，齊定會被楚擊敗，這就是大王利用楚國毀掉齊國！」魏王說：「好。」於是派人向齊國通報，願稱臣朝見齊國。齊國田嬰答應了。

張丑曰[1]：「不可。戰不勝魏，而得朝禮，與魏和而下楚，此可以大勝也。今戰勝魏，覆十萬之軍而禽太子申，臣萬乘之魏而卑秦、楚，此其暴戾定矣。且楚王之為人也，好用兵而甚務名，終為齊患者，必楚也。」田嬰不聽，遂內魏王，而與之並朝齊侯再三[2]。

注釋

1張丑（生卒年不詳）：齊臣。2齊侯：指齊威王。

譯文

張丑說：「不可以。如果與魏作戰沒有獲勝，便要互相朝見；與魏講和而共同攻楚，這卻可以取得大勝。如今打敗了魏國，殲滅了十萬魏軍，擒殺了太子申，使魏國稱臣而卑視秦、楚，齊君必然行為暴戾。而且楚王為人喜於用兵以揚名，最終成為齊國禍患的，必定是楚國。」田嬰不聽，就接納魏王，與他一起多次朝見齊侯。

趙氏醜之。楚王怒，自將而伐齊，趙應之，大敗齊於徐州[1]。

注釋　1徐州：今山東滕縣東南。

譯文　趙國感到羞辱。楚王生氣，親自領兵攻齊，趙國起兵響應，在徐州大敗齊軍。

卷二十四　魏策三

本篇導讀——

從魏安王釐王之一再不願失約前往秦國一事可見，他以誠信對待秦國，實乃政治上的無知，而更主要的原因恐怕在其畏秦心理。在〈華陽之戰〉一章中，在華陽一役割地予秦國一事上，魏安釐王又再一次表現出其畏秦心理，而他一切的決定均由臣子段干崇所擺佈。公元前三三三年，齊、楚交戰，魏不救齊，齊將征伐，而魏竟奉上寶璧與良馬予淳于髡，以求居間調停，由此可見魏之衰落。列國君主皆懼怕秦國，而秦國在恐嚇六國方面更不遺餘力，為其日後統一天下起了很大作用。

值得一提的是，在〈秦將伐魏〉中，孟嘗君不止在齊國廣施仁義，他在政治上也有所作為，從其搬來燕、趙大軍以解秦軍的進攻，令魏國免於災難，甚至令英武如秦昭王也「大恐」，可見孟嘗君之賢能，實應居戰國四公子之首。

華陽之戰

華陽之戰[1]，魏不勝秦。明年，將使段干崇割地而講[2]。

注釋　1華陽：韓邑，在今河南新鄭東南。2段干崇（生卒年不詳）：魏臣。

譯文　華陽之戰，魏軍為秦所敗。次年，魏將派段干崇割地與秦講和。

孫臣謂魏王曰[1]：「魏不以敗之上割，可謂善用不勝矣；而秦不以勝之上割，可謂不能用勝矣。今處期年乃欲割，是群臣之私而王不知也。且夫欲璽者，段干子也，王因使之割地；欲地者，秦也，而王因使之授璽。夫欲璽者制地，而欲地者制璽，其勢必無魏矣。且夫姦臣固皆欲以地事秦。以地事秦，譬猶抱薪而救火也，薪不盡則火不止。今王之地有盡，而秦之求無窮，是薪火之說也。」

注釋　1孫臣（生卒年不詳）：魏臣。魏王：指魏安釐王。

譯文　孫臣對魏王說：「魏國不在戰敗的時候割地，可說是善於運用不勝的條件；而秦不在戰勝的時候割取魏地，可說是不善於運用戰勝的時機。如今過了一整年才打算割地，這是群臣的私心而大王不知道。而且想得璽的是段干子，大王卻叫他去割地；想得到地的是秦國，大王卻讓它授璽。想得璽的控制着地，而想得地的控制着璽，發展下去就定會使魏國消失。而且奸臣都想用割地來討好秦國。用割地來討好秦國，就好比抱着薪柴去救火，薪柴不完那火就會不止息。如今大王的土地有限，而秦國的慾求無窮無盡，這就像是薪和火的關係。」

魏王曰：「善。雖然，吾已許秦矣，不可以革也。」對曰：「王獨不見夫博者之用梟邪？欲食則食，欲握則握。今君劫於群臣而許秦，因曰不可革，何用智之不若梟也？」魏王曰：「善。」乃按其行。

譯文

魏王說：「對。然而，寡人已答應秦國了，不可以改變了。」孫臣回答說：「難道大王沒有見過下棋的人如何使用梟棋嗎？得到梟棋的，想走就走，想停就停。如今大王受群臣脅迫而答應秦國，因而說不能食言，為什麼考慮問題還比不上運用梟棋的人啊？」魏王說：「也是。」於是就按孫臣的話而行。

點評與賞析

抱薪救火，愚不可及。

秦將伐魏

秦將伐魏。魏王聞之[1]，夜見孟嘗君[2]，告之曰：「秦且攻魏，子為寡人謀，奈何？」孟嘗君曰：「有諸侯之救則國可存也。」王曰：「寡人願子之行也。」重為之約車百乘。

注釋　1魏王：魏昭王（?—前二七七）。2孟嘗君：即田文，此時離開齊國，在魏為相。

譯文　秦國將要攻打魏國，魏王聽到了這個消息，連夜召見孟嘗君，魏王告訴他：「秦國準備攻打魏國，你為寡人設想，該如何是好呢？」孟嘗君說：「如有諸侯的救援，便有轉機。」魏王說：「寡人希望你能分憂。」魏王於是鄭重地為孟嘗君準備了一百輛車。

孟嘗君之趙，謂趙王曰[1]：「文願借兵以救魏。」趙王曰：「寡人不能。」孟嘗君曰：「夫敢借兵者，以忠王也。」王曰：「可得聞乎？」孟嘗君曰：「夫趙之兵非能彊於魏之兵，魏之兵非能弱於趙也。然而趙之地不歲危，而民不歲死；而魏之地歲危，而民歲死者，何也？以其西為趙蔽也。今趙不救魏，魏歃盟於秦[2]，是趙與強秦為界也，地亦且歲危，民亦且歲死矣。此文之所以忠於大王也。」趙王許諾，為起兵十萬，車三百乘。

注釋

1 趙王：趙惠文王。2 歃（粵：圾；普：shà）盟：歃血結盟。

譯文

孟嘗君到了趙國，面見趙王說：「我希望向大王借兵去解救魏國。」趙王回答：「寡人不能借兵給你。」孟嘗君說：「我來借兵，實際上是效忠於大王。」趙王說：「寡人可聽聽你的高見嗎？」孟嘗君說：「趙軍不比魏軍強大，魏軍也不比趙軍弱。然而趙國連年沒有受到威脅，百姓也沒有大量死亡；相反，魏國卻連年戰爭不斷，老百姓大量死亡，是什麼原因呢？這是因為魏國在西邊做趙國的屏障。今天趙國不救援魏國，魏國就會與秦國結盟，那趙國就將直接面對強大的秦國，趙國也會兵災不斷，百姓也會大量死亡。這就是我所說的忠於大王的意思。」趙王於是同意派兵十萬，戰車三百輛。

又北見燕王曰[1]：「先日公子常約兩王之交矣[2]。今秦且攻魏，願大王之救之。」燕王曰：「吾歲不熟二年矣，今又行數千里而以助魏，且奈何？」田文曰：「夫行數千里而救人者，此國之利也。今魏王出國門而望見軍，雖欲行數千里而助人，可得乎？」燕王尚未許也。

注釋 1燕王：燕昭王。2公子：指燕、魏公子。

譯文 孟嘗君又北上拜見燕王說：「當年兩國公子為聯合燕、魏兩國結盟，現在秦軍將要攻魏，希望大王救援。」燕王說：「我國已連續兩年糧食失收，現在又要遠涉千里去救援魏國，怎麼可能呢？」孟嘗君說：「遠赴千里之外救援，這是有利於燕國的。現在魏王一出國門就看見秦軍，就是想千里馳援別人，有可能嗎？」燕王還是不肯發兵。

田文曰：「臣效便計於王，王不用臣之忠計，文請行矣，恐天下之將有大變也。」王曰：「大變可得聞乎？」曰：「秦攻魏，未能克之也，而臺已燔，遊已奪矣。而燕不救魏，魏王折節割地，以國之半與秦，秦必去矣。秦已去魏，魏王悉韓、魏之兵，又西借秦兵，以因趙之眾，以四國攻燕，王且何利？利行數千里而助人

乎？利出燕南門而望見軍乎？則道里近而輸又易矣，王何利？」

譯文　孟嘗君說：「臣獻妙計給大王，但大王不用臣的良策，我只得離開，恐怕天下局勢就要大變了。」燕王說：「可告訴我會發生什麼大變化嗎？」孟嘗君回答說：「秦軍攻魏，就算沒有攻下，但高臺已被焚毀，遊樂之地也被佔領。而燕不加援救，魏王就會屈辱割地，將半個魏國的土地割讓給秦國，秦軍一定會撤退。秦軍撤走後，魏王會興起韓國、魏國的軍隊，又西借秦軍，再聯合趙軍，以四國之兵來攻打燕國，大王能得到什麼好處呢？燕國是千里馳援好，還是一出去就看見四國攻燕的軍隊好呢？而且四國軍隊到達燕國的距離很近，而運輸也很方便，這對大王有什麼好處呢？」

燕王曰：「子行矣，寡人聽子。」乃為之起兵八萬，車二百乘，以從田文。

譯文　燕王說：「你可以回國覆命了，寡人願聽從你的高見。」於是為孟嘗君派出精兵八萬，戰車二百輛。

魏王大說，曰：「君得燕、趙之兵甚眾且亟矣。」秦王大恐[1]，割地請講於魏。魏因歸燕、趙之兵而封田文。

注釋　1秦王：秦昭王。

譯文　魏王非常高興，說：「你這麼快就借到了燕、趙的大軍啊！」秦王大為恐慌，割地與魏國講和。魏王於是讓燕、趙的軍隊回國並封賞了孟嘗君。

魏將與秦攻韓

魏將與秦攻韓，無忌謂魏王曰[1]：「秦與戎翟同俗[2]，有虎狼之心，貪戾好利而無信，不識禮義德行。苟有利焉，不顧親戚兄弟，若禽獸耳。此天下之所同知也，非所施厚積德也。故太后母也，而以憂死；穰侯舅也，功莫大焉，而竟逐之；兩弟無罪，而再奪之國。此於其親戚兄弟若此，而又況於仇讎之敵國也？今大王與秦伐韓而益近秦，臣甚惑之，而王弗識也，則不明矣。群臣知之，而莫以此諫，則不忠矣。

注釋　1無忌：即信陵君（？—前二四三）。魏王：魏安釐王。2戎翟：古民族名，西方曰戎，北方曰狄。翟，同「狄」。

譯文　魏國打算聯合秦國攻打韓國，無忌對魏王說：「秦國與戎狄的習俗相同，有虎狼一樣的野心，貪婪好利，不講信用，不懂得禮義德行。如果有利可圖，就不顧父母兄弟，如同禽獸。這是天下共知的，秦國不是一個施惠積德的國家。所以秦昭王的母親宣太后，憂憤而死；穰侯是昭王的舅父，功勳卓著，竟然被驅逐；兩個弟弟涇陽君與高陵君無罪，卻兩次被奪去封地。秦王對父母兄弟尚且如此，更何況對待敵國呢？現在大王聯秦攻韓就更加接近秦禍，臣迷惑不解，可大王還不了解，就不夠明智了。群臣了解情況，卻無人勸諫，就是不忠了。

「今夫韓氏以一女子承一弱主[1]，內有大亂，外安能支強秦、魏之兵，王以為不破乎？韓亡，秦有鄭地，與大梁鄰，王以為安乎？王欲得故地，而今負強秦之禍，王以為利乎？

注釋　1一女子：指韓太后。弱主：指韓桓惠王。

譯文　「現在韓國以一個女子輔助一個幼主，國內有大亂，對外怎麼能夠抵抗強大的秦、魏聯軍，大王以為韓國不會被攻破嗎？韓國滅亡了，秦國完全佔有其地，與魏都大梁為鄰，大王以為這樣安全嗎？大王想收回舊地，如今卻要遭受強秦的禍患，大王認為這樣有利嗎？

「秦非無事之國也，韓亡之後，必且更事；更事必就易與利；就易與利，必不伐楚與趙矣。是何也？夫越山逾河，絕韓之上黨而攻強趙[1]，則是復閼與之事也[2]，秦必不為也。若道河內[3]，倍鄴、朝歌[4]，絕漳、滏之水，而以與趙兵決勝於邯鄲之郊，是受智伯之禍也。秦又不敢。伐楚，道涉谷[5]，行三千里而攻黽隘之塞[6]，所行者甚遠，而所攻者甚難，秦又弗為也。若道河外[7]，背大梁，而右上蔡、召陵[8]，以與楚兵決於陳郊[9]，秦又不敢也。故曰，秦必不伐楚與趙矣，又不攻衛與齊矣。韓亡之後，兵出之日，非魏無攻矣。

注釋

1韓之上黨：韓上黨，治所在壺關（今山西長治北），轄境為今山西和順、榆社以南，沁水流域以東地。2閼與之事：公元前二六九年，秦攻韓，包圍閼與，趙派趙奢率軍救韓，在閼與大破秦軍。3河內：在今河南黃河以北地區。4倍：通「背」。朝歌：殷紂的別都，在今河南淇縣境。5涉谷：是從秦至楚的陸路要道，在今陝西褒城境內。6**黽隘之塞**：楚北方險塞，在今河南信陽與湖北應山之間。7**河外**：相對河內而言，指今河南黃河以南地區。8**上蔡**：在今河南上蔡西南。**召陵**：在今河南郾城東。9**陳**：在今河南淮陽。

譯文

「秦國並不是一個安分守己的國家，韓國滅亡之後，一定又會發動戰爭，如果發動戰爭，就一定選擇容易和有利的事去做；選擇容易和有利的事，就一定不會進攻楚國和趙國。這是什麼緣故呢？秦國要越過高山，跨過黃河，穿越韓國的上黨去攻打強大的趙國，這是重蹈閼與之戰失敗的覆轍，秦國一定不會這樣做。如果取道河內，背着鄴城與朝歌，橫渡漳水和滏水，而在邯鄲的郊外與趙軍決一勝負，這就要遭受智伯受過的滅國大禍，秦國又不敢。假設攻打楚國，取道涉谷，徒步三千里，去攻打黽隘要塞，走的路太遠，攻打起來又太難，秦國又不會這樣做。如果取道河外，背向大梁，右靠上蔡、召陵，在陳城郊外與楚軍決戰，秦國也不敢。所以說，秦國一定不會進攻楚國與趙國，又不會攻打燕國與齊國。當韓國滅亡之後，秦國出兵之日，除了魏國再沒有可以進攻的目標了。

「秦故有懷、茅、刑丘[1]**，城垝津**[2]**，以臨河內，河內之共、汲莫不危矣**[3]**。**

秦有鄭地，得垣雍[4]**，決滎澤而水大梁**[5]**，大梁必亡矣。王之使者大過矣，乃惡安**

陵氏於秦[6]，秦之欲許之久矣[7]。然而秦之葉陽、昆陽與舞陽、高陵鄰[8]，聽使者之惡也，隨安陵氏而欲亡之。秦繞舞陽之北，以東臨許，則南國必危矣[9]。南國雖無危，則魏國豈得安哉？且夫憎韓不愛安陵氏，可也，夫不患秦之不愛南國，非也。」

注釋

1懷：在今河南武涉。茅：在今河南獲嘉東北，姚本作「地」，《史記》、帛書均作「茅」。刑丘：即邢丘，在今河南溫縣。2垝（粵：鬼；普：guǐ）津：在今河南滑縣東北。3共：在今河南輝縣。汲：在今河南汲縣西南。共、汲俱在垝津的西邊。4垣雍：在今河南原陽原武鎮西北。5滎澤：在今河南鄭州一帶，位於大梁上游的湖。6安陵：魏的附庸小國，魏襄王時所封，在今河南鄢城。7許：在今河南許昌。8葉陽：在今河南葉縣西。昆陽：在今河南葉縣北。舞陽：在今河南舞陽西。高陵：與下文之地不相近，《史記》亦無「高陵」，應為誤。9南國：魏國的南方邊境，包括今河南許昌一帶。

譯文

「秦國本來有懷、茅、邢丘，在垝津築城，而逼近河內，河內的共、汲都會危險了。秦國佔領了鄭地，獲得了垣雍，決開滎澤之水去淹灌大梁，大梁必被攻陷。大王的使者大錯特錯了，竟然在秦國詆毀魏的附屬國安陵氏，秦國很久以來就想佔領許邑。然而秦國的葉陽、昆陽與魏國的舞陽為鄰，若聽任使者詆毀，隨後就會滅亡安陵氏了。秦軍繞道舞陽以北，向東逼近許邑，那魏國南部必定危險。即使魏的南部不危險，魏國難道就能安寧嗎？如果痛恨韓國，不憐惜安陵氏，這還可以，然而不擔心秦國，不愛借魏國南部，這就錯了。」

「異日者，秦乃在河西[1]，晉國之去梁也[2]，千里有餘，河山以闌之[3]，有周、韓而間之。從林軍以至于今[4]，秦十攻魏，五入國中，邊城盡拔。文臺墮[5]，垂都焚[6]，林木伐，麋、鹿盡，而國繼以圍。又長驅梁北，東至陶、衛之郊，北至乎闞[7]，所亡乎秦者，山南、山北、河外、河內[8]，大縣數百，名都數十。秦乃在河西，晉國之去大梁也尚千里，而禍若是矣，又況於使秦無韓而有鄭地，無河山以闌之，無周、韓以間之，去大梁百里，禍必百此矣。

注釋

1河西：在今陝西大荔、宜川一帶。2晉國：指晉故都絳及安邑一帶。3闌：阻隔，遮掩。4林軍：指林鄉戰役，此役發生在公元前二八三年。林鄉，在今河南新鄭東。5文臺：今山東荷澤縣西北。6垂都：魏邑名，今山東曹縣北。7闞（粵：瞰；普：kàn）：在今山東汶上西南。8山：指中條山。

譯文

「從前秦國才在黃河以西，魏國（三家分晉後歸魏）的安邑距大梁有千里之遙，中間有河山阻隔，又有周、韓相間。從秦攻魏的林鄉戰役至今，秦國十次進攻魏，五次進入國中，邊境城邑被佔領，文臺被毀壞，垂都被焚燒，林木被砍伐，麋、鹿被殺盡，接着國都被包圍。秦軍長驅直入，一直打到大梁的北邊，東邊打到陶、衛二地的郊外，北邊打到闞邑，喪失給秦國的土地有：山南、山北、河外、河內，大縣數百，大邑數十。秦國在黃河以西，魏國舊都安邑距離大梁還有千里，可是災禍竟然到了這種地步，更何況讓秦國滅掉了韓國，佔有鄭國故地，沒有河山阻隔，沒有周、韓相間，距離大梁只有百里，災禍必然超過從前的百倍。

「異日者，從之不成矣，楚、魏疑而韓不可得而約也。今韓受兵三年矣，秦撓之以講，韓知亡，猶弗聽，投質於趙，而請為天下雁行頓刃[1]。以臣之觀之，則楚、趙必與之攻矣。此何也？則皆知秦之無窮也，非盡亡天下之兵而臣海內之民，必不休矣。是故臣願以從事王，王速受楚、趙之約而挾韓、魏之質[2]，以存韓為務，因求故地於韓，韓必效之。如此則士民不勞而故地得，其功多於與秦共伐韓，而必無與強秦鄰之禍。

注釋 1雁行：前鋒。頓刃：修築營壘。2魏：衍字，應無「魏」字。

譯文 「從前合縱不成功，是由於楚國與魏國相互猜疑，而韓國又沒有參與結盟。現在韓國被秦軍進攻三年了，秦國要韓國屈膝求和，韓國知道要滅亡，不願俯首聽命，於是送人質到趙國去，請求準備好武器為諸侯打頭陣。據臣的觀察，楚、趙國必定會與韓聯合進攻秦。為什麼呢？因為諸侯都知道秦國的慾望無窮，不滅盡天下的軍隊，不臣服四海之民，必不罷休。因此，臣願意用合縱結盟為大王效勞，請大王立刻接受楚國與趙國的盟約，保留韓國的人質，以保存韓國為要務，因此向韓國討回原來被其佔領的土地，韓國一定會獻出。這樣一來軍民不必辛勞地收回了故土，這個功績比聯合秦國攻打韓國的功績大得多，而且還可以避免與強秦為鄰的禍患。

「夫存韓、安魏而利天下，此亦王之大時已。通韓之上黨於共、寧[1]，使道已通，因而關之，出入者賦之，是魏重質韓以其上黨也。共有其賦，足以富國，韓必德魏、愛魏、重魏、畏魏。韓必不敢反魏，韓是魏之縣也。魏得韓以為縣，則衛、大梁，河外必安矣。今不存韓，則二周必危，安陵必易。楚、趙大破，衛、齊甚畏，天下西鄉而馳秦[2]，入朝為臣之日不久矣。」

注釋

1寧：即寧邑，在今河南淇縣。姚本作「莫」，《史記》作「寧」，從《史記》。2鄉：通「向」。

譯文

「保全韓國、安定魏國而利於天下，這是大王的黃金時機啊。使韓國的上黨與共、寧二地的道路相通，隨之而設立關卡，對出入的人徵收賦稅，這是因為韓國把上黨獻給魏國作為重要抵押。兩國共同享有賦稅，足以富國。韓國也必然感激魏國、愛戴魏國、尊重魏國、敬畏魏國。韓國一定不敢背叛魏國，這樣，韓國就成了魏國的屬縣。魏國把韓國作為屬縣，就可用來捍衛地、大梁、河外一定安寧。如果不保全韓國，那東周、西周一定會很危險，安陵必定易手而被秦國佔有，秦國打敗楚、趙兩國，燕國、齊國一定非常害怕，諸侯向西投奔秦國，朝拜秦王而成為臣屬的日子也就不遠了。」

卷二十五　魏策四

本篇導讀——

魏國不是沒有人材，信陵君便是一流的政治家與軍事家。在攻管一役中，信陵君並沒有錯，只是安陵君及縮高父子昧於大義，信陵君知道縮高自刎後竟素服謝罪，可以說侮辱了他，也可見其大度（〈魏王欲攻邯鄲〉）。信陵君竊虎符、殺晉鄙，率軍救趙，有勇有謀，故他作為戰國四公子之一，堪與孟嘗君並肩，當之無愧。

然而，魏國還是不得不走上滅亡之途。垣雍本是韓地，是韓、魏交界處的交通要道，秦佔有垣雍，可以決滎澤的水直灌魏都大梁，關係重大，因此秦以此為餌，誘使魏國投向秦國。事後，秦不但沒有把垣雍給魏，反而出兵佔領了垣雍，威逼魏國。秦攻魏急，但魏竟有臣子勸魏王割地予秦太后之男寵嫪毒，以取悅秦太后並打擊呂不韋，魏國可謂已是人窮志短了。

秦國對魏國的策略是又拉又打，威迫利誘，這策略果然行之有效。至於秦國的成功關鍵在於「長平之戰」，此戰役令各國聞風喪膽，從上一卷更可見魏王已畏秦如虎。公元前二五七年，魏國舊都寧邑終為秦所攻破。魏王為討回寧邑，甘願提出與秦和好，可謂與虎謀皮。然而魏王早已心怯，即使吳慶力勸魏王不可示弱，也是枉然。在心理素質方面，列國歷代君主遠遠不如歷代秦王。

到了〈秦、魏為與國〉一章，魏國已淪為秦國的藩屬國，魏國一旦受到齊、楚的攻擊，便會向秦求援，魏臣唐雎求救兵的理由是：「魏一萬乘之國，稱東藩，受冠帶，祠春秋者，以為秦之強足以為與也。」由此可見，魏已徹底臣服於秦，戰國七雄並列的格局已被打破了。文章最後一句：「魏氏復全，唐雎之說也」，可謂非常反諷。

在魏策的最後一篇〈秦王使人謂安陵君〉中，秦始皇首次出現，並以「天子」自居，非常有象徵性。故無論唐雎如何義正辭嚴，也無法抵抗強秦以武力奪取天下以至於滅魏。至於唐雎之「挺劍而起」，貌似鋤強扶弱，實際上使者根本不可能佩劍上殿，故秦王不會因而嚇壞而臉色大變，《戰國策》只是運用了文學技巧，以滿足讀者的心理而已。

魏王欲攻邯鄲

魏王欲攻邯鄲[1]，季梁聞之[2]，中道而反，衣焦不申[3]，頭塵不去，往見王曰：「今者臣來，見人於大行，方北面而持其駕，告臣曰：『我欲之楚。』臣曰：『君之楚，將奚為北面？』曰：『吾馬良。』臣曰：『馬雖良，此非楚之路也。』曰：『吾用多。』臣曰：『用雖多，此非楚之路也。』曰：『吾御者善。』此數者愈善，而離楚愈遠耳。今王動欲成霸王，舉欲信於天下，恃王國之大，兵之精銳，而攻邯鄲，以廣地尊名，王之動愈數，而離王愈遠耳，猶至楚而北行也。」

注釋

1魏王：魏惠王。2季梁：魏臣。3申：伸張，伸展。

譯文

魏王打算攻打邯鄲，季梁聽說這件事，中途折回，衣服捲縮，頭上的塵土也沒有洗掉，便匆忙去見魏王道：「今天臣來的時候，在大路上見到一個人，那人正朝着北方駕着他的車，告訴臣說：『我想到楚國去。』臣說：『你到楚國，為什麼朝着北方走？』那個人回答說：『我的馬是良駒。』臣說：『馬雖然好，可這不是到楚國的路。』那個人回答說：『我的費用充足。』臣說：『費用雖然充足，可這不是到楚國的路。』他又說：『我的車伕技術高明。』這幾個條件越好，離楚國就越遠了。如今大王的舉動總想稱王稱霸，總想威信在天下得到伸張，依仗大王的國土遼闊，武器精良，想去攻打邯鄲，從而擴張土地以提高名聲，大王的行動越頻繁，離開稱王的事業就越遙遠，就好像想到楚國卻向着北走一樣啊。」

賞析與點評

入門須正，可省卻很多冤枉路，並且避免「南轅北轍」的荒謬。

秦、魏為與國

秦、魏為與國。齊、楚約而欲攻魏，魏使人求救於秦，冠蓋相望，秦救不出。

譯文

秦國與魏國結成同盟。齊國、楚國將共同攻魏，魏國派人向秦國求救，派出使者的車輛絡繹不絕，但秦國卻遲遲沒有派出救兵。

魏人有唐雎者，年九十餘，謂魏王曰[1]：「老臣請出西說秦，令兵先臣出，可乎？」魏王曰：「敬諾。」遂約車而遣之。

注釋　1魏王：魏安釐王。

譯文　魏國有個叫唐雎的老人，九十多歲了，他對魏王說：「請讓老臣到西邊的秦國求救，要讓救兵在臣回來之前就趕到，如何？」魏王說：「太好了。」於是派車輛送他去秦國。

唐雎見秦王[1]，秦王曰：「丈人芒然乃遠至此[2]，甚苦矣。魏來求救數矣，寡人知魏之急矣。」唐雎對曰：「大王已知魏之急而救不至者，是大王籌筴之臣無任矣[3]。且夫魏一萬乘之國，稱東藩，受冠帶，祠春秋者，以為秦之強足以為與也。今齊、楚之兵已在魏郊矣，大王之救不至，魏急則且割地而約齊、楚，王雖欲救之，豈有及哉？是亡一萬乘之魏，而強二敵之齊、楚也，竊以為大王籌筴之臣無任矣。」

注釋　1秦王：秦昭王。2芒然：疲倦的樣子。3籌筴：謀劃，謀算。筴，同「策」。

譯文　唐雎拜見秦王，秦王說：「老人家不辭勞苦遠道至此，太辛苦了。魏國已多次前來求救，寡人知道魏國的情勢十分危急。」唐雎回答道：「大王已經知道魏國情勢危急卻不派救兵，這就是為大王出謀劃策的大臣無能了。況且魏國是有萬輛兵車的大國，自願臣服做秦國東邊的屬國，接受秦王的封贈，每年春秋祭祀送來供品，以為秦國的強大可以與之結盟。現在齊、楚的軍隊已經兵臨城下，大王的救兵還不到，魏國危急之時就會割讓土地，與齊、楚兩國結盟，那時大王就是想援救，還來得及嗎？輕易失掉了擁有萬輛兵車的魏國，卻讓秦的敵國齊、楚強大，我私下認為大王的謀臣太無能了。」

秦王喟然愁悟[1]，遽發兵，日夜赴魏。齊、楚聞之，乃引兵而去。魏氏復全，唐雎之說也。

注釋

1喟然：歎息警覺的樣子。

譯文

秦王幡然醒悟，立刻發兵，日夜兼程救援魏國。齊、楚兩國知道秦國發兵救魏，於是撤軍。魏國之所以能夠保全，靠的是唐雎的遊說啊！

秦王使人謂安陵君

秦王使人謂安陵君曰[1]：「寡人欲以五百里之地易安陵，安陵君其許寡人？」安陵君曰：「大王加惠，以大易小，甚善。雖然，受地於先王，願終守之，弗敢易。」秦王不說。安陵君因使唐雎使於秦。

注釋

1秦王：嬴政，公元前二四六年即秦王位，公元前二二一年統一六國後改稱始皇帝。安陵君：魏國分封的小國君主。安陵，在今河南鄢陵西北。

譯文

秦王派人對安陵君說：「寡人打算用五百里的地方交換安陵，安陵君能答應嗎？」安陵君說：「承蒙大王對敝國施恩，以大換小，很好。可是，安陵是從先王那裏繼承下來的，願終生守護，不敢交換。」秦王為此很不高興。安陵君因而派唐雎出使秦國。

秦王謂唐雎曰：「寡人以五百里之地易安陵，安陵君不聽寡人，何也？且秦滅韓亡魏，而君以五十里之地存者，以君為長者，故不錯意也[1]。今吾以十倍之地，請廣於君，而君逆寡人者，輕寡人與？」唐雎對曰：「否，非若是也。安陵君受地於先王而守之，雖千里不敢易也，豈直五百里哉！」

注釋

1 錯：同「措」。

譯文

秦王對唐雎說：「寡人以五百里的地方交換安陵，但安陵君卻不肯聽從，為什麼？況且秦國已經滅掉韓、魏，而安陵君僅憑五十里的地方得以保存下來，是因為寡人念在他是個德高望重的人，所以才沒有在意。現在寡人拿出十倍的土地來為他擴大地盤，而他竟然違抗寡人，是瞧不起寡人嗎？」唐雎回答說：「不，不是這樣。安陵君從先王那裏繼承下來的土地，就要好好守護，即使用一千里土地也不敢交換，何況是五百里呢？」

秦王怫然怒，謂唐雎曰：「公亦嘗聞天子之怒乎？」唐雎對曰：「臣未嘗聞也。」秦王曰：「天子之怒，伏屍百萬，流血千里。」唐雎曰：「大王嘗聞布衣之怒乎？」秦王曰：「布衣之怒，亦免冠徒跣[1]，以頭搶地爾。」唐雎曰：「此庸夫之怒也，非士之怒也。夫專諸之刺王僚也[2]，彗星襲月[3]；聶政之刺韓傀也[4]，白虹貫日；要離之刺慶忌也[5]，倉鷹擊於殿上[6]。此三子者，皆布衣之士也，懷怒未發，休祲降於天[7]，與臣而將四矣。若士必怒，伏屍二人，流血五步，天下縞素，今日是也。」挺劍而起。

注釋

1徒跣：赤腳。2專諸之刺王僚：春秋時，吳公子光，即後來的吳王闔閭，為了爭奪王位，於是派專諸刺殺吳王僚。專諸，吳國勇士。3彗星襲月：此和下文的「白虹貫日」、「蒼鷹擊於殿上」，皆古人的迷信觀念，認為當人間有重大變故發生時，大自然就會有相應的啟示。4聶政之刺韓傀：韓國嚴遂與韓相韓傀不和，就派聶政刺殺韓傀。聶政（生卒年不詳），韓國軹（今河南濟源）人。5要離之刺慶忌：慶忌是吳王僚的兒子，王僚被殺，他逃往衛國。吳王闔閭派要離到衛國刺殺了他。要離（？——前五一三），吳國刺客。6倉：通「蒼」。7休祲（粵：針；普：jìn）：凶兆。

譯文

秦王勃然大怒，對唐雎說：「你曾聽說過天子發怒嗎？」唐雎回答說：「臣沒聽說過。」秦王說：「天子發起怒來，就會使屍橫遍野，血流千里。」唐雄說：「大王曾聽說過平民發怒嗎？」秦王說：「平民發起怒來，不過是披頭赤腳，用頭往地上撞而已。」唐雎說：「這是庸人的發怒，不是俠士之怒。以前專諸刺殺吳王僚時，彗星的尾光掃過了月亮；聶政刺殺韓傀時，白色的長虹穿過了太陽；要離刺殺慶忌時，蒼鷹在殿上撲擊。這三個人都是平民中的俠士，他們胸中的怒氣還未發作，凶兆就會從天而降，加上臣就將出現四個這樣的勇士了。要是俠士發起怒來，將使兩具屍體同時倒下，血流五步，天下的人都會穿上孝服，今天就是這樣的時候。」說罷，便拔出寶劍，挺起身來。

秦王色撓[1]，長跪而謝之曰：「先生坐，何至於此，寡人諭矣。夫韓、魏滅亡，而安陵以五十里之地存者，徒以有先生也。」

注釋　1 撓：畏懼的神情。

譯文　秦王嚇得臉色大變，慌忙從座位上挺直身子，向唐雎道歉說：「先生請坐下，怎會弄到這種地步呢！寡人已經明白了。韓、魏兩國已滅，而安陵卻憑着五十里的地方得以倖存，正是因為有先生你這樣的人在。」

卷二十六　韓策一

本篇導讀——

〈三晉已破智氏〉記述了三家分晉之際，韓王的臣子段規早已為君主選定戰略要地，日後韓國果從成皋滅鄭，可謂目光如炬。

另一方面，申不害身為韓相，卻勾結趙相大成午以鞏固自己的地位，可見其用心不良。申不害是法家的代表人物，主張論功行賞，但卻為堂兄謀求官職，當請求被昭王所拒時，又趁機奉承昭王（〈申子請仕從兄官〉）。申不害不是良相，以上事件，可見一斑。

三晉已破智氏

三晉已破智氏，將分其地。段規謂韓王曰[1]：「分地必取成皋[2]。」韓王曰：「成皋，石溜之地也[3]，寡人無所用之。」段規曰：「不然。臣聞一里之厚，而動千里之權者，地利也。萬人之眾而破三軍者，不意也。王用臣言，則韓必取鄭矣[4]。」王曰：「善。」果取成皋。至韓之取鄭也，果從成皋始。

注釋

1段規（生卒年不詳）：韓康子的謀臣。韓王：此指韓康子虎。2成皋：亦名虎牢，在今河南滎陽汜水鎮。3石溜之地：謂其地多石，水將溜走，水土不能保持。4韓必取鄭：韓哀侯二年（前三七一）滅鄭。

譯文

韓、趙、魏三家已經擊破智伯，準備瓜分其土地。段規對韓康子說：「分地時一定要取得成皋。」韓康子說：「成皋是貧瘠的地方，寡人要來何用？」段規說：「不是這樣。臣聽說，憑借一里大的地盤卻可以撼動千里大的政權，是因為地利的緣故；一萬人可以打敗三軍，是因為趁敵不備的緣故。大王如果能採納臣的意見，韓國一定可以消滅鄭國。」韓康子說：「好。」果然要了成皋。後來韓國滅掉鄭國時，果然是從成皋開始。

申子請仕其從兄官

申子請仕其從兄官，昭侯不許也，申子有怨色。昭侯曰：「非所學於子者也。聽子之謁而廢子之道乎？又亡其行子之術而廢子之謁乎？子嘗教寡人，循功勞，視次第。今有所求，此我將奚聽乎？」申子乃辟舍請罪曰：「君真其人也！」

譯文

韓相國申不害請求韓昭侯賜官給他的堂兄，韓昭侯不同意，申不害表現出不高興的神情。韓昭侯說：「這不是從你那兒學到的嗎？寡人該答應你的要求廢棄你執法的主張呢，還是實行你的主張而不答應你的要求呢？你曾教寡人，根據功勞的大小授賞，根據能力的強弱任官。現在你有所求，這將使寡人無所適從了。」申不害離席請罪，說：「大王真是理想的好國君！」

卷二十七　韓策二

本篇導讀——

韓與秦聯盟攻打楚國已犯了大錯，再向秦國求援兵，以解雍氏之圍，即將本國孤立於六國之外，更是大錯特錯，而這一切都是韓相公仲之謀。韓公叔以為得到齊國田嬰的支持便可輕視秦國，原因是他認為齊國比較接近燕國且是東方大國，足以與秦抵抗。然而，在戰國時期，偏向任何一國都是大忌，忽略虎狼之秦，更是對大局缺乏把握，故說客向韓公叔指出其輕秦乃「塞漏舟而輕陽侯之波也」，可謂一語中的。

韓公叔與太子幾瑟及公仲爭權，中庶子鄭彊勸幾瑟除掉公叔，幾瑟為免國家內亂而拒絕，可謂深明大義。在韓與齊、魏聯合伐楚時，公叔因得到齊相孟嘗君的支持，引齊軍入燕，令幾瑟被逼逃亡楚國。由此可見，韓國的丞相公仲與公叔，既不忠，也不賢。

〈韓傀相韓〉中，「聶政刺韓」的所謂俠義精神，流傳千古，實際上卻是一齣鬧劇。嚴遂先指責韓傀之過失，再拔劍相向，這根本於理不合。他們本無深仇大恨，然而嚴遂逃亡後竟找聶政刺殺韓傀。嚴遂給予聶政重金雖遭力拒，但他仍然堅持要聶政為他報仇，這與逼人犯法有何分別？後來，聶政為報答嚴遂之情誼便貿然為他挺身而出，然而他並沒有弄清是非黑白，他所謂的行刺，更禍及無辜，包括韓烈侯等數十人。他血腥的屠殺與其屠夫的身份不無關係。他的刺殺行動殘忍暴虐，無異於當今的恐怖襲擊，整個事件乃不仁不義，實應予以強烈的譴責。至於聶政的姐姐認屍時歌頌其弟之行徑為「氣矜之隆」，可謂愚不可及。聶政之英名垂流千古，可謂荒謬至極。

由此卷可見，韓國君臣上下，可謂昏庸愚昧，無以復加。

楚圍雍氏五月

楚圍雍氏五月[1]。韓令使者求救於秦，冠蓋相望也，秦師不下殽[2]。韓又令尚靳使秦[3]，謂秦王曰[4]：「韓之於秦也，居為隱蔽，出為雁行。今韓已病矣，秦師不下殽。臣聞之，唇揭者其齒寒，願大王之熟計之。」

注釋

1雍氏：韓邑，在今河南禹州東北。2殽（粵：淆；普：yáo）：即崤，在今河南洛寧北。3尚靳（生卒年不詳）：韓臣。4秦王：秦昭王。

譯文

楚國包圍雍氏，已經五個月了，韓國派出使者去秦國求救，使者的車輛絡繹不絕，秦軍卻沒有東出崤塞援韓。韓國又派尚靳出使秦國，對秦王說：「韓國對秦國來說，平時是秦國的屏障，戰時出兵就充當先鋒。現在韓國處境危急，秦軍還不出崤塞援助。我聽說，唇亡齒寒，願大王深思熟慮。」

宣太后曰：「使者來者眾矣，獨尚子之言是。」召尚子入。宣太后謂尚子曰：「妾事先王也，先王以其髀加妾之身，妾困不支也；盡置其身妾之上，而妾弗重也，何也？以其少有利焉。今佐韓，兵不眾，糧不多，則不足以救韓。夫救韓之危，日費千金，獨不可使妾少有利焉。」

譯文

宣太后說：「韓國來了很多使者，惟獨尚先生的話說得對。」於是召見尚靳。宣太后對尚靳說：「我服侍先王，先王把大腿壓在我身上，我感到疲乏不能支撐；但先王把身子全壓在我身上，我就不覺得重，為什麼呢？因為至少對我有好處。現在援救韓國，如果兵力不足、糧食不多，就不足以救韓國。解救韓國被困之危，每天要耗費千金，難道就不能稍微給我一點好處嗎？」

尚靳歸書報韓王，韓王遣張翠[1]。張翠稱病，日行一縣。張翠至，甘茂曰：「韓急矣，先生病而來。」張翠曰：「韓未急也，且急矣。」甘茂曰：「秦重國知王也[2]，韓之急緩莫不知。今先生言不急，可乎？」張翠曰：「韓急，則折而入於楚矣，臣安敢來？」甘茂曰：「先生毋復言也。」

注釋

1張翠：韓臣。2知：同「智」。

譯文

尚靳回信報告韓王，韓王便派張翠前往秦國。張翠稱有病，每天只走一個縣。他到了秦國，甘茂說：「韓國的形勢緊急嗎？先生竟抱病而來。」張翠說：「韓國還不緊急，將要緊急了。」甘茂說：「秦國國大君賢，對韓國安危瞭如指掌。現在先生說不緊急，真的嗎？」張翠說：「韓國如果緊急的話，就會轉而投靠楚國，我還敢來嗎？」甘茂說：「先生不要再說了。」

甘茂入言秦王曰：「公仲柄得秦師，故敢捍楚。今雍氏圍而秦師不下殽，是無韓也。公仲且抑首而不朝，公叔且以國南合於楚。楚、韓為一，魏氏不敢不聽，

是楚以三國謀秦也。如此則伐秦之形成矣。不識坐而待伐，孰與伐人之利？」秦王曰：「善。」果下師於殽以救韓。

譯文

甘茂入朝報告秦王說：「公仲在韓國掌權，得到秦國的軍事援助，所以敢於對抗楚國。現在雍氏被楚國圍困，而秦軍不出崤塞去支援，這樣就會失掉韓國。況且公仲低頭憂悶而不上朝，公叔勢必會向南與楚國聯合。若楚、韓合而為一，魏國不敢不聽從，這樣楚國就可用楚、韓、魏三國的力量來圖謀秦國。這樣，攻打秦國的局面就形成了。不知是坐等被人進攻有利，還是進攻別人有利？」秦王說：「好。」於是派兵出崤塞去援救韓國。

韓傀相韓

韓傀相韓[1]，嚴遂重於君[2]，二人相害也。嚴遂政議直指，舉韓傀之過。韓傀以之叱之於朝。嚴遂拔劍趨之，以救解。於是嚴遂懼誅，亡去游，求人可以報韓傀者。

注釋

1韓傀（？—前三九七）：即俠累，任韓相，韓烈侯的叔父。2嚴遂（生卒年不詳）：字仲子，韓烈侯的大臣。

譯文

韓傀在韓國做丞相，嚴遂也受到韓君所器重，他們兩人卻互相攻擊。嚴遂公開地直接指斥韓傀的過錯。韓傀於是在朝廷上大罵嚴遂，嚴遂拔出劍來奔向韓傀，由於旁人的勸阻，才化解了這場糾紛。事後，嚴遂擔心遭到殺害，就逃離了韓國，並周遊列國，尋找可以替自己報復韓傀的人。

至齊，齊人或言：「軹深井里聶政[1]，勇敢士也，避仇隱於屠者之間。」嚴遂陰交於聶政，以意厚之。聶政問曰：「子欲安用我乎？」嚴遂曰：「吾得為役之日淺，事今薄，奚敢有請？」於是嚴遂乃具酒觴聶政母前。仲子奉黃金百鎰[2]，前為聶政母壽。聶政驚，愈怪其厚，固謝嚴仲子。仲子固進，而聶政謝曰：「臣有老母，家貧，客游以為狗屠，可旦夕得甘脆以養親。親供養備，義不敢當仲子之賜。」

注釋

1軹（粵：止；普：zhǐ）：韓邑，在今河南濟源南。深井里：軹的里名。聶政（生卒年不詳）：刺客。2鎰：古代重量單位，二十兩，或說二十四兩。

譯文

嚴遂到了齊國，聽到齊國有人說：「軹縣深井里的聶政是個勇士。他為躲避仇人而隱匿市井成為屠夫。」嚴遂就私下結交了聶政，有意厚待他。聶政問：「你想怎麼用我呢？」嚴遂說：「我為你效勞的日子還很短，服侍也不夠，哪裏敢請你為我辦事呢？」於是嚴遂就置辦了酒宴，向聶政的母親敬酒。嚴遂又捧出了百鎰黃金，為聶政的母親祝壽。聶政很驚訝，更加不理解嚴遂厚待自己的用意，就堅持謝絕了嚴遂的厚禮。嚴遂堅持進獻，聶政又推辭說：「我有老母親在世，家裏又窮，流落他鄉以殺狗為生，每天可以掙錢買些可口的食物奉養母親。現在我能夠讓母親不缺吃用，按理是不敢接受你的厚賜的。」

嚴仲子辟人[1]，因為聶政語曰：「臣有仇，而行游諸侯眾矣，然至齊，聞足下義甚高。故直進百金者，特以為夫人麤糲之費[2]，以交足下之驩，豈敢有求邪？」聶政曰：「臣所以降志辱身，居市井者，徒幸而養老母。老母在，政身未敢以許人也。」嚴仲子固讓，聶政竟不肯受。然仲子卒備賓主之禮而去。

注釋

1辟：躲避。2**麤糲**（粵：粗厲；普：cū lì）：糙米，粗糧。「粗糲」乃相對於聶政「甘脆」之言的謙辭。

譯文

嚴遂避開旁人，趁機對聶政説：「我有仇人，為此我已走遍很多國家，但到了齊國，聽説你是個極重義氣的人。我之所以奉上百金，作為老夫人買粗糧的費用，只是討你的歡心，哪裏敢有所要求呢？」聶政説：「我之所以降低心志，辱沒身份，屈居於市井之中，僅僅是希望能夠養活老母親。老母親在世，我不能夠以生命應允別人。」嚴遂極力推讓，聶政始終不肯接受百金。然而嚴遂還是盡了賓主之禮以後，再辭別而去。

久之，聶政母死，既葬，除服。聶政曰：「嗟乎！政乃市井之人，鼓刀以屠，而嚴仲子乃諸侯之卿相也，不遠千里，枉車騎而交臣，臣之所以待之至淺鮮矣，未有大功可以稱者，而嚴仲子舉百金為親壽，我雖不受，然是深知政也。夫賢者以感忿睚眥之意[1]，而親信窮僻之人，而政獨安可嘿然而止乎？且前日要政，政徒以老母。老母今以天年終，政將為知己者用。」

注釋

1 睚眥（粵：涯字；普：yá zì）：發怒時瞪眼睛，借指仇恨。

譯文

過了很久，聶政的母親去世，安葬完畢，脱去了喪服。聶政説：「唉！我不過是個粗人，整天揮刀殺狗，而嚴遂卻是諸侯的卿相大臣，不遠千里，紓尊降貴與我為友，可我對待他的確太冷淡了，又沒有什麼功勞可以補償他待我的情意。他曾捧出百鎰黃金，為我的母親祝壽，雖然我沒有接受，但他卻深深理解我。這位有身份的人因為仇恨而來親近我這個貧困僻遠的人，我哪能袖手旁觀呢？再說他以前有求於我，我只因有老母親而未能應允。現在老母親已得享天年，我將要為知己效犬馬之勞了。」

遂西至濮陽[1]，見嚴仲子曰：「前所以不許仲子者，徒以親在。今親不幸，仲子所欲報仇者為誰？」嚴仲子具告曰：「臣之仇，韓相傀。傀又韓君之季父也，宗族盛，兵衛設，臣使人刺之，終莫能就。今足下幸而不棄，請益車騎壯士以為羽翼。」政曰：「韓與衛，中間相去不遠，今殺人之相，相又國君之親，此其勢不可以多人。多人不能無生得失，生得失則語泄，語泄則韓舉國而與仲子為讎也，豈不殆哉！」遂謝車騎人徒，辭，獨行仗劍至韓。

注釋

1 濮陽：衛邑，在今河南濮陽西南。

譯文

聶政西行到了濮陽，見到嚴遂說：「以前之所以沒有應允你，只是因為我的老母親在世。現在老母親已不幸去世了，你想要報復的人是誰？」嚴遂就把全部情況告訴了他，說：「我的仇人就是韓國的相國韓傀。韓傀又是國君的叔父，他的家族很有勢力，住處又有士兵守衞着，我曾派人去刺殺過他，但一直沒有成功。現在有幸得到你的幫忙，我要多準備車馬和勇士來作為你的支援。」聶政說：「韓、衞兩國，相距不遠，此行是去刺殺人家的相國，相國又是國君的親屬，這種情況不宜人多。人多了就不可能不出差錯，出了差錯就會泄露祕密，一泄密就會導致韓國上下與你結仇，豈不是很危險嗎！」於是，他謝絕了車馬隨從，辭別了嚴遂，獨自一個人帶劍前往韓國。

韓適有東孟之會[1]，韓王及相皆在焉，持兵戟而衞者甚眾。聶政直入，上階刺韓傀。韓傀走而抱列侯[2]，聶政刺之，兼中列侯，左右大亂。聶政大呼，所殺者數十人。因自皮面抉眼，自屠出腸，遂以死。

注釋

1 東孟之會：指韓國與其他國家在東孟的一次會盟活動。東孟，韓邑，即酸棗，在今河南延津西南。2 列侯：姚本作「哀侯」，下同。

譯文

正巧韓國在東孟舉行會盟，韓君與韓相都在場，拿上武器的衞士有很多。聶政徑直闖了進去，衝上臺階就去刺殺韓傀。韓傀驚惶地奔逃到韓烈侯的身邊，抱住烈侯，聶政上去刺死了他，還連帶刺中了韓烈侯。左右的人一片混亂，聶政大聲呼喊着，接連殺死了幾十個人。接着他用刀子刺毀自己的面容，挖出眼珠，自己剖腹，流出了腸子，就死去了。

韓取聶政屍於市，縣購之千金[1]。久之莫知誰子。政姊聞之，曰：「弟至賢。不可愛妾之軀，滅吾弟之名。非弟意也。」乃之韓，視之曰：「勇哉！氣矜之隆。是其軼賁、育而高成荊矣[2]。今死而無名，父母既歿矣，兄弟無有，此為我故也。夫愛身不揚弟之名，吾不忍也。」乃抱屍而哭之曰：「此吾弟，軹深井里聶政也。」亦自殺於屍下。

注釋

1縣購：懸賞徵求知道的人。縣，懸賞。2賁、育：即孟賁、夏育，古代勇士。成荊：也是古代勇士。

譯文

韓國人把聶政暴屍於市場上，懸賞千金來招募能夠辨認的人，過了許久，還是沒有人知道他究竟是誰。聶政的姐姐聽說了這件事說：「我的弟弟是真勇士。我不能為了愛惜自己而埋沒了弟弟的名聲。雖然這不是弟弟的本意，我還是要前去認屍。」於是她到了韓國，看着弟弟的遺體說：「英勇啊！氣勢是何等的豪邁啊！真是超過了孟賁、夏育，比成荊還偉大。現在你死了而不肯留下英名，我們的父母皆已去世，又沒有兄弟，我知道你這樣做是為了我，如果為了保全自己而不去顯揚弟弟的英名，我不忍心這樣做。」於是她抱着聶政的屍首，哭着告訴人們說：「這是我弟弟，軹縣深井里的聶政啊。」說完，也在聶政的屍體旁邊自殺。

晉、楚、齊、衞聞之曰：「非獨政之能，乃其姊者，亦列女也。」聶政之所以名施於後世者，其姊不避菹醢之誅以揚其名也[1]。

注釋

1菹醢：古代把人剁成肉醬的酷刑。

譯文

晉、楚、齊、衞等國人知道此事以後，都說：「不僅是聶政勇敢，他姐姐也是個烈女。」聶政之所以能名垂千古，都是因為他姐姐不怕被剁成肉醬而替他揚名。

賞析與點評

愚昧乃暴力之根源。

卷二十八　韓策三

本篇導讀——

〈韓陽役於三川而欲歸〉記述了韓公子在三川與秦作戰，竟想離開戰場。説客足強便向韓桓惠王撒謊，説三川已被韓陽所奪，而且士兵想立韓陽為君。於是韓王便將韓陽及其他公子一併召回。作為公子，竟無心戀戰，無效忠國家之志，又允許足彊胡説八道。足彊的謊言足以亂國，導致血流成河，但韓陽卻沒有制止，韓王亦沒有細查或追究，可謂昏庸至極。

韓陽役於三川而欲歸

韓陽役於三川而欲歸[1]，足強為之說韓王曰[2]：「三川服矣，王亦知之乎？役且共貴公子。」王於是召諸公子役於三川者而歸之。

注釋

1韓陽（生卒年不詳）：韓公子。2足強（生卒年不詳）：韓臣。韓王：韓桓惠王（？——前二三九）。

譯文

韓陽在三川帶兵，卻想回國，足強為韓陽遊說韓王說：「三川已經歸服了，大王知道嗎？所有在那裏服役的人甚至準備擁戴公子韓陽為君。」韓王於是召回在三川服役的公子，要他們回國。

卷二十九　燕策一

本篇導讀——

燕國之亂，始於燕王噲之禪位於子之的鬧劇，國亡身死，愚不可及。（〈燕王噲既立〉）於是乎，方有燕昭王之復仇大計，亦從而令蘇秦有了一展雄才偉略之機會。〈蘇秦北見燕昭王曰〉記述了燕昭王復國後，「居處不安，食飲不甘」，他甚至與妻子親自編製甲衣，志在報齊國亡燕之仇。蘇秦為了聞達於世，於是奔波於列國之間，終於找到了突破困境的契機，他為燕昭王分析天下大勢，指出燕國必須聯盟方能提升戰鬥力。他又認為齊國雖兵強馬壯、國富民強，但因連年征戰，必然「蓄積散、民憔瘁、兵罷弊」。於是他教燕昭王以王子為齊國人質，並用厚金收買齊國重臣，令齊國上下疏於防範，再等待時機復仇。至於他自己則潛入齊國從事內部破壞。蘇秦之策略，深邃而具體，極之高明。

在〈燕昭王收破燕後即位〉中，燕昭王又聽從郭隗的建議，招賢納士，令樂毅、鄒衍、劇辛紛紛來投，再加上蘇秦，可謂人才濟濟。燕昭王勵精圖治，歷數十年而國富民強。此外，燕昭王在蘇秦的策劃下，適時而動，任樂毅為上將，聯合秦、韓、趙、魏共伐齊國，終於一償夙願，報仇雪恨。

然而，蘇秦卻被齊閔王發現他是潛伏於齊國的間諜，終被齊閔王烹煮致死。由此可見，蘇秦並不止是一個策士，他真正做到了「士為知己者死」。

燕王噲既立

燕王噲既立，蘇秦死於齊[1]。蘇秦之在燕也，與其相子之為婚，而蘇代與子之交。及蘇秦死，而齊宣王復用蘇代[2]。燕噲三年，與楚、三晉攻秦，不勝而還。子之相燕，貴重主斷。蘇代為齊使於燕，燕王問之曰：「齊宣王何如？」對曰：「必不霸。」燕王曰：「何也？」對曰：「不信其臣。」蘇代欲以激燕王以厚任子之也。於是燕王大信子之。子之因遺蘇代百金，聽其所使。

注釋

1「燕王噲既立」兩句：蘇秦死於公元前二八四年，燕軍破齊，他為燕的反間計敗露。此處所說，不合史實。2「及蘇秦死」兩句：蘇秦死於齊閔王末年，此處或附會。

譯文

燕王噲即位之後，蘇秦死於齊國。當蘇秦在燕時，與丞相子之結為兒女親家，蘇代與子之也有交情。蘇秦死後，齊宣王重新任用蘇代。燕王噲三年，與楚、三晉聯合攻秦，失敗而回。子之成為燕國丞相，地位崇隆且專橫獨斷。蘇代為齊國出使燕國，燕王問他說：「齊宣王是怎樣的君主？」回答說：「一定不能稱霸。」燕王問：「為什麼？」回答說：「他不相信自己的大臣。」蘇代想用這樣的話激發燕王更加重用子之。燕王果然更加信任子之。子之於是贈百金予蘇代，任其使用。

鹿毛壽謂燕王曰[1]：「不如以國讓子之。人謂堯賢者，以其讓天下於許由[2]，由必不受，有讓天下之名，實不失天下。今王以國讓相子之。子之必不敢受，是王與堯同行也。」燕王因舉國屬子之，子之大重。

注釋

1鹿毛壽：燕臣。2許由：堯時的隱士。

譯文

鹿毛壽對燕王說：「不如把君位讓予子之。人們之所以說堯是賢君，是因為他把天下讓予許由，許由必不接受，堯既有讓天下之美名，實際卻並沒有失去天下。如今大王把君位讓予丞相子之，他必然不敢接受，那麼大王的德行就與堯一樣高尚了。」燕王於是把整個國家交予子之，子之便權傾朝野了。

或曰：「禹授益而以啟為吏[1]，及老，而以啟為不足任天下[2]，傳之益也。啟與支黨攻益而奪之天下，是禹名傳天下於益，其實令啟自取之。今王言屬國子之，而吏無非太子人者，是名屬子之，而太子用事。」王因收印自三百石吏而效之子之。子之南面行王事，而噲老不聽政，顧為臣，國事皆決子之。

注釋

1益：伯益，禹的臣子。2啟：禹的兒子。

譯文

又有人對燕王說：「禹把大權交予伯益，而讓啟做伯益的官吏，及至禹年老時，認為啟不能擔當治理天下的重任，就傳位予伯益，啟就與其黨羽攻打伯益，並奪取了他的天下，這是禹名義上把天下傳予伯益，實際上是讓啟自行取得君位。如今大王說是把國家託付子之，但所用的官吏都是太子的親信，這樣名義上是交予子之，實際上卻是太子在管事。」燕王於是把俸祿在三百石以上的官吏的印信都交予子之。子之南面稱王，處理國事。而燕王噲因年老而不再過問政事，反而成為臣子，國家大事均由子之決定。

子之三年，燕國大亂，百姓恫怨，將軍市被、太子平謀[1]，將攻子之。儲子謂齊宣王[2]：「因而仆之[3]，破燕必矣。」王因令人謂太子平曰：「寡人聞太子之義，將廢私而立公，飭君臣之義，正父子之位，寡人之國小，不足先後。雖然，則唯太子所以令之。」太子因數黨聚眾，將軍市被圍公宮，攻子之，不克；將軍市被及百姓乃反攻太子平。將軍市被死已殉，國構難數月，死者數萬眾，燕人恫怨，百姓離意。

注釋

1市被：燕將。2儲子：齊相。3僕：通「撲」。

譯文

「子之執政三年，燕國局勢大亂，百姓惶恐。將軍市被與太子平商量，準備攻打子之。儲子對齊宣王說：『乘機出擊，必能破燕。』宣王於是派人向太子平說：『寡人聽說太子在商議大事，將廢私權而確立公道，整頓君臣關係，端正父子繼承秩序。寡人的國家很小，未能在你身邊效勞。雖則如此，還是願意聽從太子的差遣。』太子於是聚集黨羽，將軍市被包圍王宮，攻打子之，卻未能取勝。將軍市被和百姓又回頭轉攻太子平，將軍市被戰死，內亂持續數月，死亡人數高達數萬，燕人都埋怨這場內亂，百姓人心離散。」

孟軻謂齊宣王曰[1]：「今伐燕，此文、武之時，不可失也。」王因令章子將五都之兵[2]，以因北地之眾以伐燕[3]。士卒不戰，城門不閉，燕王噲死。齊大勝燕，子之亡。二年，燕人立公子平，是為燕昭王[4]。

注釋　1孟軻（前三七二—前二八九）：即孟子，鄒人，乃儒家學派大師，時在齊國。2章子：匡章，齊將。五都之兵：齊國精兵。都，大邑。臨淄、平陸皆在五都之內。3北地：齊國北邊，靠近燕國之地。4「燕人立公子平」兩句：公子平死於燕國內亂，燕昭王名職，因此這裏說立公子平為燕昭王，恐誤。

譯文　孟軻對齊宣王說：「如今攻打燕國，就像當年周文王、武王興兵伐紂一樣，機不可失。」宣王於是派章子率領五都的部隊，結合齊國北部的邊防軍攻打燕國。燕國的士兵不願作戰，連城門也不關閉，燕王噲被殺。齊國大勝燕國，子之也死於此役。兩年後，燕國人擁立公子職，是為燕昭王。

蘇秦北見燕昭王

蘇秦北見燕昭王曰：「臣東周之鄙人也，竊聞王義甚高甚順，鄙人不敏，竊釋鉏耨而干大王。至於邯鄲，所聞於邯鄲者，又高於所聞東周。臣竊負其志，乃至燕廷，觀王之群臣下吏，大王天下之明主也。」

譯文

蘇秦北上去拜見燕昭王說：「臣是東周郊野小民，聽說大王的德義很崇高，能順應民心，臣不才，就暗地裏放下農具來求見大王。到了邯鄲，所聽說的，又比在東周聽到的評價更高。臣懷着理想，來到燕的朝廷，看到了大王的眾多臣下，確信大王真是天下英明的君主。」

王曰：「子之所謂天下之明主者，何如者也？」對曰：「臣聞之，明主者務聞其過，不欲聞其善。臣請謁王之過。夫齊、趙者，王之仇讎也；楚、魏者，王之援國也。今王奉仇讎以伐援國，非所以利燕也。王自慮此則計過。無以諫者，非忠臣也。」

譯文

燕王說：「你所說的英明君主，是怎麼樣的人呢？」蘇秦回答說：「臣聽說，英明的君主一定會聽別人指責他的錯失，不願聽別人說他的好話，因此臣願告訴大王有什麼過失。齊國、趙國是大王的仇敵，楚、魏是援助大王的國家。如今大王侍奉仇敵攻打友邦，不會對燕國有利。大王請自己考慮一下，就會知道這是錯誤的決策。臣下沒有人勸諫，就不是忠臣。」

王曰：「寡人之於齊、趙也，非所敢欲伐也。」曰：「夫無謀人之心而令人疑之，殆；有謀人之心而令人知之，拙；謀未發而聞於外則危。今臣聞王居處不安，食飲不甘，思念報齊，身自削甲札[1]，曰有大數矣，妻自組甲絣[2]，曰有大數矣，有之乎？」

注釋

1甲：戰袍。札：甲上的葉片。2絣（粵：崩；普：bēng）：編甲的繩子。

譯文

燕王說：「寡人對齊國、趙國，並不敢去攻打它。」蘇秦說：「沒有算計別人的想法卻讓人心存疑慮，很危險；有算計別人的心而被人知道，很笨拙；計謀尚未實施就讓外邊知道，很危險。如今臣聽說大王寢不安席，食不甘味，一心想報復齊國，親自裁製鎧甲上的甲片，說着上天會有報應；又讓妻子編組甲片的繩子，說着上天會有報應，有這回事嗎？」

王曰：「子聞之，寡人不敢隱也。我有深怨積怒於齊，而欲報之二年矣。齊者，我讎國也，故寡人之所欲伐也。直患國弊，力不足矣。子能以燕敵齊，則寡人奉國而委之於子矣。」

譯文 燕王說：「既然你都知道了，寡人也不敢隱瞞了。寡人對齊國有深仇大恨，想要報復，已有兩年之久了。齊國是寡人的仇國，所以想討伐它。只是憂慮國家疲敝，力量不夠。你要是能使燕國攻下齊國，寡人願把國家大政委託給你。」

對曰：「凡天下之戰國七，而燕處弱焉；獨戰則不能，有所附則無不重。南附楚則楚重，西附秦則秦重，中附韓、魏則韓、魏重。且苟所附之國重，此必使王重矣。今夫齊王長主也[1]，而自用也。南攻楚五年，蓄積散；西困秦三年，民憔瘁，士罷弊；北與燕戰，覆三軍，獲二將[2]；而又以其餘兵南面而舉五千乘之勁宋[3]，而包十二諸侯。此其君之欲得也，其民力竭也，安猶取哉？且臣聞之，數戰則民勞，久師則兵弊。」

注釋 1齊王：齊閔王，亦作齊湣王（約前三二三—前二八四）。2北與燕戰：此指公元前二九六年，齊、燕權（今河北正定北）之戰。3舉五千乘之勁宋：指公元前二八六年，齊滅宋一事。

譯文 蘇秦回答說：「天下混戰的國家有七個，而燕國處於弱勢。單獨作戰則力量不夠，依附哪國則該國就顯得重要。向南依附楚國則楚國重要，向西依附秦國則秦國地位提高，中間依附韓、魏則韓、魏受到重視。假如所依附的國家被看重，這定會使大王舉足輕重了。如今齊王算是諸侯的強主，但卻剛愎自用。向南連續攻楚五年，積蓄消耗眾多；向西連續三年圍困秦國，百姓憔悴，戰士疲憊；在北邊與燕國交戰，擊潰燕軍，擒獲兩員燕將；又率兵向南重創擁有五千輛戰車的宋國，攻下泗水流域的一些小國。這是齊國夢寐以求的成果，不過其民力也因此而耗盡了，還能有什麼作為呢！而且臣聽説，多次戰鬥則民力不堪，長期用兵則戰士疲憊。

王曰：「吾聞齊有清濟、濁河可以為固[1]；有長城、鉅防足以為塞[2]。誠有之乎？」對曰：「天時不與，雖有清濟、濁河，何足以為固？民力窮弊，雖有長城、鉅防，何足以為塞？且異日也，濟西不役[3]，所以備趙也；河北不師[4]，所以備燕也。今濟西、河北盡以役矣，封內弊矣。夫驕主必不好計，而亡國之臣貪於財。王誠能毋愛寵子、母弟以為質，寶珠玉帛以事其左右，彼且德燕而輕亡宋，則齊可亡已。」

注釋　1清濟、濁河：濟水清，黃河濁，二水皆在齊的西北境。2長城：齊長城西起平陰（今山東平陰東北），緣汶水經泰山千餘里，東至琅邪臺入海。鉅防：大堤。3濟西：濟水以西，在今山東聊城、高唐一帶。不役：免於徵調，養兵備敵。4河北：在今河北滄縣、景縣一帶。

譯文

燕王問：「寡人聽說齊國有濟水、黃河可以作為屏障，有長城、大堤可以作為要塞，真是這樣嗎？」蘇秦回答說：「得不到天時的支持，縱有濟水、黃河，又怎能作為屏障？民力疲憊，即使有長城、大堤，怎麼能作為要塞？況且從前不徵調濟水以西的民眾服役，是為了防備趙國；不動用黃河以北的部隊，是為了防備燕國。如今已動用濟西、河北的兵力，是為了控制內亂。驕傲之君必不善於計謀，而亡國之臣都很貪婪。大王若能把寵愛的兒子或弟弟送去做人質，再拿奇珍異寶去拉攏齊王身邊的人，他將會感激燕國，並以為滅亡宋國是很容易的，那時候就可伺機滅掉齊國了。」

王曰：「吾終以子受命於天矣？」曰：「內寇不與，外敵不可距。王自治其外，臣自報其內，此乃亡之之勢也。」

譯文

燕王說：「寡人終於知道你是受命於天的。」蘇秦說：「內亂不生，外邊不妄動。

大王在外面策劃對付齊國，臣在其內部製造混亂，這樣便構成滅亡齊國的形勢了。」

賞析與點評

人在理想的征途上，必須經得起風吹雨打。

燕昭王收破燕後即位

燕昭王收破燕後即位，卑身厚幣，以招賢者，欲將以報讎。故往見郭隗先生曰[1]：「齊因孤國之亂，而襲破燕。孤極知燕小力少，不足以報。然得賢士與共國，以雪先王之恥[2]，孤之願也。敢問以國報讎者奈何？」

注釋

1 郭隗：燕國賢人。2 先王之恥：指的是公元前三一六年，燕王噲把王位讓給相國子之，引起內亂，齊宣王乘機攻破燕國，殺死燕王噲。

譯文

燕昭王收拾殘破不堪的燕國後登位，他紓尊降貴，以重金招賢納士，希望藉此為國報仇。他特地去見郭隗先生，說：「齊國乘着我國的內亂而入侵。寡人深知燕國國小力弱，無力報仇。若能得到賢士共同治理國家，為先王報仇雪恨，這可是寡人的心願。敢問先生，怎樣才能為國復仇呢？」

郭隗先生對曰：「帝者與師處，王者與友處，霸者與臣處，亡國與役處。詘指而事之，北面而受學，則百己者至。先趨而後息，先問而後嘿[1]，則什己者至。人趨己趨，則若己者至。馮几據杖[2]，眄視指使[3]，則廝役之人至。若恣睢奮擊[4]，呴籍叱咄[5]，則徒隸之人至矣。此古服道致士之法也。王誠博選國中之賢者，而朝其門下，天下聞王朝其賢臣，天下之士必趨於燕矣。」

注釋

1嘿：同「默」。2馮：同「憑」。3眄（粵：免；普：miǎn）視：斜視。4恣睢：放肆驕橫。5呴（粵：虛；普：xū）籍：凌辱。叱咄：大聲吼叫。

譯文

郭隗先生回答說：「成就帝業的國君將賢人視若師長；成就王業的國君將賢人視若朋友；成就霸業的國君將賢人視若普通臣下；亡國的君主則將賢人視若僕役。國君如能屈己奉人，像弟子一樣向賢人求教，才能超過自己百倍的人就會到來。如果做事搶先而晚些才休息，先去討教，然後默想，才能高出自己十倍的人就會到來。如別人去求教，自己也跟着求教，才能與自己相當的人就會到來。如果靠着几案拄着手杖，頤指氣使，那麼隨從僕役的人就會到來。如若驕橫跋扈，無禮叫囂，那就只有奴隸般的人到來了。這是自古以來事奉賢者、招納人才的方法。大王如真能廣泛選拔國內的賢人，登門求教，天下的賢人聽到禮賢下士的消息，定會蜂擁到燕國來。」

昭王曰：「寡人將誰朝而可？」郭隗先生曰：「臣聞古之君人，有以千金求千里馬者，三年不能得。涓人言於君曰[1]：『請求之。』君遣之。三月得千里馬，馬已死，買其首五百金，反以報君。君大怒曰：『所求者生馬，安事死馬而捐五百金？』涓人對曰：『死馬且買之五百金，況生馬乎？天下必以王為能市馬，馬今至矣。』於是不能期年，千里之馬至者三。今王誠欲致士，先從隗始，隗且見事，況賢於隗者乎？豈遠千里哉！」

注釋　1 涓人：國君身邊的侍從。

譯文　燕昭王說：「寡人該去拜見誰才好呢？」郭隗先生說：「臣聽說古代有一位國君，

想用千金購買千里馬，三年都沒有買到。侍臣對他說：『請讓臣去買吧。』國君就派他去了。三個月後得到了千里馬，可是馬已經死了，他就用五百金買下死馬的頭，回去向國君覆命。國君非常生氣地說：『我尋求的是活馬，怎麼去買死馬而白費五百金呢？』侍臣答道：『死馬尚且花了五百金，何況活馬呢？天下都知道大王能買駿馬，千里馬就必隨之而至了。』於是不到一年，送上門的千里馬就有三匹。如今大王想招致賢士，請先從臣郭隗開始。微臣尚且受到重視，何況勝過微臣的人呢？他們難道會嫌燕國遠在千里之外而不肯前來嗎？」

於是昭王為隗築宮而師之。樂毅自魏往[1]，鄒衍自齊往[2]，劇辛自趙往[3]，士爭湊燕。燕王弔死問生，與百姓同其甘苦。二十八年，燕國殷富，士卒樂佚輕戰。於是遂以樂毅為上將軍[4]，與秦、楚、三晉合謀以伐齊。齊兵敗，閔王出走於外。燕兵獨追北入至臨淄，盡取齊寶，燒其宮室宗廟。齊城之不下者，唯獨莒、即墨。

注釋

1樂毅（生卒年不詳）：原為中山國靈壽（今河北平山東北）人，趙滅中山，成為趙人；後入燕，成為燕國名將，率燕軍連下齊國七十城。後來為燕惠王所疑而入趙，封望諸君。2鄒衍（約前三〇五—前二四〇）：齊國學者。3劇辛（？—前二四二）：趙國賢人。4**上將軍**：位在諸將之上，相當於統帥。

譯文

於是燕昭王為郭隗修建房舍，並以他為師。樂毅從魏國前來，鄒衍從齊國前來，劇辛從趙國前來，賢士雲集燕國。燕昭王弔唁死去的人，慰問活着的人，與百姓同甘共苦。經過二十八年，燕國富庶，士兵安樂舒適，敢於戰鬥。於是燕昭王任用樂毅為上將軍，與秦、楚、三晉共同策劃攻打齊國。齊軍大敗，齊閔王逃亡國外。燕軍單獨追擊敗逃的齊軍至臨淄，搬走齊國的所有珍寶，燒毀齊國的宮室宗廟。攻不下的齊國城邑，只有莒與即墨。

卷三十　燕策二

本篇導讀——

蘇秦潛伏於齊國當燕國的間諜，終於發現宋國君主「射天笞地」，並鑄造了諸侯之像，置於廁所以侮辱諸侯的瘋狂行徑，於是蘇秦誘使齊閔王征伐宋國。齊雖滅了宋，卻引致燕國聯合諸侯攻打，終致亡國（〈客謂燕王〉）。

公元前二八五年，燕昭王在組織諸侯伐齊前夕，召見了一位在燕任職的齊國人，讓他出面阻止，從而為攻齊失敗和齊國恢復邦交預留後路，可謂深謀遠慮（〈燕昭王且與天下伐齊〉）。

在〈昌國君樂毅〉中，樂毅為燕昭王破齊，攻克七十城。在只剩下莒與即墨兩城就可以完全佔有齊國之際，燕昭王卻遽然逝世。新繼位的惠王聽信讒言，中了齊國田單的反間計，以騎劫代替樂毅。樂毅逃往趙國，被封為望諸君；而騎劫卻為田單所敗，盡失城池。燕惠王怕樂毅為趙國攻打燕國，故去信譴責。樂毅於是作書回答，書中先感激先主燕昭王的厚愛與委以重任，再而敘述破齊的經過，並將所獲得的齊國寶物寄存處，陳述清楚，以示清白。然後，樂毅又列舉伍子胥枉死的例子，說明自己是避免重演伍子胥的悲劇。最後他說：「古之君子，交絕不出惡聲；忠臣之去也，不潔其名」，說明自己已盡人臣之義（〈昌國君樂毅〉）。這是作為臣子最得體而又最自重的表現，提出忠臣為何要為昏君而死的疑問。燕惠王中了反間計而棄良將樂毅，終令燕國衰敗，自招滅亡。然而，古往今來，能有樂毅般覺悟的人並不多，岳飛與袁崇煥便是此中悲劇的典範。

燕昭王且與天下伐齊

燕昭王且與天下伐齊，而有齊人仕於燕者，昭王召而謂之曰：「寡人且與天下伐齊，旦暮出令矣。子必爭之[1]，爭之而不聽，子因去而之齊。寡人有時復合，且以因子而事齊。」當此之時也，燕、齊不兩立，然而常獨欲有復收之之志若此也。

注釋　1爭：通「諍」，規勸。

譯文　燕昭王準備聯合諸侯伐齊，這時有一個齊人在燕國做官，於是昭王就召見這個齊人說：「寡人將要聯合天下諸侯攻打齊國，很快就會下令出兵。那時你一定出面勸阻，假如你勸阻之後寡人不聽，你就回到齊國去。假如寡人以後要與齊講和時，寡人願通過你來跟齊國談判。」當時，燕、齊屬於勢不兩立的狀態，然而燕昭王卻一直有和齊國重建邦交的想法。

昌國君樂毅

昌國君樂毅為燕昭王合五國之兵而攻齊，下七十餘城，盡郡縣之以屬燕，三城未下而燕昭王死。惠王即位，用齊人反間，疑樂毅，而使騎劫代之將。樂毅奔趙，趙封以為望諸君。齊田單欺詐騎劫，卒敗燕軍，復收七十城以復齊。燕王悔，懼趙用樂毅承燕之弊以伐燕。

譯文

昌國君樂毅為燕昭王率領五國聯軍攻打齊國，攻下了七十多座城邑，並把這些地方全部編入燕國的郡縣，還有三座城邑沒有攻下，燕昭王卻逝世了。惠王即位，中了齊國人的反間計，燕惠王懷疑樂毅，便以騎劫取代樂毅為將。樂毅逃往趙國，趙王封他為望諸君。齊國的田單用計謀欺騙騎劫，終於攻破燕軍，將齊國失去的七十座城邑完全收復。燕王很後悔，又害怕趙國會用樂毅趁燕國疲憊來攻打燕國。

燕王乃使人讓樂毅，且謝之曰：「先王舉國而委將軍，將軍為燕破齊，報先王之讎，天下莫不振動，寡人豈敢一日而忘將軍之功哉！會先王棄群臣，寡人新即位，左右誤寡人。寡人之使騎劫代將軍者，為將軍久暴露於外，故召將軍且休計事。將軍過聽，以與寡人有郄[1]，遂捐燕而歸趙。將軍自為計則可矣[2]，而亦何以報先王之所以遇將軍之意乎？」

注釋　1郄：同「隙」，嫌隙。2自為計：為個人打算。

譯文　燕王於是派人責備樂毅，又婉轉地說：「先王將國家完全交給將軍，將軍替燕國攻破了齊國，替先王報了仇，令天下震動。寡人從不敢忘記將軍的功勞！正遇上先王去世，寡人剛即位，身邊的人誤導寡人。寡人之所以派騎劫代替你，是因為將軍長期辛苦在外，所以讓你休息。將軍誤聽別人的話，與寡人有了嫌隙，離燕去趙。你為自己打算是可以理解的，但這怎麼能夠報答先王對將軍的情義呢？」

望諸君乃使人獻書報燕王曰：「臣不佞，不能奉承先王之教[1]，以順左右之心，恐抵斧質之罪，以傷先王之明，而又害於足下之義[2]，故遁逃奔趙。自負不肖之罪，故不敢為辭說。今王使使者數之罪，臣恐侍御者之不察先王之所以畜幸臣之理，而又不白於臣之所以事先王之心，故敢以書對。

注釋

1先王之教：當作「王命」。2害於足下之義：害義，無罪而殺人，落個不義之名。

譯文

望諸君於是派人獻上書信，回覆燕王說：「臣不才，不能奉行大王的教誨，順從左右親信的心意，恐怕遭受死罪，傷害到先王的知人之明，而又會給你帶來陷害功臣的不義名聲，所以逃奔到趙國。自認為身負不肖的罪名，所以不敢用言語辯解。現在大王派使者數落臣的罪過，臣擔心你身邊的人不了解先王信任臣的原因，又不明白臣對先王鞠躬盡瘁的心意，所以冒昧用書信來回答。

「臣聞賢聖之君，不以祿私其親，功多者授之；不以官隨其愛，能當者處之。故察能而授官者，成功之君也；論行而結交者，立名之士也。臣以所學者觀之，先王之舉錯有高世之心[1]，故假節於魏王[2]，而以身得察於燕。先王過舉，擢之乎賓客之中，而立之乎群臣之上，不謀於父兄，而使臣為亞卿[3]。臣自以為奉令承教，可以幸無罪矣，故受命而不辭。

注釋

1錯：通「措」。2節：使者所持的憑證。3亞卿：古代之三卿分為上卿、亞卿及下卿。

譯文

「臣聽説賢明的君主，不隨意把俸祿封賞給自己的親信，只有功勞大的才封賞給他；不把官職交給喜歡的人，能者當之。所以能明察臣下的才能而授以適當的官職，這是成功的君主；講究朋友的品行才和他結交的，這才是建立功名的人。臣根據自己學到的知識來觀察，先王選賢任能有超出世間一般人的胸懷，所以他向魏國借來通行的符節，讓臣下來到燕國接受考察。先王過分抬舉臣下，把臣下從賓客當中提拔出來，位列在群臣之上，不與宗族大臣商量，就任命臣做亞卿。臣自認為接受先王的命令和教誨，可以有幸不獲罪同，所以接受任命而沒有推辭。

「先王之命曰：『我有積怨深怒於齊，不量輕弱，而欲以齊為事。』臣對曰：『夫齊，霸國之餘教，而驟勝之遺事也，閑於兵甲[1]，習於戰攻。王若欲攻之，則必舉天下而圖之；舉天下而圖之，莫徑於結趙矣。且又淮北宋地，楚、魏之所同願也。趙若許，約楚、魏、宋盡力，四國攻之，齊可大破也。』先王曰：『善。』臣乃口受令，具符節，南使臣於趙。顧反命，起兵隨而攻齊。以天之道，先王之靈，河北之地，隨先王舉而有之於濟上。濟上之軍奉令擊齊，大勝之。輕卒鋭兵，長驅至國。齊王逃遁走莒[2]，僅以身免。珠玉財寶，車甲珍器，盡收入燕。大呂陳於元英[3]，故鼎反於曆室[4]，齊器設於寧臺[5]。薊丘之植[6]，植於汶皇。自五伯以來，功未有及先王者也。先王以為慊其志，以臣為不頓命，故裂地而封之，使之得比乎小國諸侯。臣不佞，自以為奉令承教，可以幸無罪矣，故受命而弗辭。

注釋

1閑：通「嫻」，熟習。2齊王：齊閔王。莒：今山東莒縣。3大呂：齊鐘名。元英：燕宮。4曆室：燕宮。5寧臺：燕臺。6薊丘：燕都薊城的地標，在今北京白雲觀西。

譯文

「先王告訴臣：『我對齊國有深仇大恨，不自量國力微弱，想一雪齊國入侵的前恥。』臣回答：『齊國有霸國的傳統，又有多次戰勝的餘威，嫻熟兵器，久經沙場。大王若要攻打它，就必須聯合各國一起行動。聯合各國首先就要拉攏趙國。淮北是宋國的地方，楚、魏兩國都想得到。趙國如果同意和燕國結盟，楚、魏也願盡力，四國聯合，就可以大破齊國。』先王説：『好。』臣就接受口頭的命令，準備好使臣所用的符節，向南出使趙國。在臣回國覆命後，隨即發兵攻齊。由於上天的保佑和先王的英明，河北的地方都被先王佔領，並且佔領了濟上。駐紮在濟上的部隊奉命追擊齊軍，大獲全勝。精鋭的士兵長驅直入，直達齊都。齊王逃到莒城，僅僅隻身免禍。珠玉財寶，兵器和貴重的器物，全都收歸燕國。齊國的大呂鐘陳放在燕國的元英宮，燕國從前失去的鼎也放回燕國的曆室宮，齊國的器物陳放在燕國的寧臺上。薊丘種植的植物，現在移植在齊國的汶水。自五霸以來，沒有誰的功勞能與先王相比。先王感到很滿意，認為臣沒有辜負使命，所以割地封邑，讓臣能和小國諸侯相提並論。臣不才，自認為按照先王的指令辦事，可以避免罪過，所以接受命令，沒有推辭。

「臣聞賢明之君，功立而不廢，故著於《春秋》；蚤知之士[1]，名成而不毀，故稱於後世。若先王之報怨雪恥，夷萬乘之強國，收八百歲之蓄積，及至棄群臣之日，餘令詔後嗣之遺義，執政任事之臣，所以能循法令，順庶孽者[2]，施及萌隸[3]，皆可以教於後世。

注釋

1蚤知之士：有先見之明的人。蚤，同「早」。2庶孽：國君之妾所生的兒子為庶子。依宗法制度，庶子不能繼承君位。3施：施恩。萌隸：普通老百姓。萌，即「民」。隸，猶群輩的意思。

譯文

「臣聽說賢明的君主，建立功勞後不會中途而廢，所以留名於《春秋》之中；有先見之明的人，成名後善於保持，所以為後世所稱道。像先王那樣能報仇雪恥，夷平萬乘的大國，取走齊國八百年的積蓄，在他去世後，他仍留下遺詔，向後代申明遺囑，執政的大臣依循法令，理順嫡庶關係，施恩給百姓，先王的所作所為皆可用來教育後世。

「臣聞善作者不必善成，善始者不必善終。昔者五子胥說聽乎闔閭，故吳王遠跡至於郢。夫差弗是也，賜之鴟夷而浮之江[1]。故吳王夫差不悟先論之可以立功，故沉子胥而不悔；子胥不蚤見主之不同量[2]，故入江而不改。夫免身全功以明先王之跡者，臣之上計也；離毀辱之非[3]，墮先王之名者，臣之所大恐也。臨不測之罪，以幸為利者，義之所不敢出也。

注釋

1 鴟（粵：痴；普：chī）夷：皮囊。2 量：氣量、才識。3 離毀辱之非：離，通「罹」，遭受。毀辱，詆毀、侮辱。非：通「誹」，誹謗。

譯文

「臣聽說善於做事的人不一定善於完成，有良好的開端不一定有完善的結束。從前伍子胥的意見被吳王闔閭採納，所以吳王遠征打到楚的郢都。夫差不聽子胥的意見，殺死他後用皮革裹屍而沉在江中。吳王夫差並不知道是因為採納子胥先前的意見方才可以立功，所以把子胥沉入江底而不後悔。子胥沒有及早發現兩個君主有不同的度量，所以被沉江也不改變初衷。免掉殺身之禍而保全已有的功勞，闡揚先王的偉業，這是臣下的上策；遭受侮辱的誹謗，損害先王的名聲，這是臣下最為惶恐的。面對莫測的罪名，把僥倖當作好處，從道義上講，臣絕不敢做。

「臣聞古之君子，交絕不出惡聲，忠臣之去也，不潔其名。臣雖不佞，數奉教於君子矣。恐侍御者之親左右之說，而不察疏遠之行也，故敢以書報，唯君之留意焉。」

譯文

「臣聽說古時的君子，在絕交的時候不會惡言誹謗，忠臣在離國的時候，不會只為了洗清罪名。臣雖不才，也曾多次受過君子的教誨。臣擔心大王聽信身邊人的議論，而不了解臣遠在趙國的行止，所以敢於用書信來回答，希望大王能夠明察。」

客謂燕王

客謂燕王曰：「齊南破楚，西屈秦，用韓、魏之兵，燕、趙之眾，猶鞭筴也。使齊北面伐燕，即雖五燕不能當。王何不陰出使，散游士，頓齊兵，弊其眾，使世世無患。」燕王曰：「假寡人五年，寡人得其志矣。」蘇子曰[1]：「請假王十年。」燕王說，奉蘇子車五十乘，南使於齊。

注釋

1 蘇子：蘇秦。

譯文

蘇秦對燕王說：「齊國在南面打敗了楚國，西邊屈服秦國，使用韓、魏、燕、趙的兵力，仿若馭馬一樣容易。如果齊國北攻燕國，就算是五個燕國也不能抵擋。大王為什麼不暗中派遣使者，差遣為齊國效勞的人，令齊國的兵力疲憊，消耗齊國的國力，這就會使燕國世代無憂。」燕王說：「給寡人五年時間，就能達此目標。」蘇秦說：「臣願給大王十年時間。」燕王聽了很高興，派蘇秦帶上五十輛車，向南出使齊國。

謂齊王曰[1]：「齊南破楚，西屈秦，用韓、魏之兵，燕、趙之眾，猶鞭筴也。

臣聞當世之舉王，必誅暴正亂，舉無道，攻不義。今宋王射天笞地[2]，鑄諸侯之象，使侍屏匽[3]，展其臂，彈其鼻，此天下之無道不義，而王不伐，王名終不成。且夫宋，中國膏腴之地，鄰民之所處也，與其得百里於燕，不如得十里於宋。伐之，名則義，實則利，王何為弗為？」

注釋　1齊王：齊閔王。2宋王：名偃，前三二八—前二八六年在位。3屏匽：廁所。

譯文　蘇秦對齊王說：「齊國南敗楚國，西敗秦國，用韓、魏、燕、趙的軍隊就如同馭馬一樣。臣聽說當代的王者，一定會伐暴救民，戰勝無道的昏君，攻打不義之師。現在宋王舉箭射天，用鞭笞地，鑄諸侯之像放在廁所裏，拉開它們的手臂，又彈它們的鼻子，這就是典型的無道昏君，如果大王不加討伐，名聲終究難以樹立。況且宋國，是中原最肥沃的地方，齊國邊境的人很多都雜居在那裏，與其在燕國得到百里的土地，不如在宋國得到十里的土地。討伐宋國將會名利雙收，大王為什麼不出兵呢？」

齊王曰：「善。」遂與兵伐宋，三覆宋，宋遂舉。燕王聞之，絕交於齊，率天下之兵以伐齊，大戰一，小戰再，頓齊國，成其名。

譯文　齊王說：「好。」於是興兵攻宋。三次攻宋，終於滅掉了宋國。燕王聽說後，就與齊國斷交，率諸侯之兵攻打齊國，幾經血戰，重創齊國，燕國因而名聞天下。

故曰：因其強而強之，乃可折也；因其廣而廣之，乃可缺也。

譯文　所以說：因為國家強大而炫耀武力，就可能被打敗；因為國土廣闊而進一步擴張，就可能導致國破。

趙且伐燕

趙且伐燕，蘇代為燕謂惠王曰[1]：「今者臣來，過易水，蚌方出曝，而鷸啄其肉[2]，蚌合而拑其喙[3]。鷸曰：『今日不雨，明日不雨，即有死蚌[4]。』蚌亦謂鷸曰：『今日不出，明日不出，即有死鷸。』兩者不肯相舍，漁者得而並禽之。今趙且伐燕，燕、趙久相支以弊大眾，臣恐強秦之為漁父也，故願王之熟計之也。」惠王曰：「善。」乃止。

注釋

1蘇代：蘇秦弟。惠王：趙惠文王。2鷸（粵：月；普：yù）：一種常在水邊或田野捕食小魚或貝類的水鳥。3拑：夾住。喙（粵：悔；普：huì）：鳥獸的嘴。4即有死蚌：當作「蚌將為脯」。

譯文

趙國準備攻打燕國，蘇代為燕國向趙惠文王進言說：「今天臣來的時候，經過易水，看見一個河蚌出來曬太陽，一隻鷸鳥啄住牠的肉，河蚌緊緊夾住了鷸的嘴。鷸鳥說：『今天不下雨，明天不下雨，就必然會有一個死蚌。』河蚌也對鷸鳥說：『你今天不能抽嘴出來，明天不抽嘴出來，必定會有一隻死鷸。』鷸蚌互不放開，漁翁於是捕捉到牠們。現在趙國將攻打燕國，燕、趙長期對抗，使民力疲憊，臣恐怕強大的秦國就會像漁翁一樣從中得利。希望大王仔細地考慮這事。」趙惠文王說：「對。」於是停止了攻燕的計劃。

賞析與點評

「鷸蚌相爭，漁人得利」，退卻一步，海闊天空。

卷三十一　燕策三

本篇導讀——

燕國危在旦夕之際，太子丹欲有所作為，於是接納田光推薦荊軻行刺秦王的計謀。荊軻思之良久，卻回應說「此國之大事也，臣駑下，恐不足任使」，這恐是實話，耐人尋味。太子丹於是尊奉荊軻為上卿，並供美食、奇珍、美女以及香車，以「恣荊軻所欲，以順適其意。」這種侍奉的方式，乃以金錢養死士，似乎不見絲毫道義或家國之責任於其中。

太子丹用人卻疑之，先導致田光自殺，當荊軻久不動身，他又有所懷疑。其多疑的性格正是他的致命傷，或許這也是荊軻行刺秦王失敗的關鍵。荊軻不立刻動身上路是因為他在等一位「居遠未來」的人，而他臨時找到的助手秦舞陽雖號稱勇士，卻臨陣「色變振恐」，失去得力助手，這也是導致行刺失敗的原因。田光臨死前指自己「為行使人疑之，非節俠士」，可是太子丹終沒悔悟。在太子丹的懷疑之下，荊軻震怒而別。至此種種跡象，已令人不安。未曾實施的計謀，荊軻提早泄漏具體行動及細節。易水餞別，「太子及賓客知其事者，皆白衣冠以送之」，慷慨悲歌，相當招搖，難道秦國就沒有間諜潛伏在燕國嗎？

荊軻在秦宮，手持樊於期之首級及督亢地圖，獻予秦王。在展開地圖之際，圖窮匕現，荊軻刺秦王不中，反為秦王所殺。在整個行刺過程中，荊軻既力不足以制伏秦王，其劍法以至於應變能力，亦不像是一位高手，實無異於常人，他被御醫夏無且以藥囊擊中，又無法逃過秦王的劍鋒，以致左腿被砍斷，復再被砍傷八處。臨死前又說出其不殺秦王是為了活捉他以「得約契以報太子」。活捉秦王而迫其立契約，實即與虎謀皮，他又暴露太子丹之名，更是將太子丹與燕國推往火堆上烤。從荊軻以上的舉止，可見他缺乏專業劍客的水準，並且是政治無知。太子丹、荊軻以至於一眾賓客，只是俠客意氣，空有一腔熱血，而實非可成大事之人，燕國怎能不亡？

燕太子丹質於秦亡歸

燕太子丹質於秦[1]，亡歸。見秦且滅六國，兵以臨易水，恐其禍至。太子丹患之，謂其太傅鞠武曰[2]：「燕、秦不兩立，願太傅幸而圖之。」武對曰：「秦地

遍天下，威脅韓、魏、趙氏，則易水以北未有所定也。奈何以見陵之怨，欲排其逆鱗哉？[3]」太子曰：「然則何由？」太傅曰：「請今圖之。」

注釋

1燕太子丹（？—前二二六）：燕王喜（生卒年不詳）的太子。2鞠武：燕國太傅。3排：一作「批」，觸動。逆鱗：傳說龍的咽喉長逆鱗，假如觸動它，會被龍殺死。這裏指秦國。

譯文

燕太子丹在秦國做人質，後來逃回燕國。他看到秦國將要滅掉六國，秦軍已經逼近易水，擔心大禍臨頭，就憂心忡忡地對太傅鞠武說：「燕、秦兩國勢不兩立，希望太傅替我想辦法對付秦國吧。」鞠武說：「秦國的地盤已遍佈天下，正在威脅着韓、魏、趙等國家，易水以北的土地還不知會歸誰。何必為曾受淩辱的怨限，而去觸怒強暴的秦國呢？」太子說：「雖然如此，那該怎麼辦才好呢？」太傅說：「請讓我好好考慮一下。」

居之有間，樊將軍亡秦之燕[1]，太子容之。太傅鞠武諫曰：「不可。夫秦王之暴而積怨於燕[2]，足為寒心，又況聞樊將軍之在乎！是以委肉當餓虎之蹊，禍必不振矣！雖有管、晏[3]，不能為謀。願太子急遣樊將軍入匈奴以滅口[4]。請西約三晉，南連齊、楚，北講於單于[5]，然後乃可圖也。」

注釋

1樊將軍：秦將樊於期，原名桓齮（？—前二二七），因得罪秦王，逃到燕國。2秦王：秦王政。3管、晏：管，管仲，春秋時齊桓公相。晏，晏嬰（？—前五〇〇），春秋時齊莊公、景公的丞相。4匈奴：戰國時分佈在燕、趙的北邊，以遊牧為生的民族。5單于：匈奴王的稱號。

譯文

不久，樊將軍從秦國逃到了燕國，太子收留了他。太傅鞫武勸阻太子說：「不行啊。秦王那樣殘暴，又對燕國久懷仇恨，這已經夠叫人擔驚受怕了，何況他又聽說樊將軍藏在這裏！這樣做就像把肉放置在餓虎經過的小路上，災禍一定不可挽救了！即使管仲、晏嬰在世，也想不出好辦法。希望太子趕快把樊將軍打發到匈奴去，以便堵住秦王攻燕的藉口，請你聯合西邊的三晉和南邊的齊、楚，北邊與匈奴單于講和，這樣以後才有辦法對付秦國。」

太子丹曰：「太傅之計，曠日彌久，心惛然，恐不能須臾。且非獨於此也。夫樊將軍困窮於天下，歸身於丹，丹終不迫於強秦而棄所哀憐之交，置之匈奴，是丹命固卒之時也。願太傅更慮之。」鞠武曰：「燕有田光先生者，其智深，其勇沉，可與之謀也。」太子曰：「願因太傅交於田光先生，可乎？」鞠武曰：「敬諾。」

譯文

太子丹說：「太傅的計策，很費時間，我心裏憂悶不堪，怕是等不及了。況且問題還不僅如此。樊將軍處境艱難，無處安身，才投奔到我這裏來，我畢竟不能因為強秦的威逼而拋棄這可憐的朋友，而把他推到匈奴去，看來這是我生命結束的時候了。希望太傅另想辦法吧。」鞠武說：「燕國有位田光先生，他智勇雙全，深謀遠慮，可以和他商量這事。」太子說：「希望能通過太傅而結識田先生，可以嗎？」鞠武說：「好吧。」

出見田光，道太子曰：「願圖國事於先生。」田光曰：「敬奉教。」乃造焉。太子跪而逢迎，卻行為道，跪而拂席。田先生坐定，左右無人，太子避席而請曰：「燕、秦不兩立，願先生留意也。」田光曰：「臣聞騏驥盛壯之時，一日而馳千里。至其衰也，駑馬先之。今太子聞光壯盛之時，不知吾精已消亡矣。雖然，光不敢以乏國事也。所善荊軻可使也。」太子曰：「願因先生得願交於荊軻，可乎？」田光曰：「敬諾。」即起，趨出。太子送之至門，戒曰[1]：「丹所報先生，所言者，國大事也，願先生勿泄也。」田光俛而笑曰[2]：「諾。」

注釋 1戒：姚本無「戒」，《史記》及鮑本沒有「戒」字，從《史記》及鮑本。2俛：同「俯」。

譯文 鞠武於是去會見田光，並且傳達了太子丹的意思，說：「太子希望與先生商量國家大事。」田光說：「謹遵指教。」於是田光就去拜訪太子。太子跪着迎接田光，倒退着為他引路，還跪下來為他拂拭座位。田光坐定後，旁邊沒有其他人，太子就離開座位向田光請教說：「燕、秦兩國勢不兩立，希望先生出謀劃策。」田光說：「臣聽說良駒精壯之時，一天可馳騁千里，及其衰老，劣馬也能越過牠。如今太子聽到的只是臣壯年的名聲，不知道臣的精力已經衰老得不行了。儘管這樣，臣也不敢因此耽誤了國家大事。臣的朋友荊軻是個可以任用的人。」太子說：「希望通過先生而結識荊軻，可以嗎？」田光說：「好吧。」於是馬上起身走了出去，太子送他到門口囑咐他說：「我剛才告訴先生的話都是國家大事，希望先生不要泄露。」田光俯身笑了笑說：「好。」

僂行見荊軻曰[1]：「光與子相善，燕國莫不知。今太子聞光壯盛之時，不知吾形已不逮也。幸而教之曰：『燕、秦不兩立，願先生留意也。』光竊不自外，言足下於太子，願足下過太子於宮。」荊軻曰：「謹奉教。」田光曰：「光聞長者之行，不使人疑之，今太子約光曰：『所言者，國之大事也，願先生勿泄也。』是太子疑光也。夫為行使人疑之，非節俠士也。」欲自殺以激荊軻，曰：「願足下急過太子，言光已死，明不言也。」遂自剄而死[2]。

注釋 1僂（粵：呂；普：lǚ）行：彎着腰走路。2剄（粵：警；普：jǐng）：以刀割頸。

譯文 田光彎着腰步行去見荊軻說：「我和你友好，燕國沒有人不知道的。如今太子只聽到我壯年時的名聲，卻不知道我的體力已力不從心了。我很榮幸得到太子的指教說：『燕、秦兩國勢不兩立，希望先生給我想想辦法。』我自以為和你不見外，就把你介紹給太子，希望你進宮去拜見太子。」荊軻說：「謹遵指教。」田光說：「我聽說德高望重的人做事是不會讓人懷疑的，現在太子特地告誡我說：『我們所談的是國家大事，希望先生不要泄露出去。』由此看來，太子信不過我。如果做事讓人家懷疑，就算不上是有節操、講義氣的人。」他想用自殺來激勵荊軻，說：「請你快些去見太子，就說我已經死了，以表明我永遠不會泄露機密。」說完就揮劍自刎了。

軻見太子，言田光已死，明不言也。太子再拜而跪，膝下行流涕，有頃而後言曰：「丹所請田先生無言者，欲以成大事之謀。今田先生以死明不泄言，豈丹之心哉？」

譯文

荊軻去見太子，告訴太子田光已經自殺身死，以表明不會泄露機密。太子聽後便拜了兩拜，跪下流着淚用兩膝走到荊軻面前，停了一會兒才說：「我之所以請田先生不要對外人泄露，是想把這件大事辦成。現在田先生以死來表明自己信守祕密，這難道是我的本意嗎？」

荊軻坐定，太子避席頓首曰：「田先生不知丹不肖，使得至前，願有所道，此天所以哀燕而不棄其孤也。今秦有貪饕之心[1]，而欲不可足也。非盡天下之地，臣海內之王者，其意不饜[2]。今秦已虜韓王[3]，盡納其地，又舉兵南伐楚，北臨趙。王翦將數十萬之眾[4]，臨漳、鄴，而李信出太原、雲中[5]。趙不能支秦，必入臣，入臣則禍至燕。燕小弱，數困於兵，今計舉國不足以當秦。諸侯服秦，莫敢合從。丹之私計，愚以為誠得天下之勇士使於秦，窺以重利，秦王貪其贄，必得所願矣。誠得劫秦王，使悉反諸侯之侵地，若曹沫之與齊桓公[6]，則大善矣；則不可，因而刺殺之。彼大將擅兵於外，而內有大亂，則君臣相疑，以其間諸侯，諸侯得合從，其破秦必矣。此丹之上願，而不知所以委命，唯荊卿留意焉。」

注釋

1貪饕（粵：滔；普：tāo）：貪利。2饜（粵：厭；普：yàn）：滿足。3今秦已虜韓王：公元前二三〇年，秦滅韓，擄韓王安（？—前二二六）。4王翦：秦國名將，頻陽（今陝西富平東北）人。5李信（生卒年不詳）：秦將。6曹沫之與齊桓公：曹沫（生卒年不詳），即曹劌，春秋時魯國人，與齊作戰，屢次失敗，後劫持齊桓公，迫使他歸還所侵佔的魯國地。

譯文

荊軻坐下後，太子又離開自己的坐席對他叩頭說：「田先生不知道我的無能，使你屈駕光臨，願有所賜教，這是老天可憐燕國而不拋棄它的後人。如今秦國有貪婪的野心，慾望永遠不能滿足。不吞併天下所有土地，不臣服海內所有的諸侯，他的貪慾是不會滿足的。現在，秦國已經俘虜了韓王，佔領了韓國的全部領土，又發兵攻打南邊的楚國，進逼北邊的趙國。王翦率領幾十萬大軍逼近漳水、鄴城一帶，李信率兵在太原、雲中出沒。趙國抵擋不住秦國就會投降，趙國一旦投降，那災禍就輪到燕國了。燕國這麼弱小，屢次遭受到戰爭的蹂躪，現在看來即使動員全國的力量也不足以抵擋秦國了。諸侯們害怕秦國，誰都不敢堅持合縱。我個人有個想法，認為如果能找到一位天下最勇敢的人出使到秦國，用重利來引誘秦王，只要秦王貪圖這份厚禮，我們就一定能夠達到目的了。假如能夠乘機挾持秦王，逼他把侵佔過來的土地全部退還給諸侯，就像曹沫挾持齊桓公一樣，那就好了；如果他不答應，就刺殺他。秦國的大將都領兵在外，要是國內出了大亂，他們就會上下互相猜疑，我們乘機去說服諸侯，使他們聯合起來，諸侯合縱起來後，就一定能夠擊敗秦國了。這是我最大的願望，但是不知道該把這個使命付託給何人，所以只有請你多加費心了。」

久之，荊軻曰：「此國之大事也，臣駑下[1]，恐不足任使。」太子前頓首，固請無讓，然後許諾。於是尊荊軻為上卿，舍上舍[2]，太子日日造問[3]，供太牢[4]，具異物，閒進車騎美女，恣荊軻所欲，以順適其意。

注釋

1駑下：言才質低下，如劣馬般不中用的謙詞。2舍上舍：安置於上等住所。3造問：登門問候。4供太牢：供應豐盛的宴席。

譯文

良久，荊軻才回答說：「這是國家大事，臣下愚鈍無能，恐怕不能勝任。」太子上前向他叩頭，堅決請求他不要推辭，這樣荊軻才答應了。於是太子尊奉荊軻為上卿，請他住在上等的住所，每天都去拜望、問候，供給他豐盛的筵席和珍異的物品，還不斷送去車馬和美女，盡量滿足荊軻的要求，使他心情暢快。

久之，荊卿未有行意。秦將王翦破趙，虜趙王[1]，盡收其地，進兵北略地，至燕南界。太子丹恐懼，乃請荊卿曰：「秦兵旦暮渡易水，則雖欲長侍足下，豈可得哉？」荊卿曰：「微太子言，臣願得謁之。今行而無信，則秦未可親也。夫樊將軍，秦王購之金千斤，邑萬家。誠能得樊將軍首與燕督亢之地圖獻秦王[2]，秦王必說見臣，臣乃得有以報太子。」太子曰：「樊將軍以窮困來歸丹，丹不忍以己之私而傷長者之意，願足下更慮之。」

注釋

1虜趙王：此事發生在公元前二二八年。2督亢：在今河北涿州東，橫跨數縣。

譯文

過了許久，荊軻還沒有動身的意思。這時，秦國大將王翦已經攻破了趙國，俘虜了趙王，佔領了趙國的全部土地，並且向北推進繼續掠地，一直到了燕國南邊的國境。太子丹十分害怕，就去請求荊軻說：「秦軍早晚就要渡過易水了，雖然我希望能夠長久地侍奉你，可是哪裏還能辦到呢？」荊軻說：「即使太子不說，臣也要向太子請求行動了。現在動身而沒有信物，那秦王是無法接近的。如今樊將軍本人，秦王正以千金黃金與萬戶封邑的懸賞來緝拿他。假如能夠得到樊將軍的首級與燕國督亢的地圖一起獻給秦王，秦王必定樂於接見臣，那臣就有機會報效太子了。」太子說：「樊將軍因為走投無路才投奔到我這裏，我不忍心為了自己的事情而辜負了這位長者的一番心意，請你另想別的辦法吧。」

荊軻知太子不忍，乃遂私見樊於期曰：「秦之遇將軍，可謂深矣，父母宗族皆為戮沒。今聞購將軍之首，金千斤，邑萬家，將奈何？」樊將軍仰天太息流涕曰：「吾每念，常痛於骨髓，顧計不知所出耳。」軻曰：「今有一言可以解燕國之患，而報將軍之仇者，何如？」樊於期乃前曰：「為之奈何？」荊軻曰：「願得將軍之首以獻秦，秦王必喜而善見臣，臣左手把其袖，而右手揕其胸，然則將軍之仇報，而燕國見陵之恥除矣。將軍豈有意乎？」樊於期偏袒扼腕而進曰[1]：「此臣日夜切齒拊心也[2]，乃今得聞教。」遂自刎。太子聞之，馳往，伏屍而哭，極哀。既已無可奈何，乃遂收盛樊於期之首，函封之[3]。

注釋

1偏袒（粵：坦；普：tǎn）扼腕：偏袒，脫下一邊衣袖，露出臂膀。扼腕，古勇者奮厲，必先以左手扼右腕。兩者均是下決心之狀。2切齒拊（粵：府；普：fǔ）心：切齒，咬牙切齒。拊心，椎心。兩者皆奮激之狀。3函封之：裝在匣子裏封好。

譯文

荊軻知道太子不忍心，就私自去見樊於期，說：「秦國對待將軍可以說是太殘忍了，你的父母和族人全被他們殺掉。現在聽說秦國正在求購將軍的首級，出價是黃金千斤和萬戶之邑，你打算怎麼辦啊？」樊將軍仰天長歎，流着眼淚說：「我每想到這事，常常痛入骨髓，只是不知道怎麼辦。」荊軻說：「現在我有一句話對你說，這既可以解救燕國的危難，又可以替將軍報仇，你看怎樣？」樊於期就湊近荊軻跟前問：「你準備怎麼辦？」荊軻說：「我想得到將軍的首級拿去獻給秦王，秦王必定大喜而熱情地接見我，我就左手抓住他的衣袖，右手擊刺他的胸膛，這樣既報了將軍的仇，而燕國被欺侮的恥辱也能洗雪了。將軍有這個意思嗎？」樊於期激動地袒露出一隻肩臂，一手緊握着另一隻手，向前說：「這正是我日夜咬牙切齒、捶胸而氣憤的事，今天才聽到了你的指教。」說完就揮刀自刎了。太子知道此事後，急忙驅車趕去，伏在樊將軍的屍體上痛哭，悲傷極了。可是事已如此，無法挽回，只好拾掇起樊於期的首級，用匣子封裝起來。

於是太子預求天下之利匕首，得趙人徐夫人之匕首，取之百金，使工以藥淬之[1]，以試人，血濡縷人無不立死者[2]。乃為裝遣荊軻[3]。燕國有勇士秦武陽[4]，

年十二殺人，人不敢與忤視，乃令秦武陽為副。

注釋

1以藥淬（粵：翠；普：cuì）之：用毒藥煉附在匕首上。2血濡縷：被刺傷，滲出一絲兒血。3乃為裝：於是準備行裝。4秦武陽：據《漢書．匈奴傳上》記載，秦舞陽乃燕國大將秦開的孫子。

譯文

這時太子丹就預先在各地訪求鋒利的匕首，結果得到了趙國徐夫人的一把匕首，用百斤的黃金買了下來，並叫工匠用毒藥水浸泡，拿它一試，只要在人身上稍為刺破一點，只要見到一絲血，沒有不立刻死亡的。於是，太子就為荊軻準備好了行裝，打算送他上路。燕國有個勇士叫秦武陽，年僅十二歲就殺人，人們都不敢和他正面相視，太子就派他給荊軻當副手。

荊軻有所待，欲與俱[1]，其人居遠未來，而為留待。頃之未發[2]，太子遲之[3]，疑其改悔，乃復請之曰：「日以盡矣[4]，荊卿豈無意哉？丹請先遣秦武陽。」荊軻怒叱太子曰：「今日往而不反者，豎子也！今提一匕首入不測之強秦[5]，僕所以留者，待吾客與俱。今太子遲之，請辭決矣！」遂發。

注釋 1欲與俱：想與等待的朋友一起去。2頃之未發：頃之，待了一些日子。未發，還沒動身。3遲之：嫌他拖延。4日以盡矣：日子不多了。5不測：狡猾難料。

譯文 荊軻還在等一個人，準備讓那個人與自己一同前往，而那個人住在遠處而尚未趕到，因此荊軻還想等他一下。過了些時候，荊軻還未出發，太子嫌他拖延了時間，疑心荊軻想反悔，於是又去催促說：「時間已很緊迫了，難道你不想去了嗎？請讓我先打發秦武陽動身吧。」荊軻非常生氣，高聲地斥責太子說：「我這次去了如果不能完成使命，我就是個低下的小子！現在，我只帶一把匕首就前往凶險難料的秦國，我所以沒有動身，就是要等我的朋友一同前往。現在太子既然嫌我延誤了時間，那就讓我告辭吧！」於是就出發了。

太子及賓客知其事者，皆白衣冠以送之[1]。至易水上。既祖[2]，取道。高漸離擊筑[3]，荊軻和而歌，為變徵之聲[4]，士皆垂淚涕泣。又前而為歌曰：「風蕭蕭兮易水寒，壯士一去兮不復還！」復為慷慨羽聲，士皆瞋目[5]，髮盡上指冠。於是荊軻遂就車而去，終已不顧。

注釋 1白衣冠：凶喪的服裝。知入秦難返，所以穿喪服送他，也包含激勵的意思。2既祖：既已餞行。古代遠行必祭道路之神，將行，飲酒祭神，稱為祖。3高漸離（生卒年不詳）：荊軻的友人，擅長彈奏筑。筑：樂器，似琴而大，安弦，用竹擊打。4變徵之聲：高亢的調子，適於悲歌。5瞋目：發怒時睜大眼睛。

譯文

太子及門客中知道這件事的人，都穿戴了白衣、白帽前來送行，到了易水邊上。祭祀完路神，就要上路。高漸離敲着筑，荊軻和着筑聲唱歌，聲調悲壯淒涼，人們聽後都傷心地掉下淚來。荊軻又向前跨了幾步，唱道：「風蕭蕭兮易水寒，壯士一去兮不復還！」接着又奏起慷慨激昂的曲調，激勵得人們個個怒目圓睜，怒髮衝冠。荊軻於是跳上車離開了，始終沒有回顧一下。

既至秦，持千金之資幣物，厚遺秦王寵臣中庶子蒙嘉[1]。嘉為先言於秦王曰：「燕王誠振怖大王之威，不敢興兵以逆軍吏，願舉國為內臣，比諸侯之列，給貢職如郡縣[2]，而得奉守先王之宗廟。恐懼不敢自陳，謹斬樊於期頭及獻燕之督亢之地圖，函封，燕王拜送于庭，使使以聞大王。唯大王命之。」

注釋

1中庶子：掌管公族事務之官。蒙嘉（生卒年不詳）：大將蒙恬（？—前二一〇）之弟。2給貢職如郡縣：交納賦稅、派服勞役，如直屬郡縣一樣。

譯文

荊軻到了秦國，先用千金的厚禮賄賂了秦王的寵臣中庶子蒙嘉。蒙嘉於是預先在秦王面前說：「燕王實在畏懼大王的威勢，不敢出兵對抗大軍，願意讓全國上下都做大王的臣民，與其他降服的諸侯一樣，並像秦國的郡縣一樣給大王納貢，只求能夠保全祖先的宗廟。他心中害怕，不敢親自前來向大王面陳，特地斬下樊於期的首級，並獻出燕國督亢的地圖，封裝在匣子裏，在他的宮廷前舉行了拜送儀式，派使者前來稟報大王。現在正聽候大王發落。」

秦王聞之，大喜。乃朝服，設九賓[1]，見燕使者咸陽宮。荊軻奉樊於期頭函，而秦武陽奉地圖匣，以次進至陛下[2]。秦武陽色變振恐，群臣怪之。荊軻顧笑武陽，前為謝曰：「北蠻夷之鄙人[3]，未嘗見天子，故振慴[4]，願大王少假借之[5]，使得畢使於前[6]。」

注釋

1**設九賓**：派出九位禮賓人員，依次傳呼使者上殿，是極其隆重的外交禮節。賓，儐相。2**以次進至陛下**：以次進，荊軻為正使在前，秦舞陽為副使在後，按照此次序前進。陛下，宮殿的臺階下。3**北蠻夷之鄙人**：北方荒野沒見過世面的粗人，指秦舞陽。4**慴**：同「懾」。5**假借**：猶言寬恕。6**使得畢使於前**：讓他能夠在大王前完成他的使命。

譯文

秦王聽後，非常高興。於是換上朝服，用最隆重的外交禮節，在咸陽宮裏接見燕國使者。荊軻捧着盛有樊於期首級的匣子，秦武陽捧着裝有地圖的匣子，一前一後地走到了宮殿的臺階前。此時，秦武陽由於心裏害怕而臉色大變，舉止失常，秦國的大臣都感到奇怪。荊軻鎮定地回頭向秦武陽笑了笑，到前面替秦武陽向秦王謝罪說：「他是北方荒僻之地的粗人，從來沒有見過天子，所以嚇得發抖，希望大王對他稍加寬容，讓他能在大王面前完成使命。」

秦王謂軻曰：「起，取武陽所持圖。」軻既取圖奉之。**秦王發圖，圖窮而匕首見。**[1]因左手把秦王之袖而右手持匕首揕之。未至身，秦王驚，自引而起[2]，絕袖。拔劍，劍長，摻其室[3]。時惶急，劍堅，故不可立拔。荊軻逐秦王，秦王還柱而走。群臣驚愕，卒起不意，盡失其度。而秦法，群臣侍殿上者，不得持尺寸之兵。諸郎中執兵皆陳殿下[4]，非有詔不得上。方急時，不及召下兵，以故荊軻逐秦王，而卒惶急無以擊軻，而乃以手共搏之。是時，侍醫夏無且以其所奉藥囊提軻。秦王之方還柱走，卒惶急不知所為[5]，左右乃曰：「王負劍！王負劍！」遂拔劍擊荊軻，斷其左股。

注釋

1圖窮：地圖展開到盡頭。2自引而起：抽身跳起。3摻（粵：侵；普：shǎn）其室：劍長未全拔出，劍仍在鞘內。摻，持，握。室，劍鞘在燕、趙之地稱之為「室」。4郎中：秦王身邊的侍衞。5卒：同「猝」，突然。

譯文

秦王對荊軻說：「起來吧，把秦武陽手上的地圖拿過來。」荊軻就拿過地圖來獻上。秦王打開地圖，當地圖展開到盡頭時，藏在地圖裏面的匕首露了出來。荊軻乘勢用左手抓住了秦王的衣袖，右手握住匕首向他刺去。沒有刺着秦王，秦王大吃一驚，從座位上跳了起來，連衣袖都掙斷了。秦王要拔身上的佩劍，劍太長而拔不出，劍仍在劍鞘中。當時他驚慌急迫，偏偏劍又在鞘裏卡得很緊，所以一下子拔不出來。荊軻追趕秦王，秦王繞着柱子奔跑。大臣們都驚呆了，事情發生得太突然，所以都嚇得失去了常態。按秦國的法規，大臣侍立在殿上時，一律不得攜帶任何武器。那些侍衞，雖然手執兵器，但都站在宮殿的臺階下面，沒有秦王的命令，是不得擅自上殿的。在這緊急的時刻，秦王來不及傳喚殿階下的衞士，所以只能看着荊軻追趕秦王，惶急之中沒有武器還擊荊軻，大臣只好徒手去與他拼鬥。這時，有個名叫夏無且的侍醫，就用手中的藥囊擲荊軻。秦王正在繞着柱子快跑，驚慌得不知怎麼辦才好，旁邊的人乘機對秦王喊道：「大王快把劍推到背上！大王快把劍推到背上！」秦王於是把佩劍鞘推到身後，抽出了劍去砍荊軻，結果砍斷了荊軻的左腿。

荊軻廢，乃引其匕首提秦王，不中，中柱。秦王復擊軻，被八創[1]。軻自知事不就，倚柱而笑，箕踞以罵曰[2]：「事所以不成者，乃欲以生劫之，必得約契以報太子也[3]。」左右既前斬荊軻，秦王目眩良久。而論功賞群臣及當坐者[4]，各有差[5]。而賜夏無且黃金二百鎰，曰：「無且愛我，乃以藥囊提軻也。」

注釋

1八創：被砍傷八處。2箕踞：席地而坐，伸開兩腿，像個簸箕，坐姿傲慢。3必得約契：一定要等到你歸還侵奪諸侯土地的契約。4坐：依法判罪。5各有差：論罪行罰與論功行賞，各有差等。

譯文

荊軻受了重傷倒下，就舉起匕首向秦王投去，刺不中秦王，卻刺到柱子上。秦王繼續用劍砍殺荊軻，荊軻被砍傷了八處。荊軻知道事情不會成功了，就倚着柱子笑了起來，他叉開兩腿坐在地上，大罵着說：「這事所以沒有成功，是因為我要活捉你，迫使你訂立契約向太子回報。」旁邊的人一擁而上，殺死了荊軻，而秦王就頭暈目眩了好久。事後，秦王評定臣子在這次事件中的功過，分別按等級獎賞或處罰他們。他賞給夏無且黃金二百鎰，說：「無且真心愛護我，才會用藥囊去投擊荊軻。」

於是，秦大怒燕，益發兵詣趙，詔王翦軍以伐燕。十月而拔燕薊城[1]。燕王喜、太子丹等皆率其精兵東保於遼東[2]。秦將李信追擊燕王。王急，用代王嘉計[3]，殺太子丹，欲獻之秦。秦復進兵攻之。五歲而卒滅燕國而虜燕王喜[4]。秦兼天下。

注釋

1薊城：燕都，在今北京市。2遼東：在今遼寧東南部，在遼水之東。3代王嘉：公元前二二八年，秦滅趙，擄趙王遷，公子嘉自立為代王。4滅燕國：秦滅燕，在公元前二二二年。

譯文

於是，秦王十分憎恨燕國，就增派軍隊前往趙國，並命令王翦率領軍隊去攻打燕國。在秦王政二十一年十月，攻佔了燕都薊城。燕王喜、太子丹等人一起率領燕國精兵退守到遼東郡一帶。秦將李信不停地追擊燕王。燕王着急了，就採用了代王嘉的計策，殺了太子丹，打算把他獻給秦國。秦國又來攻打燕國，先後經過了五年時間，終於滅掉了燕國，俘虜了燕王喜。秦國於是兼併了天下。

其後荊軻客高漸離以擊筑見秦皇帝，而以筑擊秦皇帝，為燕報仇，不中而死。

譯文

後來，荊軻的朋友高漸離由於善擊筑而被秦始皇召見，他乘為秦始皇擊筑的機會，拿起筑來向秦始皇砸去，藉此替燕國報仇，沒有擊中而被殺死了。

賞析與點評

人貴自知，否則害人害己，於世無益。

卷三十二　宋衛策

本篇導讀——

公輸般（即魯班）是古代製造武器的專家，他為戰爭提供軍事裝備，與墨子提倡的「兼愛」、「非攻」理念彼此對立。墨子先誘楚王落入其語言圈套，令他認為竊竊別人之所有，是犯了偷竊病。再指出楚地大物博，而宋則偏僻貧弱，說服了楚王不要征伐宋國（〈公輸般為楚設機〉）。

另一方面，從犀首對衛軍的恐嚇威脅可見，衛與宋都十分弱小，兩個君主均顯得寢食不安。衛國土地本來就不多，而衛嗣君為了引渡一位逃犯以嚴正法紀，竟甘願奉上一座城邑，可謂因小失大，十分不智。由此亦可見，衛國已無法存在於列強之間。〈宋康王之時有雀生䲰〉記述宋康王在位的時候，天降祥瑞，有小鳥生大鳥，但這卻令宋康王瘋狂起來，他「射天笞地，斬社稷而焚滅之」，再「罵國老諫者，為無顏之冠以示勇，剖傴之背，鍥朝涉之脛」，這一切狂妄囂張以至於變態的行為，既是因為祥瑞在他心中作祟，也是因為宋雖弱小卻能滅滕、伐薛所導致的。然而所謂的祥瑞，卻令宋康王將宋國推往萬劫不復之境地。上天要他滅亡，必先令其瘋狂，古往今來，歷史悲劇往往都是重複上演。

公輸般為楚設機

公輸般為楚設機[1]，將以攻宋。墨子聞之[2]，百舍重繭[3]，往見公輸般，謂之曰：「吾自宋聞子，吾欲藉子殺人。」公輸般曰：「吾義固不殺人。」墨子曰：「聞公為雲梯，將以攻宋。宋何罪之有？義不殺人而攻國，是不殺少而殺眾。敢問攻宋何義也？」公輸般服焉，請見之王。

注釋

1公輸般（約前五〇七—前四四四）：春秋末年魯國人，是著名的巧匠。2墨子（前四七九—前三八一）：名翟，春秋末年魯國人，是墨家學派的創始者，主張兼愛非攻。3百舍：百里為一舍。

譯文

公輸般為楚國設計了攻城的器械，將要用來攻打宋國。墨子聽說之後，步行了幾千里，腳底生繭，去見公輸般，對他說：「我從宋國聽說你的大名，我想請你為我殺人。」公輸般回答：「我講求仁義，是不會隨便殺人的。」墨子說：「聽說你製造雲梯之類的攻城器械，準備用來攻打宋國。宋國何罪之有？你講求仁義不亂殺人卻攻打宋國，這是不殺少人而是殺多人。請問攻打宋國有什麼理由呢？」公輸般信服，請墨子進見楚王。

墨子見楚王曰[1]：「今有人於此，舍其文軒[2]，鄰有弊輿而欲竊之；舍其錦繡，鄰有裋褐而欲竊之[5]；舍其粱肉，鄰有糟糠而欲竊之。此為何若人也？」王曰：「必為有竊疾矣。」

注釋

1楚王：楚惠王（？——前四三二）。2文軒：雕飾華麗的車。3裋（粵：樹；普：shù）褐：粗布短衣。

譯文

墨子進見楚王說：「現在有這樣一個人，拋棄自己那輛雕飾華麗的車，鄰居有一輛破車他卻想去偷；扔掉自己華麗的服裝，鄰居有粗布衣服他卻想去偷；捨棄自己的米肉，鄰居有糟糠他卻想去偷。這是一個什麼樣的人呢？」楚王說：「肯定是患了盜竊症！」

墨子曰：「荊之地方五千里，宋方五百里，此猶文軒之與弊輿也；荊有雲夢，犀、兕、麋、鹿盈之[1]，江、漢魚、鱉、黿、鼉為天下饒[2]，宋所謂無雉兔、鮒魚者也[3]，此猶粱肉之與糟糠也；荊有長松、文梓、楩、楠、豫樟[4]，宋無長木，此猶錦繡之與裋褐也。臣以王吏之攻宋為與此同類也。」王曰：「善哉！請無攻宋。」

注釋

1兕（粵：寺；普：sì）：古代一種像牛的野獸，或指雌性犀牛。麋：與鹿同類的動物。2鱉（粵：憋；普：biē）：即甲魚，爬行動物，生活在水中，形狀像龜。黿（粵：元；普：yuán）：像鱉的爬行動物，也作元魚。鼉（粵：駝；普：tuó）：鱷魚。3鮒（粵：付；普：fù）：鯽魚。4長松、文梓、楩（粵：pin^4；普：biàn）、楠、豫樟：都是珍貴的樹木。

譯文

墨子說：「楚國方圓五千里，宋國僅有五百里，這就好像雕飾華麗的車與破車一樣；楚國有雲夢澤，到處都是犀牛、野牛、麋、鹿等珍稀的動物，長江、漢水裏的魚、鱉、黿、鱷魚等是天下最多的；宋國只是一個連小兔、小魚都沒有的地方，這就好像米肉與米糠一樣；楚國有長松、文梓、楩、楠、豫樟這些珍貴的大樹，宋國連普通的大樹也沒有，這就好像華麗的服裝與粗布衣服一樣。臣認為大王的手下想去攻宋與此同類。」楚王說：「對！我們不會攻打宋國了。」

宋康王之時有雀生䲺

宋康王之時[1]，有雀生䲺於城之陬[2]。使史占之[3]，曰：「小而生巨，必霸天下。」康王大喜。於是滅滕、伐薛[4]，取淮北之地，乃愈自信，欲霸之亟成，故射天笞地，斬社稷而焚滅之，曰：「威服天下鬼神。」罵國老諫者，為無顏之冠以示勇，剖傴之背，鍥朝涉之脛，而國人大駭。齊聞而伐之，民散，城不守。王乃逃倪侯之館[5]，遂得而死。見祥而不為祥，反為禍。

注釋

1宋康王：宋王偃（?—前二八六）的謚號。2䲺（粵：煎；普：zhān）：鸇，鷂鳥。陬（粵：周；普：zōu）：角落。3史：太史，主占卜吉凶。4滕：在今山東滕縣西南的小國。薛：齊邑，在今山東滕縣西。5倪侯：不詳。

譯文

宋康王的時候，有隻小鳥在城牆的角落生了隻鷂鳥。宋王讓太史占卜，太史說：「小鳥生出了大鳥，意謂以小可以制大，所以宋國一定能稱霸天下。」宋康王聽了很高興。於是出兵滅掉了滕國，進攻薛邑，奪了淮北的土地，宋康王就更加有自信了。宋康王想盡快實現霸業，所以他用箭射天神，又鞭打地神，還砍掉了土神、穀神的神位，把它們全部燒掉，說：「寡人用威力降服天地鬼神。」他又辱罵那些年老敢於勸諫的大臣，戴上那些遮不住額頭的帽以表示自己勇敢絕倫，派人剖開駝背人的背，砍斷早晨過河人的腿，以致宋國的人都非常恐慌。齊國聽說後進攻宋國，百姓潰散，所有城池都沒有人防守。宋康王逃到倪侯的住所，很快被齊軍抓住殺死了。可見，即使天降吉祥而不行善政，吉祥反成禍害。

賞析與點評

歷史往往有驚人的重覆。上天要他滅亡，必先讓他瘋狂。

衞嗣君時胥靡逃之魏

衞嗣君時，胥靡逃之魏[1]，衞贖之百金，不與，乃請以左氏[2]。群臣諫曰：「以百金之地贖一胥靡，無乃不可乎？」君曰：「治無小，亂無大。教化喻於民，三百之城足以為治。民無廉恥，雖有十左氏，將何以用之？」

注釋　1胥靡：犯罪的刑徒，罰作苦工。2左氏：衞邑，在今山東定陶西。

譯文　衞嗣君執政時，有個刑徒逃到了魏國，衞國想用百鎰黃金贖回他，魏國不答應，於是衞國就準備用左氏這個城邑換回刑徒。這時群臣極力勸諫說：「用百金與土地去贖一個罪犯，恐怕不值得吧？」衞君說：「安定不在國小，混亂不因國大。用教化來曉諭民眾，三百戶人家的城邑，足以治理。假如民眾沒有廉恥，即使有十個左氏邑，又有什麼用呢？」

卷三十三　中山策

本篇導讀——

戰國是個弱肉強食的時代，弱小國家如中山國常處於風雨飄搖的恐慌之中。中山國雖然弱小，卻又亟於稱王，縱使張登以計得逞，又有何益？依附於列國之間，何來尊嚴？

處於戰國爾虞我詐與烽火連天的形勢中，中山國之君臣亦大多糾纏於瑣屑之事而碌碌無為。在〈司馬憙三相中山〉中，司馬憙三次任中山國的丞相，中山王的寵妃陰簡因而很嫉妒他。司馬憙於是向趙王誇耀陰姬的美貌，引導趙王向中山王索取陰姬，以除掉陰姬；假若中山王拒絕送上陰姬，他便知道中山王寧願得罪趙國也不肯放棄陰姬，那一定非常寵愛她，故他又主張立陰姬為后，由此又可博得她的感激，從而鞏固自己的相位，此舉可謂一箭雙鵰。然而，一國之相除了逞小計於婦人之外，又有何作為？君不君，臣不臣，自然無所作為，任人魚肉。

司馬憙三相中山

司馬憙三相中山，陰簡難之[1]。田簡謂司馬憙曰[2]：「趙使者來屬耳，獨不可語陰簡之美乎？趙必請之，君與之，即公無內難矣；君弗與趙，公因勸君立之以為正妻。陰簡之德公無所窮矣。」

注釋　1陰簡：中山王寵妃。2田簡：中山臣。

譯文　司馬憙三次出任中山的相國，中山君的寵妃陰簡很忌恨他。這時田簡對司馬憙說：「趙國使者來中山探聽情況，為什麼不把陰簡的美貌告訴趙使呢？趙王一定會要陰簡，如果君王把陰簡送給趙王，你就沒有內患了；如果王不把陰簡送給趙王，你就趁機勸王立陰簡為正妻，陰簡感激你的恩德而將報答不盡。」

果令趙請，君弗與。司馬憙曰：「君弗與趙，趙王必大怒[1]；大怒則君必危矣。然則立以為妻，固無請人之妻不得而怨人者也。」田簡自謂取使，可以為司馬憙，可以為陰簡，可以令趙勿請也。

注釋

1 趙王：趙武靈王。

譯文

司馬憙果真讓趙國要陰簡，中山君不給。司馬憙說：「大王不把陰簡送給趙國，趙王一定會大怒，趙王大怒的話，大王必定很危險。既然如此，那麼可以把陰簡立為正妻，因為世間沒有人因要不到人家的正妻而怨恨人家的。」田簡自稱這樣做可以說服趙國使者，也可以幫助司馬憙，更可以幫助陰簡，尤其又可以使趙國無法請求娶走陰簡。

名句索引

三畫

四畫

五畫

六畫

七畫

八畫

九畫

十畫

十一畫

十二畫

十三畫

十四畫

十五畫

十六畫及以上